图书在版编目（CIP）数据

三十年战争：战火中的德意志 /（德）克里斯蒂安·潘特勒著；黄行洲译. -- 北京：北京联合出版公司，2023.2

ISBN 978-7-5596-6017-6

Ⅰ.①三… Ⅱ.①克… ②黄… Ⅲ.①军事史—德国—普及读物 Ⅳ.①E516.9-49

中国版本图书馆CIP数据核字（2022）第040856号

© By Ullstein Buchverlage GmbH, Berlin. Published in 2017 by Propyläen Verlag
Simplified Chinese edition copyright © 2023 by Beijing United Publishing Co., Ltd.
All rights reserved.
本作品中文简体字版权由北京联合出版有限责任公司所有

三十年战争：战火中的德意志

[德]克里斯蒂安·潘特勒（Christian Pantle） 著
黄行洲 译

出 品 人：赵红仕
出版监制：刘 凯 赵鑫玮
选题策划：联合低音
责任编辑：刘 恒
封面设计：杨 慧
内文排版：薛丹阳

北京联合出版公司出版
（北京市西城区德外大街83号楼9层 100088）
北京联合天畅文化传播公司发行
北京美图印务有限公司印刷 新华书店经销
字数216千字 710毫米×1000毫米 1/16 20.75印张
2023年2月第1版 2023年2月第1次印刷
ISBN 978-7-5596-6017-6
定价：68.00元

版权所有，侵权必究
未经许可，不得以任何方式复制或抄袭本书部分或全部内容
本书若有质量问题，请与本公司图书销售中心联系调换。电话：（010）64258472-800

目 录

导　言　　　　　　　　　　　　　　001

第 1 章
冲突升级　　　　　　　　　　　007

1618 年之前　坠入深渊　　　　　　007

1618—1624 年　叛乱与复仇　　　　016

1625—1629 年　死亡交易　　　　　026

第 2 章
转折点　　　　　　　　　　　　035

1629 年之前　战士之路　　　　　　035

1630—1631 年　午夜雄狮　　　　　054

1631 年　战火中的马格德堡　　　　066

1631 年　新战术的胜利　　　　　　085

1631—1632 年　焦　土　　　　　　099

1632 年　华伦斯坦对阵古斯塔夫二世·阿道夫　113

第 3 章
恶性循环 129

1632—1633 年　超越敌友　129

1634 年　华伦斯坦之死　145

1634—1635 年　从天堂到地狱　158

1635—1636 年　兵临巴黎城下　179

第 4 章
第二代 195

1637—1639 年　英雄与"毁军能手"　195

1639—1640 年　冬季临近　210

1641 年　穿越冰雪　220

1641—1643 年　告别与重逢　226

1643—1645 年　莫西的妙计　237

第 5 章
进入新世界 249

1644—1645 年　一次史无前例的会议　249

1646 年　先礼后兵　256

1647—1648 年　混　乱　264

1648—1650 年　庆祝和平　282

后　记	299
谢　词	305
时间表	307
文献和资料来源	311

导　言

　　太阳从马格德堡的城墙升起，几个月来对准这座城市的枪炮尚未发出鸣响。蒂利伯爵将军率领的围困马格德堡的皇家-天主教联盟军队已经结束战斗了吗？1631年5月20日，暂时看上去将会是风平浪静的一天。

　　然而，炮声突然间打破了这片宁静，随着炮响，围城的士兵发起了进攻：数以千计的将士试图登上城北的防御工事。"城墙上密密麻麻全是攻城的士兵和云梯，"一位二级下士这样描述当时的场景，"火枪、臼炮和加农炮的响声此起彼伏，什么也听不见，什么也看不见。"攻城的军队登上城墙垛口，杀死了城里数以百计的马格德堡人，把其余的守城士兵打得落荒而逃。

　　蒂利的士兵认为这次突袭已经速战速决。"我毫发无损地振臂冲进了城里。"攻城军队中有个名叫彼得·哈根多夫的雇佣兵得意扬扬地说道。但是马格德堡市民的反抗并未停止。惨烈的巷战开始了，哈根多夫为此付出的代价可谓惨重。他在日记里这样写道："到了城里，我在新城门旁两次中弹。"一颗子弹从正面击中了他的腹部，另一颗贯穿肩膀。战友们把身负重伤的哈根多夫送到战地医生那里进行手术。军医把哈根多夫的双手绑在背后，"这样他才下得了刀"。上臂手术过后，"我被送进自己的小屋里，只剩下半条命"。

　　在此期间，马格德堡城内的士兵从城里打开了城门。蒂利的军队几乎全数涌入,烧杀劫掠无恶不作,其触目惊心的程度即便在那个年代也非同寻常,许多目击者都证明了这一点。"我们经常不得不成群结队地从死尸上踏过。"一位幸存的居民这样描述,"我们看见很多死人,还有一些妇女赤身裸体躺在地上。她们是头栽进装满水的巨大酿酒桶里淹死的,但半个身子和腿露在外面,惨不忍睹。"

然后,人间炼狱般的灾难开始了,死于这场灾难的人比死于此前胜利者暴行的人还要多。多处房屋着火,各处火点汇成了熊熊大火。正如曾任德国外交部长的弗兰克-瓦尔特·施泰因迈尔所述,在"三十年战争中的'广岛'",30 000名马格德堡居民中有20 000人死于非命。

身负重伤的雇佣兵哈根多夫在战地医院里和他的妻子安娜·斯塔德琳,以及刚刚一岁、还生着病的女儿伊莉莎贝特一起目睹城里的火海。这个小家庭处境安全,但也离马格德堡城里能找到的可抢夺的物资和包扎伤口的用品很远。安娜·斯塔德琳做了个大胆的决定:她打算去抢东西。"尽管城里火光冲天,我的妻子还是进了城,她想弄个枕头,还有包扎伤口用的布。"哈根多夫说,"所以我把生病的孩子留在身边。"就在这个士兵守着孩子等待妻子抢东西回来的时候,"喊叫声传到了营地,城里的房屋接连倒塌"——许多掠夺者也因此丧命。"所以,我妻子的安全比我的伤更让我担心。"哈根多夫这样描述他的恐惧。

不过,一个半小时后,安娜·斯塔德琳回来了,带着床单被罩、衣物、一大壶酒和两条银色的束腰带——哈根多夫细数这些物品时显然充满了自豪。7个星期后他身体康复并重返战场,一直战斗到1648年底。整个过程中哈根多夫至少行军22 400公里,纵横德国全境,深入意大利和法国。他参加了几场决定性的战役,两次被迫改换阵营,参与了掠夺、强奸和纵火，目睹"女巫"被以火刑处死[1]；但他也为美丽的风景和建筑而欣喜鼓舞，无私地照顾自己的家庭，并且花钱让他的儿子接受教育。

哈根多夫的生活和行动是那个从中世纪向现代社会过渡时代的分裂状态的集中体现：航海者已经环游世界，教会却还在威胁要处死伽利略·伽利雷等天文学家；人类精神的地平线得到了极大扩展，"猎巫"行为却也盛极一时。骑兵身着类似骑士的铠甲、手持手枪，似乎可以被视为那个变化中的时代的象征。

那是一个翻天覆地的时代。现代历史学家认为，三十年战争前后发生了两场全面的革命：一场是军事革命——走向军队规模急剧扩大、使用新型战术和防御工事的现代战争，官僚制度也开始蔓延；另一场是媒体革命——报纸和传单大行其道，很快就能送达最偏僻的村庄，这宣告了大众媒体和宣传战时代的到来。不仅印刷出来的文本爆炸式增加，大量所谓平民百姓也开始写作：农民、手工业者、士兵和乡村神父给我们留下了日记和村志，数量之巨前所未有。因此，与此前的战争相比，我们对三十年战争的观察不仅局限于上层，即来自军事统帅、知识分子和贵族的报道和观点，而且首次随着真正饱受战乱之苦的下层黎民百姓全面考察这场战争。

和此前的冲突相比，三十年战争令我们觉得更加残酷，其原因之一正在于此。比如尤里乌斯·恺撒虽然在他的巨著《高卢战记》中多次提及他的军团屠杀了数以万计的平民，但都以寥寥数语一笔带过，其结果是这些骇人听闻的大屠杀在各种有关这位罗马统帅和政治家的

---

[1] 即"女巫审判"，也称"猎巫"，始于12世纪，盛于16世纪。其受害者多为女性，通常认为是中世纪基督教对所谓异教徒进行迫害的方式之一，旨在维护教会权威，铲除异端。今日此类事件被视为一种道德恐慌及政治迫害。（本书脚注除特别说明外，均为译者所加）

传记里无足轻重。倘若我们能像拥有 1631 年攻占马格德堡的记录那样拥有对古典时期的描述，我们对那时战争的印象又将如何呢？三十年战争的亲历者、雇佣兵和城市居民以生动的方式描绘了他们的恐惧和可怕经历，但也记录了出人意料的博大胸襟和救死扶伤、互帮互助的事迹。

这种对某个既迫近又邈远的世界的窥探是一笔丰富的财宝，遗憾的是这笔财宝在大多数历史著作中只能屈居次要地位。新近出版的有关三十年战争的作品虽然常常详细描述战争统帅阿尔布雷赫特·冯·华伦斯坦[1]的性格特征及其对手瑞典国王古斯塔夫二世·阿道夫[2]的动机，但对这些著名主角于 17 世纪 30 年代死后发生的其他事情却明显缺乏兴趣。人们过于习惯把对战争最后十年的描述简化为对和平谈判期间宫廷事件的记录，而对国内发生的事件的了解仅仅局限于民众忍受着极大的痛苦，以及战局一片混乱。与此同时，这些事件遵循一种既冷酷无情又清晰易懂的逻辑，即认为战役是由非同寻常的人物领导的，这些人物以自己的行为改变了德国及其周边地区人们此后的命运。

本书讲述了三十年战争期间的全部历史。作品首先简要概括了战争前十年的核心事件，然后主要从底层视角出发讲述这场战争。作为主角的两个人物不是指点江山的高层人士，而是零距离亲身经历了这场大战的方方面面的普通人：一位是导言中已经提及的雇佣兵彼

---

[1] Albrecht Wenzel Eusebius von Wallenstein（1583—1634 年），捷克文作 Albrecht Václav Eusebiusz Valdštejna，波希米亚（今属捷克共和国）军事家，三十年战争期间的重要人物。在战争的丹麦阶段和瑞典阶段，华伦斯坦率领神圣罗马帝国哈布斯堡王朝军队同反哈布斯堡联盟作战。
[2] Gustav II Adolf（1594—1632 年），瑞典瓦萨王朝国王，即位后与神圣罗马帝国相争，御驾亲征，节节获胜，1632 年在吕岑会战中阵亡。他是历代瑞典国王中唯一被议会封为"大帝"者，清教徒称其为"北方雄狮"。

得·哈根多夫——他动荡不安的生活是贯穿全书的红线；另一位是居住在埃尔林村、慕尼黑附近安代克斯修道院的修士毛鲁斯·弗里森艾格。非参战人员弗里森艾格的视角和雇佣兵哈根多夫的描述形成对比。

和哈根多夫一样，弗里森艾格在战争的第二个和第三个十年也写下了日记，其手稿保留至今。这位修士在其日记里生动地描绘了战争期间乡村生活的起起落落，其中有军队逼进时带来的灾难性事件，也有军队暂时撤离、转移到其他地区时老百姓惶恐不安的和平与复苏阶段。

战争的最后几年，作为修道院院长的弗里森艾格虽然算是高层人士，但他仍然和平民百姓打成一片，在日记里记录下他们的希望和恐惧，也记录下他们如何反抗烧杀劫掠的士兵。他的日记典型地体现了几乎无休无止的冲突对于普通民众意味着什么——对他们来说，被战争中的哪一方折磨有时候没有什么区别。弗里森艾格由此成为他那个时代最令人感动的见证者之一。通过这些日记，我们清楚地看出战争中没有善恶之分，而战争本身就是罪恶。因此，对三十年战争的记忆埋下了和平主义的种子，时至今日，尽管屡遭挫折，但和平主义还是深深地根植进了我们的文化思想之中。

第 1 章
冲突升级

1618 年之前
坠入深渊

威廉·斯拉瓦塔还在试图用右手死死抓住打开的窗户。然而，围堵他的男人中有人用短剑的剑柄砸他的手指。斯拉瓦塔失了手，凶手把这位 45 岁的伯爵大头朝下从布拉格城堡的窗户扔了下去。

这位皇帝的钦差从 17 米高处跌落，半空中撞上了一个石质窗台，最后坠入城堡的壕沟之中。"由于鲜血从口中涌出，他像是要窒息一样开始发出含混不清的声音。"斯拉瓦塔在他的日记（他在日记中以第三人称描写自己）里这样描述事件的直接后果。受伤的钦差很快得到急救：他的小舅子、刚刚被从同一个窗口扔下来的雅罗斯拉夫·马丁尼茨向斯拉瓦塔挪去，用手帕为他拭去口中流出的鲜血。

这期间凶手又把第三个人，即年轻的皇室书记官菲利普·法布里修斯从窗口扔了下来。他坠地之后也幸免于难。这时，枪声从上方传来，"一颗子弹险些击中马丁尼茨伯爵头部，击穿了衣领"，斯拉瓦塔记录道，第二颗子弹穿过了他的黑色外套，第三颗从马丁尼茨的手臂上擦过。

紧接着，坠窗者的仆人匆忙穿过城堡大门，冲向壕沟，把他们的主人从枪林弹雨中抢救出来。无人丧命：三十年战争最初的三位受害者奇迹般地在 1618 年 5 月 23 日这一天幸存了。甚至有人看见皇室书记官遇袭之后自己站了起来，他由此获得了一个贵族头衔："高坠"——当时，位于维也纳的皇室显然已经惯于使用臭名昭著的维也纳式幽默。

这一起称为"布拉格掷出窗外事件"、改变了数百万人生活的著名袭击事件有意遵循了一项古老的传统：1419 年，即新教神学家扬·胡斯[1]被扔在柴火堆上以火刑处死四年之后，他的追随者把天主教官员从布拉格市政厅的窗口扔了下去。坠窗者被守在楼下的人群处以私刑，一场暴动由此开始，最终发展成为持续多年的"胡斯战争"。1483 年，布拉格市民试图通过毫不客气地把市长从窗口扔下去，来防止一场天主教的阴谋——当时人们就认为这是一种遵循"波希米亚习俗"的做法。到了 1618 年，当正统的波希米亚天主教统治者的两名钦差——马丁尼茨和斯拉瓦塔被人从窗口扔下时，这次革命行动成了一场新的新教反抗运动的信号。"布拉格掷出窗外事件"的参与者都预料不到这次事件会给欧洲带来怎样的后果。

欧洲大陆当时分裂成两派：一派追随传统的天主教，另一派是新教徒。1517 年，马丁·路德在维滕贝格发布了《九十五条论纲》；1541 年起，约翰·加尔文在日内瓦将其宗教改革思想付诸实施。两个教派的势力都迅速扩张：路德宗主要在德国北部和斯堪的纳维亚地区

---

[1] 捷克文作 Jan Hus（约 1371—1415 年），捷克哲学家、改革家，曾任布拉格查理大学校长，是宗教改革的先驱。他认为应以《圣经》为唯一的依归，否定教皇的权威性，更反对赎罪券，故被天主教会视为异端，处以破门律，后遭诱捕后以火刑处死。他的追随者被称为胡斯信徒，胡斯信徒领导了胡斯战争。胡斯因殉道留名于世，也是捷克民族主义的标杆。1999 年，罗马天主教会正式为胡斯之死道歉。

扩张，加尔文宗和其他所谓归正会的分支派别的势力主要在瑞士和尼德兰一带。

随后在德国出现的、通常表现为战争的各种冲突随着1555年《奥格斯堡和约》[1]的签订而暂时终止。《奥格斯堡和约》首次为路德宗和天主教和平共处奠定了基础（加尔文宗被排除在外）。从此以后，各地诸侯[2]可以在其统治区域内确定宗教信仰，这就是所谓"教随国立"（"谁的领地，谁的宗教"[3]）——半个世纪以后，德国格赖夫斯瓦尔德大学的法学教授约阿希姆·斯特凡妮以这种言简意赅的表述概括了这一现象。

因此，16世纪还远远谈不上什么宗教宽容。享有自由的只是君主，臣民只有服从的分儿，不仅世俗事务如此，宗教方面也不例外。这甚至包括统治者可以恣意转换教派——许多虔诚臣民的良知陷入困境。《奥格斯堡和约》的签订者总算注意到了这种情况：如果有谁不想追随诸侯的宗教信仰，可以变卖他的财产，举家迁出诸侯的领地，条件是缴纳一笔常规税赋；如果是家奴的话，则要缴纳一笔赎金。由此开辟的出路充满坎坷，对于当事人来说常常是毁灭性的，但这种迁徙的权利[4]成了一个历史性标志：德国法学家马丁·黑克尔称之为"第一项"予每一个德国人以书面保证的"普遍的基本权利"。

总体而言，当时的臣民并不像人们今天常常想象的那样毫无权利，统治者也远不是权力无边。后者虽然可以剥夺这个或那个臣民的

---

1 全称《奥格斯堡国家及宗教和约》（Augsburger Reichs-und Religionsfrieden），由神圣罗马帝国皇帝查理五世与德意志新教诸侯于1555年9月25日在奥格斯堡签订。该和约提出了"教随国立"的原则，第一次根据法律正式允许路德宗和天主教共存于德意志。
2 诸侯指中世纪到近代期间某一土地的主权所有者。诸侯头衔原则上是通过世袭或采邑制获得的。
3 原文为拉丁语，Cuius regio, eius religio。
4 原文为拉丁语，ius emigrandi。

生存权，但他们缺乏有效控制民众所需要的政府机构和官僚手段——当时还不存在警察局或财政局等机构。我们今天习以为常的包含收入税、增值税和许许多多其他税种在内包罗万象的税收体系当时根本无法实现。但这并不意味着当时的人更自由：当权者通过近乎强迫症的监管统治弥补其权力工具的缺失。16 和 17 世纪，臣民受到国家制定的铺天盖地的行为规范的约束，从如何做礼拜到服装如何镶边，无所不管。刚刚诞生不久的国家观念进入了一个新的时代，并且开始展现其力量。但几个世纪之后，这种国家观念才得以大规模地在法西斯主义和集权主义的意义上发挥作用。

近代早期的统治者在作出政治决断时还不是大权独揽，与之后几个世纪专制主义的独断专行比起来相去甚远。几乎所有诸侯国都存在影响力或大或小的等级会议。在诸如税收等事关生存的问题上必须征得其议员的同意——这是不少等级会议议员频频使用的一种施压手段。"不存在真正字面意义上的君主制，"戈洛·曼[1]在其所著《华伦斯坦传》一书中写道，"国王就算发号施令也不是一手遮天。"

大多数民众当然没有自己的代表机构：农民没有发言权，通常不得不在他们的蜗居里听天由命，逃跑者极端情况下可能会被处死。但农村人口至少还有一种反抗统治者恣意妄为的法律手段：他们可以到位于施派尔[2]的帝国[3]枢密法院上诉，该法院和御前会议共同构成帝国

1　Golo Mann（1909—1994 年），全名安格路斯·戈特弗莱德·托马斯·曼（Angelus Gottfried Thomas Mann），德国历史学家、作家和哲学家。1971 年，他完成了自己最著名的作品《华伦斯坦传》。
2　Speyer，位于德国莱茵兰-普法尔茨州莱茵河畔。
3　三十年战争期间，神圣罗马帝国全称 Heiliges Römisches Reich deutscher Nation（15 世纪晚期至 1806 年），意为德意志民族的神圣罗马帝国。本书中在述及三十年战争有关情形时，使用的"德意志""德国""德意志神圣罗马帝国"等表达，一般即相当于神圣罗马帝国；"皇帝""德意志皇帝"等，则指神圣罗马帝国的统治者。——编注

的最高法庭。所有在地方法院和其统治者对簿公堂而败诉的臣民都可以向帝国枢密法院提起上诉，除非这位统治者是少数在其领地上实施上诉禁令的诸侯之一。这种法律途径毫无疑问也适用于无法负担正常诉讼费用的"贫穷的诉讼方"：律师和预审法官将为他们提供服务，等他们有了足够的财产的时候再支付诉讼费用。

这不仅仅是申辩权利——人们常常使用这种权利，以至于有些诸侯抱怨其臣民恶意起诉。德国当代历史学家乔治·施密特认为："公元1600年前后，法律之战几乎成了农民反抗运动的日常形式。"这一时期，帝国枢密法院每年大约受理700起诉讼申请。其结果是农民与统治者之间的社会冲突大多和平进行（这和英国或法国不同），而且德意志帝国的稳固性得以加强："提起诉讼的来自施瓦本或东弗里斯兰的农民一次又一次发现，在统治他们的诸侯之外还有一个更高的存在。"这是施密特得出的结论。

因此，有一种广为流传的说法，认为那个时代的德意志是由数百个独立邦国组成的国家，看起来就像一块"色彩斑斓的地毯"，这不完全正确——即便历史地图给人这样一种印象。倒不如说当时的德意志类似于后来的美国，都是由联邦州组成的联邦制国家，尽管现代意义上的国家政权也才初见端倪。德国的"准联邦州"可以是小的骑士采邑、帝国自由市、像巴伐利亚或萨克森那样的大型公国：它们全都拥有高度的自治权。

再高一级的行政层级是帝国行政区[1]。每个帝国行政区都由多个"准联邦州"组成，负责诸如铸币、保家卫国和边境防御等超越"准

---

1 丹麦文作 Circulus imperii，德文作 Reichskreis。帝国行政区是神圣罗马帝国的一种统治体系，从1500年沿用至1806年。

联邦州"界限的事务。德意志神圣罗马帝国（这是当时德国的正式名称）共有十个帝国行政区。

这种联邦制的顶端是统辖整个帝国的各种机构。其中包括上文已经提到的两个最高级别的法院和帝国联邦议会，即全德国的议会。帝国联邦议会由皇帝召集，不定期变更开会地点，主要决定整个帝国范围内的税收事宜，比如征税资助对抗步步逼近的土耳其人的战争。联邦议会由三个议院组成。第一个议院由七位选帝侯（即那些有权选举德国皇帝、高人一等的诸侯）组成。第二个议院一方面包括大约85位其他诸侯国的君主，另一方面包括非诸侯国君主，比如120位帝国伯爵，但他们全加起来只有两票。第三个议院由帝国的自由市组成，其影响力非常有限：他们的表态原则上没有约束力。因此，在联邦议会有效行使统治权的是诸侯，其他人只是摆设。

皇帝是凌驾于一切之上的最高层级。他一经七位选帝侯选出之后就终身称帝，主要拥有象征性权力。但这种权力极大：皇帝对于当时的德国人来说是神圣不可侵犯的，谁要是公然站出来反对皇帝则无异于亵渎神灵。长期占据这个至高无上的地位的哈布斯堡家族于1556年分裂为两支：一支统治西班牙，另一支统治奥地利及其周边国家。从此以后，皇帝便由奥地利这一支选出。三十年战争前夕占据皇位的马蒂亚斯[1]也来自哈布斯堡家族。

1555年签订的《奥格斯堡和约》到这时候勉强还能维持。到1618年为止，这一和约给德国带来了历史上持续时间第二长的和平时期，仅次于"二战"之后直到今天这段时间。更令人惊讶的是，400多年前的那个时候，德国周边欧洲其他地区天主教徒和新教徒之间战事接

---

1 Kaiser Matthias（1557—1619年），神圣罗马帝国皇帝（1612—1619年在位）、匈牙利国王（1608—1619年在位）和波希米亚国王（1611—1619年在位）。

连不断，其中包括加尔文宗占主导地位的尼德兰和天主教占主导地位的西班牙之间、英国和西班牙之间、英国国内和法国国内的战争［法国内战的血腥高潮是1572年臭名昭著的"圣巴托罗缪之夜"（Massacre de la Saint-Barthélemy），数以千计的胡格诺派信徒，即法国新教徒在巴黎的这场大屠杀中丧生］。正如德国法律史学家马丁·黑克尔所写的那样，彼时的德国是"残酷的宗教战争和混乱中的一座和平之岛，犹如气旋中心的平静地带"。

然而，公元1600年以后，德国新教徒和天主教徒之间的关系也明显愈发紧张。未曾亲历1555年之前宗教战争之恐怖的新一代统治者执掌了统治权。这些今天会被人们称作"年轻的野蛮人"的统治者将其父辈的妥协精神视为懦弱——他们是基要主义者，是捍卫自己真理的斗士，他们不是现实主义政治家。事态由此失控。一开始人们还不当回事，但正是磕磕绊绊和小打小闹最终引发了摧毁一切的雪崩。

举例而言，1608年5月，一些新教诸侯建立军事防御联盟，以保护"他们的权利"。此事很快就引起了反应：1609年7月，天主教诸侯打造了一个与其对抗的联盟。虽然两个组织都强调自己的防御属性，但自《奥格斯堡和约》签订之后，德国再次出现了两个由教派建立的对立军事组织。

两个阵营中理性的声音暂时仍然处于上风：此后数年出现的争端都得以和平解决。

相反，成为战争火药桶的是一个在德意志神圣罗马帝国中具有罕见的中间地位的国家，这就是波希米亚王国，其疆域大致包括今天捷克西部和中部地区。波希米亚王国的统治者是选举德意志皇帝的七位选帝侯之一，但他同时又是唯一在帝国联邦议会没有席位的选帝侯。

波希米亚的宪法也有些中间的味道：波希米亚不是传统的世袭制

君主国，而是选举制君主国。国王死后，王位并不自动传给他的儿子或最近的亲属。等级会议的代表，也就是起领导作用的贵族和自由市的代表选举新的统治者。这个统治者实际上通常是去世的国王的继承人，只是他必须在选举之前以书面形式（即在一份名为"投降条约"的文件里）作出巨大或较大让步以收买贵族的选票。在新国王看来，这份文件的内容通常和今天人们所理解的"投降"概念相似。

就这样，充满自信、以新教徒为主的贵族阶层即便在笃信天主教、自1526年以来为波希米亚指定国王的哈布斯堡家族统治下，也为自己争取到了广泛的权利。1609年，叛逆的波希米亚人完成了一个大手笔：等级会议的代表利用哈布斯堡家族内部的一场权力之争，以及由此出现的统治者家族内部的权力真空，对波希米亚国王（和神圣罗马帝国皇帝）鲁道夫[1]以起义相威胁，逼迫其签订所谓《大诏书》[2]。皇帝在《大诏书》中确保波希米亚的新教徒和天主教徒"完全平等"。新教徒同样可以"自由且不受限制地"信仰宗教，设立教堂和学校。《大诏书》明确规定，从此以后，"任何人"，包括农民，都不被允许"以暴力或某种设定的方式迫使其改信其他宗教"。这是个巨大的进步，但是没能持续多久。

鲁道夫继皇帝位后，政局和他的健康状况都江河日下。他的弟弟马蒂亚斯于1611年被选为波希米亚国王，并在1612年鲁道夫去世后继任皇帝。马蒂亚斯本人单身，没有子女，且罹患慢性疾病。为了安

---

[1] 指鲁道夫二世（Rudolf II，1552—1612年），神圣罗马帝国皇帝（1576—1612年在位）、匈牙利和克罗地亚国王（称鲁道夫，1572—1608年在位）、波希米亚国王（称鲁道夫二世，1575—1611年在位）和奥地利大公（称鲁道夫五世，1576—1608年在位）。

[2]《大诏书》指的是神圣罗马帝国皇帝鲁道夫二世于1609年签署、旨在保障波希米亚王国和西里西亚等级会议代表的宗教自由的两份文件。波希米亚《大诏书》于1609年7月9日签订，西里西亚《大诏书》于同年8月20日签订。

排好接班人，1617 年夏初，60 岁的马蒂亚斯建议未来由他时年 38 岁的外甥斐迪南继任波希米亚国王。

被选定继承王位的斐迪南是个正统的天主教徒，世俗的邦国君主中找不到第二个像他那么虔诚的了。斐迪南在耶稣会教育中长大，他的最高目标是使他人接受真正的信仰，必要时不惜使用暴力。实用政治对他而言纯属卑鄙之举，遑论宽恕容忍；只有当权力手段不足以使天主教直接取胜时，实用政治才有一席之地。斐迪南曾发誓："我宁愿统治一片沙漠，也不会容忍异端。"遵循这一口号，这位虔诚的"信仰实干家"说做就做，毫不妥协。

恰恰是这位好战且反对新教的斐迪南被建议选为新的波希米亚国王，笃信新教的波希米亚人现在该怎么办呢？"我们的叙述中从来不乏难以理解之事，但这段历史是其中最难以理解的。"历史学家戈洛·曼这样写道，"要知道，新教男爵和城市代表们一切自吹自擂的坚定决心、所有真正的权力都必须集中到这样一个目标上来：不能让此人[1]得逞！"这主要是因为，根据传统，波希米亚议会可以拒绝接受推选的国王。波希米亚人一向充满战斗精神，然而这一次他们选择了调停，在旷日持久的谈判之后同意接受斐迪南。这是个灾难性的错误。

斐迪南这位未来的国王虽然为了能够当选而再次对波希米亚等级会议的代表"投降"，做出种种让步，但邦国内的天主教煽动者感到有人在背后支持自己。事态开始逐步发展：在新的代表皇帝的布拉格钦差委员会里，天主教徒获得了十个议席中的七个，从而占据绝对优势。新教徒被逐出国家公职人员队伍，布拉格市被颁布的法令解除了权力。两座新建的位于天主教会土地上的新教教堂不由分说被夷为平地。

---

1 指斐迪南。

这一切促使波希米亚的执政者于 1618 年 3 月在布拉格集会，向皇帝发出了一封抗议照会。来自维也纳的答复颇为尖刻：皇帝已经仁至义尽。新教徒如果再次聚集那就是聚众暴动，将受到最严厉的法律制裁。尽管如此，等级会议的代表还是再次聚会抗议，并在 5 月 22 日作出了一项生死攸关的决定，即除了迈出自我解放的一步，别无选择。

第二天，等级会议的代表踏上了通往布拉格城堡办公大厅的台阶。他们把两名天主教钦差及其书记官扔出窗外——也把中欧抛入了深渊。1618 年 5 月 23 日作为三十年战争的开端被载入史册。

1618—1624 年
叛乱与复仇

有关布拉格掷出窗外事件的消息犹如晴天霹雳一样击中了维也纳的宫廷。波希米亚首都究竟出了什么事？一场大型起义，或只不过是一场临时起意的报复行动？皇帝马蒂亚斯先是把情况想象得最好，写了一封息事宁人的信派人送去；他在信中敦促大家，最好还是"心平气和、和平共处、互敬互爱"。

布拉格的议会则相反，迅速组建了一个由 30 名领导者组成的革命政府。他们组建了一支军队，宣布征收高额的战争税，不过收效甚微，征收到的税款与所需数目相去甚远。戈洛·曼不无嘲讽地评论道："大户人家更愿意反叛而不是付钱。"

起义者虽然召集了数以千计的士兵，但他们无法赢得民众。相反，许多农民逃进最后几个忠于皇帝的城市。历史学家乔治·施密特甚至将 1618 至 1620 年之间的事件称为"双重反叛"："一方面是等级会议反叛哈布斯堡王朝的统治，另一方面是农民反叛等级会议。"

尽管如此，起义一开始还是成功的。1618 年，叛军先是进军那些不愿参与反叛的波希米亚城市；1619 年 4 月，他们又向邻近的同属哈布斯堡王朝治下的摩拉维亚（位于今捷克东部）进军。兵力达到 10 000 人的波希米亚军队在那里没有遭遇抵抗——摩拉维亚人很快加入了叛军的队伍。叛军继续深入敌人的腹地，于 1619 年 6 月兵临维也纳城下。

这个时机看起来对波希米亚有利：皇帝马蒂亚斯已于 1619 年 3 月病故，由他指定的继承者、极其虔诚的天主教徒斐迪南尚未加冕。叛军希望能够得到奥地利新教徒的支持。但奥地利的新教徒只送来了措辞优美的书信，而没有提供军事援助；波希米亚军队不够强大，仅凭一己之力无法正面攻打壁垒森严的维也纳。

此外，斐迪南则已经派出了一支队伍向波希米亚南部进军。消息传到叛军那里后，他们解除了对维也纳的包围，急匆匆地返回防卫空虚的老家。进攻敌方心脏的行动就此失败。尽管如此，叛军仍不退缩：他们开始在政治上展开进攻。

1619 年 7 月 31 日，波希米亚人及其邻国的同盟者制定了一部新宪法，即所谓邦联法案。波希米亚由此成为一个由半自治共和国组成的邦联。国家元首是由选举产生、权力受到严格限制、随时可能被选下去的君主。

不到三个星期之后，即 1619 年 8 月 19 日，波希米亚等级会议的代表马上就开始利用他们以邦联法案为自己营造的活动空间。他们把不受欢迎的国王斐迪南赶下了台，很快又让一位新教徒继位，这就是居住在海德堡的普法尔茨选帝侯弗里德里希五世[1]。23 岁的弗里德里希

---

[1] Friedrich V. der Winterkönig（1596—1632 年），普法尔茨选帝侯（1610—1623 年在位），三十年战争期间曾任波希米亚国王（称弗里德里希一世，1619—1620 年在位），史称"冬王"。

五世不顾可能与哈布斯堡王朝发生冲突的种种警告，接受了他们的选择。比如科隆大主教就曾颇有远见地对一位普法尔茨的使者预言，如果波希米亚人真的立一个国王和哈布斯堡王朝对着干，"那可就得马上做好准备迎接一场持续二十年、三十年，或者四十年的战争了"。

实际上，参与这场游戏的不仅仅是波希米亚自身：七个选帝侯有权选举传统上由哈布斯堡家族提名的皇帝。其中三个是天主教的大主教（来自美因茨、科隆和特里尔），三个是新教邦君（来自萨克森、勃兰登堡和普法尔茨）。这样一来，第七个选帝侯的选择就决定了天平上的指针指向哪一方。投这第七票的就是波希米亚国王——到目前为止，波希米亚人归属于信奉天主教的哈布斯堡王朝。正如巴伐利亚公爵马克西米利安[1]所预感的那样，如果波希米亚人倒向新教统治者，票数对比就会颠倒过来：选帝侯中的多数将不再是天主教徒，而是新教徒——"以便能够选举一位异端的皇帝"。无论如何，从长远来看，哈布斯堡家族可能会失去皇冠，从而丧失其在神圣罗马帝国的显赫地位。

为了避免出现这种情况，斐迪南必须首先确保自己被选举为皇帝。为此他前往法兰克福——选帝侯及其使者在那里选举先帝马蒂亚斯的继任者。当时是1619年8月28日，即波希米亚选出新国王后仅仅两天。波希米亚国内尚不明朗的局势当然是聚会的一个话题，然而几经讨论之后，选帝侯们不出所料选举斐迪南为新皇帝。只有普法尔茨一开始投了反对票，但后来改为赞成，因此全票通过。

从今天的视角出发，那是一场令人难以理解的选举活动：普法尔茨选帝侯弗里德里希五世让人选举自己为波希米亚新国王，以取代斐迪南，同时又让他的特使在法兰克福最终还是选举那位斐迪南为皇

---

[1] Maximilian（1573—1651年），指1623年成为巴伐利亚选帝侯的马克西米利安一世。

帝——从而为他提供了更多合法性。

假使普法尔茨人曾经寄希望于斐迪南会捐弃前嫌的话，那他们可就错了。这位奥地利人[1]在被选为新皇帝仅仅几天之后，就着手准备与普法尔茨和波希米亚的战争。他自身家底太薄，而且继承了太多债务，无法建立一支合适的军队。因此，他来到巴伐利亚公爵马克西米利安那里——后者是天主教联盟的领袖，财大气粗。

西班牙的使者也参加了这次会面，与会者于1619年10月8日在慕尼黑签订了一份影响深远的协议：巴伐利亚承诺武装自己，并与天主教联盟的军队一起向波西米亚进军。西班牙保证提供军事支持——一方面通过为天主教联盟军额外提供军队，另一方面对普法尔茨发起进攻以分散其注意力。

作为回报，斐迪南承诺为巴伐利亚支付全部军事开支。在付清所有费用之前，巴伐利亚公爵可以占据哈布斯堡的属地，将其作为抵押。上奥地利就这样落入了巴伐利亚手中——不过，那里的居民不愿意就这样接受高层发布的由外人统治的命令，这主要是因为巴伐利亚统治者向他们征收14倍的赋税以供养自己的军队。1626年爆发了一场农民起义，后来发展为真刀真枪的游击战，这也是巴伐利亚1628年最终又把上奥地利归还给哈布斯堡王朝的原因之一。

巴伐利亚和哈布斯堡之间的协议还包括一项双方仅仅口头作出的约定，因为这项约定相当于巨大的火药桶：斐迪南承诺，如果成功，就剥夺弗里德里希五世的普法尔茨选帝侯资格，然后把这一名额转让给巴伐利亚的马克西米利安。这样一来，这位刚刚继位的皇帝就逾越了他的法定权限；他很清楚这么做会激怒所有教派的诸侯群起反对自

---

1 指上文提及的斐迪南，即斐迪南二世。

己——但鉴于当时的形势岌岌可危，他别无选择。

哈布斯堡一开始顽强抵抗，一个月后波希米亚再次进军维也纳并包围了城市，这次波希米亚军队获得了新教统治下位于今天罗马尼亚的特兰西瓦尼亚（又称锡本布尔根）[1]的军队的支持。但是，叛军第二次攻进敌人大本营的努力最终也以撤军告终。

不仅军事上，外交方面波希米亚人在1619年末到1620年初的冬季也几乎毫无进展。他们的新国王占尽人和之利：弗里德里希五世不仅是新教联盟的首领，他也和多位新教君主是近亲，并且娶了英格兰国王的女儿。然而，波希米亚人获得外部援助的希望彻底落空了。没有一个新教国家愿意发兵。和弗里德里希五世信仰相近的加尔文宗尼德兰至少作出了提供财政支持的保证，英格兰国王詹姆斯一世却只是提出愿意居间调停。当时欧洲流传着一个笑话：为救弗里德里希五世，丹麦人将派出1000尾腌鲱鱼，荷兰人[2]派出1万箱黄油，英格兰国王则派出10万名使者。

情况变得更加糟糕。在德意志内部，弗里德里希五世也几乎没有得到新教君主的援助，恰恰相反，新教联盟的成员不愿自己卷入任何战争，他们于1620年7月和天主教联盟签订了互不侵犯条约，从而为后者集中全力对付波希米亚扫清了道路。

弗里德里希五世是加尔文宗教徒，也就是受到德意志帝国内部占多数的新教路德宗教徒鄙视的小众新教教义追随者，这或许也是弗里德里希五世处处碰壁的原因之一。路德宗教徒中的活跃分子甚至认为

---

1 拉丁文和罗马尼亚文作 Transsilvania，德文作 Siebenbürgen，位于今罗马尼亚中西部。该地区曾属匈牙利王国，1526年奥斯曼帝国攻占布达佩斯后，成为匈牙利贵族的避难所。"一战"后，根据1920年签订的《特里亚农条约》，该地区成为罗马尼亚的一部分至今。
2 原文此处是荷兰人，而非尼德兰人。

"加尔文宗教徒是比天主教徒更加可憎的恶棍，甚至比土耳其人和异教徒更可恶"，历史学家戈洛·曼这样评论。此外还有一个因素导致新教徒不愿与弗里德里希五世同仇敌忾，那就是他登上王位的方式。就这么把一个君主选下去，找个新的取而代之？这么做有可能带个坏头，新教统治者对此也颇有微词。

因此，最有权势的德国新教徒——萨克森的约翰·格奥尔格[1]，有意站在了天主教徒一边。这位信奉路德宗的选帝侯对德意志帝国及其政府机构充满信心，他答应在天主教联盟军队从南面对叛军发起主攻时率军从北面进攻波希米亚。皇帝斐迪南由此完成了他在外交上的壮举——从内政和外交上几乎彻底孤立弗里德里希五世。

布拉格的新国王面对敌众我寡的局面能怎么办呢？上奥地利等级会议代表的头领苦苦哀求弗里德里希五世在非常时期采取非常措施："在国内解放臣民，解除农民的身份束缚……普通人为了自由毋宁死亡。"这是戈洛·曼引用的等级会议代表的建议。此外，他们认为贵族在最危急的情况下还应该捐出他们拥有的一切。不过，戈洛·曼批评道，这些事情都没有发生："挑起这一切并要为此承担责任的男爵们不愿放弃依附于他们的农民，正如他们舍不得自己的金银财宝。"

这种行为模式在三十年战争期间也将出现在其他地方：每当城市或国家陷于危难之时，行为者常常无法把自身利益置于脑后。门第等级观念显然过于严重，人们显然过少从国家大局或民族大义出发认识问题，从而无法表现出众志成城——即便面临敌方进攻、生死攸关之时也是如此。

1620年夏季，皇家-天主教联盟发起了进攻。同年8月，一支两

---

[1] Johann Georg（1585—1656年），即约翰·格奥尔格一世，萨克森选帝侯（1611—1656年在位）。

万余人的西班牙军队从今天的比利时出发，向包括海德堡和曼海姆在内的今莱茵兰-普法尔茨地区进军。萨克森几乎不费一兵一卒就攻占了波希米亚邦联北部，即萨克森选帝侯在皇帝斐迪南对其军事行动给予经济补偿之前得以作为抵押物据为己有的劳西茨地区。与此同时，2.8 万名皇家-天主教联盟士兵进军布拉格——这支军队中有个雇佣兵后来成了著名的哲学家，他就是勒内·笛卡儿，其名言"我思故我在"（Cogito ergo sum）家喻户晓。

在布拉格以西 8 公里一处名为白山的高地上，一支由 2.1 万人组成的波希米亚军队严阵以待。这支军队占据有利的战略地形，尽管如此，皇家-天主教联盟军队还是于 11 月 8 日向白山高地发起了冲锋——这实际上有违一切用兵之道。不过波希米亚士兵处境悲惨：几个月开不出军饷，营养不良，而且因为伤病元气大伤。皇家-天主教联盟军队因此打退了守军，直打得他们落荒而逃。

有关战役的细节此处不予赘述，本书将在我们的主角雇佣兵彼得·哈根多夫出场之后描述战斗的过程。这里重要的是战役的结果：皇家-天主教联盟军队只用两个小时就取得了压倒性胜利。这是三十年战争期间持续时间最短的战役之一，但可能是后果最为持久的一场战役。因为在不远处的布拉格，国王弗里德里希五世甚至根本就没有试图保卫这座防守严密的城市。次日早上，弗里德里希五世带着他的随从向西里西亚方向逃跑，仓皇之间丢盔弃甲，其中包括一辆载有最重要文件的车辆——几个小时后进驻城内的胜利者们为此欣喜若狂。

弗里德里希五世从西里西亚继续向尼德兰行军，在余下的岁月里徒劳无功地试图夺回失去的土地，直至 1632 年郁郁而终。鉴于他曾在波希米亚短暂执政，弗里德里希五世以"冬王"的绰号被载入史册。

比弗里德里希五世的命运意义更加重大的是战争给波希米亚本身

带来的后果：布拉格不战而降，波希米亚王国其他地区的抵抗都不值一提。"被征服者没有实打实地战斗过，"戈洛·曼这样总结道，"他们的革命缺乏军事行动所要求的那种严肃性，不是真正的革命。与其对手的革命倒是真的。"

皇帝斐迪南在取得白山大捷的当月就收回了保障波希米亚宗教自由的《大诏书》。据说他手持剪刀亲手剪碎了文件。然后，他开始系统性清洗波希米亚的新教势力——不是一蹴而就，而是慢条斯理地逐步清洗，以免激怒帝国的新教诸侯，尤其是避免激怒萨克森的选帝侯联盟。最初只有加尔文宗传教士被驱逐，然后路德宗传教士也被驱逐了，最后波希米亚信奉新教的市民只得改换门庭、皈依天主教，否则就只能失去自己的财产并遭到驱逐。大约3万户家庭离开了波希米亚。

那些被专门成立的法庭认定参与革命而获罪的宫廷贵族别无选择，并且这样的贵族为数众多。当权者根据他们的罪过程度将其全数、半数、1/4或1/5的土地充公。但最终每次都是整片土地均被充公，比如1/4土地充公意味着获得为被没收土地3/4面积提供的经济补偿。波希米亚的半壁江山由此易主。政府机构将没收的土地中的一部分贱价转让，此举的大赢家中有一位三十年战争期间臭名昭著的主要人物——阿尔布雷赫特·冯·华伦斯坦，此人当时还只是个踌躇满志的贵族和陆军上校。

没收土地充公时出现了不公平现象，家家户户被从他们拥有的土地上驱逐、被迫沿街乞讨的场景令人肝肠寸断，这并不出人意料。大多数人总算幸免于难——和近代早期被镇压的农民起义相比，只有少数人被处死。波希米亚有27人遇害：他们都是1621年6月21日于布拉格市政厅前的广场上在震耳欲聋的鼓声中死去的，其中24人被刀剑杀死，3人被送上绞架。刽子手随后把12颗砍下的人头和剁下的手掌用铁棍穿起，高悬在老城的塔桥上，使人大老远就能看见。这一挂就是十年，用以恐吓民众。

政府的一项措施令波希米亚人受害尤深：由于国家债台高筑，哈布斯堡王朝的财政部门想出了一个后果严重的主意，就是把铸币权卖给私人公司。1622年初，铸币特许权以每年600万古尔登[1]的价格卖给了由15名个人组成的财团，其中包括华伦斯坦、一个从事银器生意的犹太批发商和一个信奉加尔文宗的银行家。事关金钱的时候，宗教分歧显然就不那么重要了。这个财团发行的4200万古尔登充斥了波希米亚、摩拉维亚和奥地利，这些货币与此前流通的古尔登相比含银量明显不足。其后果是——用今天的眼光看这不足为奇——通货膨胀迅速蔓延，各种负面现象随之出现。拿薪水和养老金的人收入缩水，商贩和手工业者囤积居奇。比如肉贩子就抗议："我们不想用这么好的肉换这么糟糕的钱。"因此，当局的处罚威胁对这种时而公开、时而秘密进行的商贩罢市行为收效甚微。短时间内，经济彻底崩溃了。

一年之后，皇帝斐迪南结束了这场闹剧，并引入一场货币改革。1623年初，国家再次接手铸币事务，从夏天起"按照原有的分量和标准"（"分量"指硬币的质量，"标准"指贵金属的含量）。年末，臣民们终于被告知可以把他们手中因通胀而贬值的货币按1比6个古尔登的汇率兑换成新的硬通货。

这场人为的金融危机不仅局限于哈布斯堡王朝的疆域。周边各诸侯国也接二连三地下令铸造含银量偏低的硬币，以至于1621至1623年间几乎整个帝国的货币都迅速贬值。日常生活需要的面包价格飙升，许多地方的百姓忍饥挨饿。愤怒的市民冲进政府机关、货币兑换点

---

1 Gulden，原指金币，后来成为神圣罗马帝国的货币计量单位和银币的名称。

和造币厂，街头混战成为常态，比如在马格德堡就有 16 人因此丧命，200 人受伤。传单上咒骂货币贩子"损害货币、国家和人民"，是"劣币制造者"（非法剪削货币边缘以减轻货币分量的人）——德意志帝国历史上的第一次大规模通货膨胀由此以"剪币时期"进入了人们的集体记忆。

"当时我们第一次得到了教训，"同时代的历史学家帕维尔·斯特兰斯基 1633 年这样总结道，"没有任何瘟疫和战争、没有任何外敌入侵、没有任何掠夺和火灾会像货币价值频繁变化那样给人带来这样的损害。"然而，斯特兰斯基发表这种观点时，三十年战争才刚刚过去一半。

这也是"劣币危机"和时至今日仍令德国人对货币贬值心有余悸的 20 世纪 20 年代超级通货膨胀的不同之处。17 世纪的货币危机在战争期间就导致大规模贫困，另外还加剧了危机产生的其他影响。

战争究竟何以继续呢？皇帝斐迪南再次没有遭遇任何抵抗就统治了波希米亚；此外，与其结盟的西班牙和巴伐利亚军队占领了普法尔茨，也就是逃跑的"冬王"弗里德里希五世的传统地盘。三支独立行动的新教雇佣兵挡住了天主教占领军的去路，但到 1622 年中期就接连被消灭了。1623 年 2 月，皇帝斐迪南信守承诺，把普法尔茨的选帝侯资格转让给巴伐利亚公爵马克西米利安，天主教联盟的战争目标由此得以全部实现——战争取得了全线胜利。又经过几场战斗后，三十年战争的第一阶段，即所谓波希米亚-普法尔茨战争阶段于 1624 年实际上已经结束了。现在要做的只是遣散军队，国家将重现和平。

然而皇帝斐迪南并未解散军队，这就彻底暴露了他的本来面目：到目前为止，他表现得像一个强干的实用主义政治家，能聪明地与新教徒组成联盟、缔结和约。但这个耶稣会的学生内心深处仍然是个狂热的天主教徒。现在他显然认为时机已经成熟,从而错失了实现持久和平的机会。大诗人弗里德里希·席勒也是历史学家,他在1791至1793年间出版的《三十年战争史》,今天仍然值得一读。书中这样描述斐迪南战胜波希米亚之后的责任:"现在,整个德国的命运在他(指斐迪南二世)手中,数以百万计民众的悲欢建立在他的决断之上。还从来没有哪个巨大的决断如此系于一人之手,也从来没有哪个人的鬼迷心窍会带来如此巨大的无妄之灾。"

1625—1629年
死亡交易

维也纳皇室很清楚这是一项不道德的提议:1625年春季,一位波希米亚天主教贵族提议自费组建一支大军为皇帝斐迪南作战。国库空虚的哈布斯堡王朝无须预付金钱,也暂时不必为军队的运行支付费用——斐迪南可以说不费分文就能获得一支军队,至少暂时不用花钱,账单日后才来。

但是,总得有人付钱。这个波希米亚贵族值得信任吗?新的军队会带来什么后果?它是否会对潜在的敌人起到敲山震虎的作用——或者因为挑衅其他力量而制造新的敌人?斐迪南的谋士们在维也纳就这个提议是否可行讨论了两个月之久。最终,同意这项提议者占了上风,协议于1625年6月签订:阿尔布雷赫特·冯·华伦斯坦获准组建一支2.4万人的军队。此外,他还被擢升为大公。

维也纳皇室就此参加了一场后果严重的实验:战争在很大程度上被私有化。华伦斯坦的军官和士兵是他的雇员,签的大多是短期合同，比如从春季到初冬。诸如祖国或宗教之类概念顶多起次要作用，大多数情况下甚至无足轻重。华伦斯坦在此扮演的角色"丝毫不比领导跨国企业的现代经理人更精明务实"，历史学家杰弗里·帕克这样评价。对于这位战争狂人而言，重要的不是意识形态，而是效率、成果和利润。资本主义在这里发展到了一种前无古人，应该也后无来者的程度，因为未来属于国家的军队。三十年战争期间，私人的"战争交易"和自由的雇佣兵制度达到了历史巅峰，华伦斯坦或许是历史上头号战争狂人。

新组建的军队马上显示出其实力。1625 年年中，协议签订之后仅仅一个半月时间，军队就组建完成：1.6 万名步兵和 8 000 名骑兵。这是一项几乎不可思议的组织工作，工作起来不知疲倦的华伦斯坦此后一次又一次扩编军队。他自己的军队名单显示，1625 年他就把军队扩编至 61 900 名雇佣兵，一年之后增加至 111 100 人。1630 年，他甚至招募了超过 150 900 名雇佣兵，而当时奥格斯堡、纽伦堡、汉堡、科隆、吕贝克和斯特拉斯堡等德国大城市只有 4 万到 4.8 万居民。

也就是说，没有任何一个平民聚居区在人口数量上能和华伦斯坦的军队人数相提并论，何况除了士兵还有随行人员。这些随行人员通常比军队本身人数还多，他们包括士兵的妻子儿女、手工业者、厨师、传教士、战地外科医生、占卜算命的、变戏法的，以及妓女和乞丐等——一座流动的大城市。

为了解决这个中欧前所未有的庞大人群的吃喝拉撒问题，华伦斯坦不但需要完善的物流，更需要大笔金钱。这位战争狂人为此采用了一种建立在两个支柱之上的金融体系。第一个支柱是大额贷款。华伦斯坦通过一个老熟人在欧洲金融市场上大举借贷，此人就是来自安特卫普的银行家汉斯·德维特。"剪币时期"，华伦斯坦就是和他一起用自行铸造的货币充斥了波希米亚王国。德维特拥有包括从伦敦到君士坦丁堡在内共 67 个城市的错综复杂的信用网络。他与中间人合作，许多债权人根本不知道自己的钱实际上流向何处。作为最庞大的天主教战争机器主要资助者的，恰恰是德维特这个加尔文宗教徒，这是个历史的讽刺。

华伦斯坦给军队融资的第二个支柱是所谓"军税"，其规模同样前所未有。这实际上是大肆勒索。华伦斯坦率领大军所到的乡村和城市周围，无论是己方还是敌方的地盘，都必须为军队提供给养：不仅要像到目前为止常见的那样提供实物，还要支付巨额现金。当地的各个村镇也要承担军饷和其他一切开支，这原本一直是邦国诸侯的任务。此举导致许多村镇财政破产，有些设防的城市拒绝支付这些费用。据说华伦斯坦因此作出了一个悖论式的论断，他认为自己养不起一支 2 万人的军队，却养得起 5 万人的军队。因为只有当士兵数量达到 5 万、拥有绝对优势，才能搞到他需要的那么多钱财。这就叫"以战养战"，弗里德里希·席勒在其戏剧三部曲《华伦斯坦》中用了这样一个恰如其分的说法。

另一方面，战争狂人华伦斯坦治军严格，严禁劫掠——至少一开始是这样。华伦斯坦常常处死掠夺平民被抓现行的士兵。但他的管控能力有限，军官和士兵一旦脱离华伦斯坦的视线范围就伺机肆无忌惮地作恶。"秩序只存在于大本营的'净土'及其周边地区，远离大本营的地方则出现勒索、谋杀和抢劫。"戈洛·曼总结道。

华伦斯坦也没有让他新成立的军队在家乡久留，而是很快下令向北开拔。1625 年秋，这支队伍在易北河畔今德国萨克森-安哈尔特地区采取军事行动——在正确的时间出现在了正确的地点。因为更北边的斯堪的纳维亚人首次踏上了德国的战争舞台，这就是丹麦国王克里斯蒂安四世[1]。他比自己的邻居和对手、瑞典国王古斯塔夫二世·阿道夫提早几年进兵德国。

克里斯蒂安是新教徒，统治着丹麦和挪威两个独立国家组成的"君合国"。与同时代大多数统治者的不同之处在于，克里斯蒂安并未负债累累，而是积累了万贯家财。这位48岁的君主因此拥有足够的资金，有能力发动一场更大的战争以满足自己的野心。他需要的只是一个发动战争的理由。

克里斯蒂安在丹麦和挪威两个王国之外又继承了一块疆域，即帝国最北部的荷尔斯泰因公国，这就为克里斯蒂安发动战争提供了借口。占有荷尔斯泰因之后，丹麦国王成了在帝国议会拥有席位的德国诸侯。此外，克里斯蒂安于1625年4月被选为下萨克森帝国行政区的最高领袖。帝国为便于管理而将其辖区划分为十个行政区，每个行政区都包括多个诸侯国和其他帝国领土。

这样一来，在克里斯蒂安看来，他作为丹麦的统治者在德国就有了足够多的头衔和职位，可以以新教信仰的捍卫者自居。他说服下萨克森行政区内的其他君主把军队交给自己指挥，说这么做只是出于安全考虑，因为巴伐利亚中将蒂利领导下的皇家-天主教联盟军队就驻扎在附近。下萨克森行政区的议会最终同意把一支军队交给克里斯蒂安，但这支军队不得离开行政区范围，并且只有出于防卫目的时才能用兵。

这一切听起来克制而谨慎，然而还没等克里斯蒂安把他的大部分军队召齐，他就不再遵守行政区议会所作的决议，而是率领大约2万

---

[1] Christian IV（1577—1648年），丹麦国王和挪威国王（1588—1648年在位），被认为是丹麦历史上最得人心的君主之一。

名雇佣兵来到行政区边界。1625 年 6 月，他越过边界占领了邻邦威斯特伐利亚[1]的费尔登和宁堡。

丹麦国王的这次进攻本来胜券在握，但正如丹麦历史学家埃尔林·拉德维格·彼得森评论的那样，他"为这次行动选择了一个极其不利的时机"。因为恰恰在 1625 年 6 月，华伦斯坦从皇帝斐迪南那里获准组建自己的军队——而丹麦人对此一无所知。这样一来，忽然出现在丹麦人面前的就不仅仅是蒂利的皇家-天主教联盟军队，而且还有华伦斯坦的军队——这是件突如其来的坏事。

克里斯蒂安总归得到了新教义勇军战士，尤其是私人雇佣兵领袖和战争狂人恩斯特·冯·曼斯菲尔德伯爵[2]的支持。尽管如此，他的出征还是惨遭失败，1626 年起新教军队连连失利。其中最重要的战役包括 1626 年 8 月 27 日发生在不伦瑞克以南巴伦山麓的卢特战役。克里斯蒂安率领两万人马对阵蒂利领导的旗鼓相当的军队。4 000 名丹麦国王的士兵阵亡，另有约 4 000 人被俘或做了逃兵；蒂利一方仅 700 人阵亡。丹麦军队仓皇之中作鸟兽散，克里斯蒂安带着一小群骑兵逃窜。他在日记中简要记道："与敌军对阵，兵败。"

克里斯蒂安虽然在当年冬季又重整旗鼓，但次年，即 1627 年，被打退得越来越远：华伦斯坦和蒂利的军队在一次联合征战中横贯德国北部，占领了构成丹麦大部分国土的日德兰半岛。克里斯蒂安不得不带着残兵败将退守皇家-天主教联盟军队由于缺少舰队而无法染指的那些丹麦岛屿。

---

1 Westfalen，也译作"威斯特法伦"。1648 年在该地区所签订和约的中文译名已约定俗成为《威斯特伐利亚和约》，综合本书内容考虑，在指代和约签定地时，书中统一使用"威斯特伐利亚"译名。

2 Graf Peter Ernst II. von Mansfeld（1580—1626 年），三十年战争初期颇有影响的德国雇佣兵将领。

北部战事由此陷入僵局——如果交战双方不能达成一致的话，今后将永无宁日。在德国则相反，华伦斯坦和蒂利的联军所向披靡。与此相应，选帝侯们在1627年秋天的一次集会上要求皇帝斐迪南大规模裁军，并且要求他为"保护可怜的孤儿寡母"而剥夺华伦斯坦征收军税的权力。

斐迪南没有按照选帝侯的意思办，恰恰相反，他提拔了华伦斯坦，而且是短时间内连升数级。斐迪南一方面剥夺了梅克伦堡公爵的爵位，因为对方一度支持丹麦国王；1628年，他将其领地交给了华伦斯坦。这位战争狂人由此一跃成为帝国诸侯——在其他诸侯看来，他们现在不得不忍受一位暴发户与自己为伍，这简直是奇耻大辱。另一方面，斐迪南又任命华伦斯坦为"北海和波罗的海海军上将"。这个将军头衔既新鲜又空洞，因为当时根本就没有皇家舰队，但这个头衔体现了皇帝斐迪南的勃勃野心——除了对丹麦和瑞典，这对新教海军大国尼德兰和英国也是一种挑衅。

1628年的最后几个月相对比较平静，只有少数军事冲突。1628年5月起，华伦斯坦下令围攻波罗的海港口城市施特拉尔松德，因为该城拒绝皇家军队入城。丹麦和瑞典通过海路向这个新教的沿海堡垒城市输送弹药和士兵作为支援。施特拉尔松德的军队舍生忘死，顽强抵抗，打退了皇家军队的所有进攻。同年7月，华伦斯坦解除包围，率军撤退，据说他手下有1.2万名士兵在攻城期间阵亡或病故。

经历了一连串几乎无休无止的败仗之后，新教军队终于迎来了一场胜利，他们在宣传传单里大肆吹嘘这次战果。意义更为重大的是，在施特拉尔松德，终于有一支瑞典军队踏上了德国的土地。现在，瑞典国王古斯塔夫二世·阿道夫一只脚已经踏进德国的大门，他赖着不走了：大捷之后，他向这座德国的沿海城市派出更多士兵，最终有

5 700名士兵驻扎在那里。

华伦斯坦在进攻施特拉尔松德失败受辱之后获得了一雪前耻的机会：丹麦国王克里斯蒂安再次发起进攻，以七千兵力进驻波罗的海的乌瑟多姆岛，占领了邻近的沃尔加斯特市。华伦斯坦迅即调动数量相当的军队应战，9月2日，双方展开了1628年德国土地上唯一的一场大型战役。结果，丹麦再次惨败：进攻的军队土崩瓦解，士气低落的残兵败将半夜登船逃命。克里斯蒂安和这些幸存将士一起败退回国。

几个月后，丹麦国王终于受够了在德国的战争。1629年初，开诚布公的和平谈判在吕贝克举行。谈判期间，战争狂人华伦斯坦的表现说明他也是个伟大的外交家。当皇帝和丹麦方面还在坚持毫无意义地漫天要价时，华伦斯坦已经通过秘密谈判制定了一项既有分寸又有智慧的和平方案：丹麦国王收回所有被德国占领的地区，主要是丹麦核心地区日德兰半岛和德意志公国荷尔斯泰因。作为回报，克里斯蒂安主要只需承诺从此以后不再干涉帝国事务。

维也纳皇室对华伦斯坦在外交上取得的进展颇感意外，但并没有欢欣鼓舞。神圣罗马帝国刚刚才梦想着让战败国言听计从、签订和平协议，并且赢得前所未有的广阔土地和巨大财富，现在却突然要放弃这一切？华伦斯坦不得不费点儿功夫做说服工作，但他最终说服双方都同意了他提出的和平方案。在此后进行的战争中，45岁的华伦斯坦也反复展现出他的双重面孔，这正是其人格魅力所在：一方面他是个不择手段的战争狂人，另一方面他又真心实意地致力于签订公平的和平条约。

1629年5月22日，丹麦国王克里斯蒂安签署了《吕贝克和约》；同年6月7日，皇帝斐迪南在维也纳批准了该条约。两位统治者在条约中决定维持"真诚、稳固、确定且持久之和平"。双方"不再以任何形式"考虑进行到目前为止一切令人憎恶之事,就当这些事已经"烟消云散、一笔勾销、不复存在了"。与近现代发生冲突之后不同("一战"之后人们想着进行和平谈判),当时要解决的不是谁是战争的罪魁祸首或哪些是战争罪行等问题。相反,为了放下包袱走向未来,和平条约原则上遵循的口号是"掩埋和忘却一切"。

随着《吕贝克和约》的签订,1618至1623年波希米亚-普法尔茨战争结束之后,三十年战争的第二幕,即1625至1629年的丹麦-下萨克森战争也结束了。对于实际上战败的丹麦而言,战后的苦难开始了。克里斯蒂安不再是欧洲最富有者之一,而是负债累累。其结果是丹麦民众不得不忍受高额税赋,而当时的丹麦已经是个穷国——皇家军队占领日德兰半岛期间彻底摧毁了这块丹麦的核心区域,并对民众大肆压榨。粮食歉收,瘟疫横行。但失败也促使国王克里斯蒂安现在不得不维持和平。丹麦由此得以在此后的岁月里在经济上奋起直追,这主要是因为邻邦德国的庞大军队为丹麦的农业提供了巨大的销售市场。

局面看起来也和此前波希米亚-普法尔茨战争结束之后那样一派祥和。和平持续了一年多。然而,表面上的胜利昏了皇帝斐迪南的头脑,最终使他的国家一败涂地。

这是因为斐迪南在内政上不再遵循理性治国的原则。由于现在帝国内部再也没有真正有实力的新教对手,哈布斯堡王朝的君主又开始"从心所欲"了。

1629年3月6日,也就是帝国还在与丹麦和平谈判期间,皇帝斐迪南就颁布了臭名昭著的《归还教产敕令》:根据该敕令,所有曾经属于天主教、1552年之后落入新教之手的教堂必须归还给天主教教会。该敕令的法律基础是1555年《奥格斯堡和约》中颇具争议的一条，该条款在 1552 年的基础上确保天主教拥有教堂。但实际上新教在此之后仍然继续传播，大量教堂被挪作世俗之用。现在斐迪南想以一纸敕令发动逆袭，使过去 77 年间的变化全部归零。

时局面临巨大的动荡。敕令规定将奉行新教的不来梅、马格德堡和其他 13 个教区，以及 500 多个曾经属于新教的修道院归还给天主教会。根据该敕令，仅符腾堡大公就必须交出 14 座供修士使用、36 座供修女使用的大型修道院，这几乎占他领地的一半。但这好像还不够似的，敕令又宣布禁止信奉加尔文宗——所有加尔文宗的信徒都遭到威胁，他们将被宣布不受法律保护并失去一切财产。

就这样，斐迪南出于根深蒂固的宗教信仰而错失了实现和平的良机。他颁布的《归还教产敕令》简直就是逼着新教徒起来反抗，这主要是因为他们不得不担心皇帝计划进一步采取措施，再次使德国全民信奉天主教。新教徒由此迫不得已为一个当权者铺平了道路。此人本身讨人喜欢且颇具魅力，却给民众带来了不可思议的恐怖，他就是瑞典国王古斯塔夫二世·阿道夫。

大约与此同时，有个人在施特拉尔松德城前安营扎寨，他将迎战瑞典，也将为瑞典而战。此前数年即 1625 年 6 月他就已经开始写日记。当时这位年轻的平民从德国出发，越过阿尔卑斯山向意大利迁徙，只为到那里当雇佣兵。这个不甘寂寞的漫游者尚未意识到，他很快就要在德国的这场大战中变换角色，并且将在欧洲中部羁旅漂泊长达二十余年。我们这位三十年战争的见证人彼得·哈根多夫即将登场。

第 2 章
转折点

1629 年之前
战士之路

22 400 公里的长途跋涉始于林道[1]。彼得·哈根多夫的日记原本有 192 页，保留下来的部分中第一句话是"莱茵河在这里流经博登湖"。日记共保留下 176 页——最初的 13 页和最后 3 页不知所踪，几乎所有关于哈根多夫过往经历的文字也都因此不复存在。从教会的登记簿只能看出我们的主人公来自位于今萨克森-安哈尔特地区的采尔布斯特，生于 1601 年或 1602 年，是新教徒。我们对他的父母和具体受教育情况等一无所知，连他长什么样也无从知晓。如果没有这本能让我们窥探他个性的日记（尽管作者的言语非常简练，而且几乎没有透露自己的情感生活），哈根多夫根本就是个无名小卒。

日记始于 1625 年，彼时哈根多夫虽不富裕，但受过一定程度的教育且兴趣广泛。他兴致勃勃地描写沿途的风光，记录下人们的生产

---

[1] Lindau，今属德国巴伐利亚州，位于博登湖东岸的岛上，德国、奥地利和瑞士三国交界处，是德国南部"阿尔卑斯山之路"的起点。

方式，提及漂亮的建筑，为见到的磨坊及其技术而欣喜。或许他是手工业者的儿子，他肯定喜欢冒险、充满好奇——他是个想要认识世界的年轻人。

哈根多夫先从林道行至布雷根茨，然后向南翻过阿尔卑斯山来到莱茵河畔的瑞士小城库尔。

"库尔有个漂亮的温泉，甚至可以治病。"他写道。然后他又继续走到今瑞士和意大利边境附近的基亚文纳。哈根多夫在那儿卖掉了他的外套，买了一本德语–意大利语词典，他显然对自己造访的这个国家[1]颇有兴趣。

我们的日记作者从边境地区向南部的科莫湖[2]进发，奢侈地租了一天雪橇向布雷西亚行进。布雷西亚是"一座美丽的城市"，坐落在加尔达湖[3]西部，属于威尼斯共和国。"我在这儿报名参加了威尼斯的军队，为他们服役。"哈根多夫说道。现在他是个刚刚入伍的雇佣兵了，也可以说是在意大利的外来劳工。

当时的征兵工作通常在声势浩大的募兵鼓乐中开始：征兵人员和敲着鼓、吹着笛子的乐手一道巡回走动，通常走到100至150公里开外。此外，他们还在征兵点周围挂上条幅。然后，征兵者在人多的地方支起桌子。有意参军者在这里登记，他将获得一笔"新兵津贴"作为鼓励。步兵获得的津贴通常相当于一个普通劳动者月薪的两到三倍。当然，这笔钱被刚刚应征入伍者卷走的风险也很大。因此，他们被分成小组，在监视下被带到一个统一的集合场所，新兵蛋子在那里常常

---

1 指意大利。

2 Lago di Como，阿尔卑斯山脉在意大利境内的一处冰蚀湖，今属伦巴第大区，是意大利第三大湖。

3 Lago di Garda，意大利面积最大的湖泊，位于意大利北部、阿尔卑斯山南麓。

斗殴、酗酒，以各种方式纵情享乐以消磨时间——集中地点因为纪律涣散而臭名昭著。

招募的新兵全都到齐原则上需要几天时间。然后，指挥官现身了，他逐个对候选人进行体检，被认为适合当兵的就和他的新战友一起入列。艰苦的军旅生活从此开始。有人向他们宣读所谓《权利义务汇编》，其中详细列举了他们的权利，更列举了他们的义务：士兵要敬畏上帝（这一点尤其重要），服从长官，不得与其他士兵斗殴；还规定了他们应当如何执勤、如何保养武器，不得强奸、不得纵火、不得掠夺平民。最后，士兵宣读誓词，誓词的内容各地不尽相同，但大致如此："我许愿并发誓，遵守《权利义务汇编》之规定，做一名忠诚的战士所应该做的，愿上帝和他的圣言保佑我。"至于理论和实践之间经常存在的巨大差距，又是另外一回事了。

遗憾的是，哈根多夫并未透露他隶属于哪个兵种。步兵分两类：长矛手和火枪手。前者配备一种最长可达5.5米、由一根木杆和前端的铁质矛头组成的长矛。长矛手的典型防御装备是一顶头盔和一副围护上身及下体的铁质胸甲。不过胸甲通常都太薄，无法有效阻挡子弹。

长矛是尚未配备火枪或马匹的新兵的典型装备——因此德语中有句谚语叫"从长矛学起"（von der Pike auf lernen）[1]。"调转矛头"（den Spieß umdrehen）的说法也来自这一兵种——有时候士兵能够在混战中夺下敌方的长矛，将矛头对准敌方。

杆式武器相对容易制造，为不得不抵御入侵者、保卫家园的市民所使用，因此也有"长矛市民"（Spießbürger）或"长矛手"（Spießer）的说法。这一概念最初是褒义的。但一般来说舞刀弄枪的差事都由穷

---

[1] 意指从头学起。

人来做，于是这个词后来退化成为咒骂斤斤计较的升斗小民的用语。

步兵的另外一个组成部分是火枪手。他们装备简陋，甚至根本没有装备——有些人戴顶头盔，很多人甚至根本没有防护。他们战斗时使用的火枪是当时的枪械形式。三十年战争初期这种武器还很沉重，质量超过 7.5 千克。射手在没有依托的情况下使用这种大块头武器很难命中目标，因此他们总是随身携带一根齐胸高的棍子，棍子上有个带两个齿的支撑叉，这样他们就能够把火枪的枪管架在上面。两军对阵时使用这种支架当然颇为不便，因此武器技术人员努力使枪械变得更轻。三十年战争期间，他们把火枪的质量减小到大约 5 千克，这样就用不着累赘的支撑叉了。

但不论射击时有没有支架，比起现代步枪，火枪的操作都复杂得多。火枪是一种长约 1.5 米的前膛枪，射手要先把黑火药一点点塞进枪管。射手把黑火药装在小木罐里随身携带：通常带 12 个小木罐，每个罐子里的火药量刚好够开一枪，所以开 12 枪之后"火药就射光了"。

火药之后人们用铅弹装填枪支。铅弹直径将近 2 厘米，外面缠着纸或布，火枪手用一个推弹杆将其固定在枪管里，然后用一些粉末特别细的黑火药（起爆粉末）一点点撒在所谓"点火盘"上。这个微型盘子约为指甲盖大小，安装在枪支外侧、枪管末端。

点火盘上贴着一股大约手指粗细、由麻线或亚麻线制成的导火线，战斗过程中这股线必须始终燃着，不能熄灭。为了防止熄灭，导火线事先要浸泡在一种主要由硝石和牛粪组成的液体里。这样浸泡过的导火线虽然好用，但硝石和牛粪组成的混合物阴燃时会散发出刺鼻的恶臭，导致有些突袭行动功败垂成：一方常常在看到敌军之前就已经能够闻到他们悄然行进的气息。德语中有句俗语叫作"得到风声"[1]，意思是"产生怀疑"，其来源正在于此。

射击之前的准备工作到此结束：射手扣动扳机，阴燃着的导火线会落到点火盘上。点火盘里的点火药开始燃烧，火苗通过一个小孔从点火盘进入枪管内部后与子弹后面的黑火药接触。火药爆炸，子弹以大约 1 000 公里 / 时的速度射出。射程约 400 米，但只要射程超过 75 米，每发射两颗子弹就只有一颗能命中目标。

一个熟练的火枪手需要 1 到 3 分钟时间再次装填弹药。因此，当时的枪械就其火力而言远不如中世纪的长弓：一个训练有素的英格兰射手能在 200 米开外较为准确地命中目标，每分钟可以射出十箭，即十倍于火枪手，而且命中率明显高于火枪手。尽管如此，火器还是取代了弓箭。这是因为熟练使用长弓需要巨大的气力，并且要训练大约十年。训练火枪手则相反，新兵在懂行的教官指导下，只需要几天时间就能熟练操作火枪。

弊端在于，火枪手仅靠他们的热兵器几乎无法单独防御猛扑上来的敌军：再次装填弹药需要一分钟时间，这实在是太长了，对抗飞驰而来的骑兵时尤其如此。因此，火枪手还随身佩带一柄构造简单的剑。更重要的是，他们站在长矛手附近，而长矛手用长矛使敌人不能近身。

因此，三十年战争初期的经典战斗队形是大方阵。这种阵型由数百人至 3 000 人组成，其中长矛兵和火枪兵大约各占一半。士兵排列成一个巨大的矩形——准确地说是排成两个嵌套在一起的矩形：里面的矩形由按照纵横排列的长矛手组成。长矛手被由很多排火枪手组成的所谓"树篱"包围，这些火枪手组成外部的矩形。这样一来，长矛

---

[1] Lunte riechen，原意为"嗅到导火线的味道"。

手就能用致命的长矛阵抵御接近的敌人,而火枪手就在大量长矛的保护下向这些敌人开火。

多个这样的"大方阵"前后左右排列就形成了战役阵型。各个矩阵像棋盘一样分布在战场上,彼此之间保持距离。这样它们就可以相互独立地展开行动,既有战斗力,又很灵活。

但哈根多夫还要再等一段时间才第一次加入战斗队伍。他雇佣兵生涯的最初阶段并不辉煌:1625年在威尼斯应征入伍后,他跟随所在连队向毗邻加尔达湖南端的加尔达渔村开拔,"我在这儿害了病,因为这个国家的酒太烈了"。那里显然爆发了瘟疫,因为哈根多夫的很多德国战友去世了,而他本人两个月后得以康复——后面的岁月里他又多次与死神擦肩而过。

三个月后他随着连队前往维罗纳,"一座可爱的小城",军队在那里又驻扎了三个月。随后他们绕道进入意大利北部伦巴第的瓦尔泰利纳山谷。"我们的敌人是西班牙国王。"哈根多夫写道。他指的是西班牙王室的军队。他参加的第一场战斗开始了。

西班牙方面的指挥官恰恰就是后来成为哈根多夫长官的戈特弗里德·海因里希·祖·帕彭海姆——三十年战争中最闪亮的人物之一。这位当时31岁的指挥官在大学里接受过全面的哲学教育,但还是选择了投笔从戎:24岁那年他加入巴伐利亚军队成为一名骑兵,1620年参与了在布拉格城前镇压波希米亚暴动的白山战役。种种资料表明,帕彭海姆总是身先士卒,先后被砍伤、刺伤和子弹射伤约20次,其中包括一次颅骨开裂伤——因此他获得了"伤痕汉斯"的绰号。

帕彭海姆迅速获得提拔,1623年起他独自率领一个骑兵团:他麾下的"帕彭海姆军"很快赢得了"忠诚之师""英勇之师"的美名。这支军队甚至进入了日常用语,因为伟大的戏剧家弗里德里希·席勒曾经在其以华伦斯坦为名的戏剧作品[1]中这样赞赏地宣告:"由此就能看出这是我的帕彭海姆人。"民间口耳相传,将这一称赞讹传为"我了解我的帕彭海姆人",通常边使眼色边说,用于表示人们太了解某个特定人群的人性弱点。

帕彭海姆本人没在巴伐利亚军队待多久。他加入了和同样信奉天主教的巴伐利亚人结盟的西班牙军队。在西班牙军队中,这位猛将单独指挥一支大部分隶属于西班牙军队的队伍,作为统帅领兵向意大利进发。他在意大利参加了瓦尔泰利纳战役(这是众多局部冲突之一),率领约6000人对阵法国和威尼斯共和国的军队——我们这位雇佣兵新人彼得·哈根多夫也在后面那支军队服役。

1625年9月21日,战争在韦尔切伊阿打响。韦尔切伊阿今天是一个位于意大利和瑞士边境、田园诗般的旅游胜地。哈根多夫在日记里写道:"帕彭海姆伯爵到达之后,用加农炮对我们狂轰滥炸,把我们从瓦尔泰利纳的阵地赶走了,我们不得不撤退到蒂拉诺"——行军70公里才到达这个地方。事实上,帕彭海姆突袭成功,因此他的脑海中酝酿着一个更庞大的计划。

失败的一方当然不会善罢甘休。哈根多夫所在连队把当地的一个堡垒又围困了一段时间,然后我们的日记作者经历的战争第一阶段就此结束——他没有了用武之地。"1625年这一年,我们被遣散了。"他写道。他和一个来自哈勒、名叫克里斯蒂安·克雷瑟的战友一起以平民身份一路游山玩水。"就我们两个人。"哈根多夫写道,"我们一起去了科莫、米兰、帕维亚、摩德纳和帕尔马。在帕尔马,我们再次应征入伍。"

---

[1] 指席勒1799年创作的《华伦斯坦之死》,系《华伦斯坦》三部曲之一。

也就是说军旅生涯只是短暂地告一段落，然后哈根多夫和朋友克雷瑟来到"生产帕尔马乳酪"的城市服役——哈根多夫在日记里专门提到了这一点。他没有提及战争活动，而是描写了沿途的风景："苦橙、无花果、柠檬、扁桃，应有尽有，真是个可爱的地方。两个月时间天气都有点儿冷，路上有积雪，但是只要太阳升到树梢那么高，雪就化了。"生活显然很平静，一年半之后哈根多夫和克雷瑟被遣散了。两个战友又穿着便装"去了摩德纳、博洛尼亚和帕维亚（非常漂亮的地方）"，然后继续前往米兰，"一路美景，路况很好"。目的地也"是个美丽的城市"，哈根多夫的欣喜之情溢于言表。尽管手头拮据，但那一段时光看起来还是很幸福："我们在这儿乞讨，因为我们的钱花光了。"哈根多夫和克雷瑟显然无法或不愿再找一个新的雇主。

这两个朋友决定离开意大利——哈根多夫成人生活中或许最美好、最平和的阶段就此结束了。至少人们从我们的日记作者的语言中可以感受到他周围的世界如何变得愈发黑暗。

哈根多夫和克雷瑟向北进入瑞士，那里"山势又开始抬升。我们必须翻过的那座山叫作圣哥达山"——圣哥达山口从中世纪到20世纪都是连通阿尔卑斯山南北的重要通道。这个关隘海拔2 106米，今天还在，但自1980年圣哥达隧道开通之后就不再是重要通道了。此后又修建了长达57公里的圣哥达基础隧道，它是世界上最长的铁路隧道。从这个创纪录的长度可以看出，翻越圣哥达山的道路过去和今天都何其漫长。"我们也花了一整天时间才翻过这座山。"哈根多夫简述，"山间有一座小教堂和一家小酒馆——如果有人死在山上，或者有人冻僵（冬天和夏天山上都极其寒冷，而且积雪很深），就把这人扔进小教堂。但在小酒馆里，人们会给需要的人一块面包和半升啤酒，让他们走，如果走不动就留他们过夜。"

哈根多夫和他的朋友克雷瑟中午到达那里。一切都还好。"天气晴好，我们吃了面包还有别人给我们的东西，"日记作者这样描述道，"我们马上就要接着赶路了。这时暴风雨来了，谁也看不见谁。我在前面带路，全是下坡路，一直到一座桥，人们管它叫'魔鬼桥'。"这座桥横跨一个几乎不可逾越的山谷，中世纪晚期是一座木质桥，1595年起改为石桥。"桥下有水，水从一块岩石流到另一块岩石上，落差有教堂的尖塔那么高。如果有人掉下去，那就上不来了，哪怕他的性命抵得过千万人的性命。"哈根多夫写道，紧接着他用干巴巴的一句话描写了一场灾难，"我就这样失去了我的战友，而且还不知道他掉到哪儿去了。"

哈根多夫的朋友克里斯蒂安·克雷瑟显然坠入了山谷，而且生死不明——我们再也没有听到关于他的消息。这是我们的主人公提到的第一次悲惨的损失。后面还有其他令人肝肠寸断的死亡事例，哈根多夫写到这些情况时，文字也简洁得令人吃惊。一些历史学家由此得出结论，认为这本日记的作者过于冷血——但也可能恰恰相反。或许哈根多夫实在无法用言语表达他的忧伤。前面提及的那句"哪怕他的性命抵得过千万人的性命"或许就能说明这一点。

哈根多夫继续独自向北行进，目的地是瑞士中部的卢塞恩湖。"我搭了条船过湖。在这儿还能看见威廉·退尔[1]从上面纵身一跃为瑞士人赢得自由的那个小教堂。"他在日记里这样记录。当时的平民百姓显然也喜欢参观名胜古迹——旅游观光不是现代才有的现象。威廉·退尔的传说当时广为流传，其中也包括这个为瑞士争取自由的英雄不得不以强弩射向顶在儿子头上的苹果的逸闻趣事。

---

[1] Wilhelm Tell，瑞士传说中14世纪哈布斯堡王朝统治时期的民族英雄，居住在乌里州。

过湖之后，哈根多夫继续向瑞士北部的沙夫豪森走，在那儿"我讨了不少钱，钱多得我想买双鞋穿"。然后他毫不掩饰地补充："但我在一家小酒馆门前停了下来。那儿的酒实在太好了，以至于我忘了买鞋的事。"即便在这种令人气恼的情况下，颇具手工天赋的哈根多夫也能想办法自力更生：他把柳条缝起来，用制作柳条篮子的方法自己捣鼓出了一双鞋。哈根多夫没有告诉我们他自己做的柳条鞋是否磨脚，但不管怎样，他穿着这双鞋"走到了多瑙河边的乌尔姆"，这段路足有140公里。

"1627年这一年4月3日，我加入了乌尔姆的帕彭海姆军团，成了一名下士。"我们的作者这样写道，然后又像带着歉意似的补充了一句，"因为我已经筋疲力尽了。"哈根多夫的意大利之旅就此结束。这段旅程可能是他经历的最长的一段"教育之旅"，一路上他饱览了城市和风光，所有的见闻都令他心旷神怡。自由自在、四处游荡的日子一去不复返了。此后的22年，他一直都在当兵。

颇具讽刺意味的是，哈根多夫在意大利和帕彭海姆作战的那段军旅时光成了他开始自己在帕彭海姆手下第一段戎马生涯的资本：他的新军衔"下士"意味着他是个有经验的雇佣兵，比普通士兵等级高些，收入也相对多些。和今天换工作一样，哈根多夫的工作经历派上了用场，尽管他是在敌方积累的经验。近代史上军队里人们对改换阵营不像今天这么当回事，敌对双方的士兵之间通常也不像现代许多充满民族色彩或意识形态色彩的战争中那样有着不共戴天的深仇大恨。那个年代人们打仗时虽然也相互杀戮，但不是为了拯救祖国和人民，或者民主，而是因为杀戮就是战争的手段。雇佣兵自认为是一个超脱的职业阶层，为哪一方服务，杀人还是被杀，常常纯属偶然——当然也有死心塌地为某个目标服务的狂热分子。但这些人看起来只是少数：同时代人的记录显示，当时盛行的主要是不折不扣的实用主义。有一种军人的道德广为流传，三十年战争期间有个名叫詹姆斯·图尔纳的苏格兰雇佣兵这样写道："我们忠于主人，至于忠于哪个主人这无关紧要。"

帕彭海姆本人从西班牙回到巴伐利亚军队。现在他在今天属于巴登-符腾堡地区的乌尔姆和其他地区召集军队，准备迎战1625年起在德国北部发动战争的丹麦新教国王克里斯蒂安。

哈根多夫从乌尔姆的征兵场来到位于巴登的中央集合点，他在那儿汲取了新的生命活力。"在军营里就是大睡、大吃、大喝，惬意得很。"他的结论轻松愉快。

哈根多夫还找到了一个值得庆祝的理由。"圣灵降临节[1]之后第八天，"他写道，"我和来自巴伐利亚特劳恩施泰因的贤惠女子安娜·斯塔德琳结婚并举行了婚礼。"很遗憾，关于他的新娘我们知道的就这么多，这对夫妇是怎么认识的不得而知。或许安娜·斯塔德琳已经是军队的家眷了——否则她怎么会从特劳恩施泰因来到巴登呢？不过，这当然纯属猜测。不管怎样，哈根多夫的生活从此彻底改变了：他不再是来去自由的单身汉，而是一个士兵，一个要对随行的妻子负责的丈夫。

近三个月后，集合点和平而快乐的时光结束了：1627年6月24日，哈根多夫和安娜·斯塔德琳跟随帕彭海姆的军队参战。他们首先向莱茵比绍夫斯海姆（Rheinbischofsheim，今巴登-符腾堡州莱茵河畔的莱茵瑙市）开拔。"我们在这里和整个部队一起登船行至奥彭海姆。"我们的雇佣兵哈根多夫说道。军队就这样舒适且相对较为迅速地顺流而下走了170公里，也就是向北行进，不过代价惨重，哈根多

---

[1] 基督教节日，也称五旬节，复活节之后的第七个星期日，通常在公历5月。

夫简洁地记录道："可是途中有一艘船触礁后撞成了碎片，淹死了好多人。"

军团里其他士兵在奥彭海姆下船，先去了美因河畔法兰克福，然后前往沃尔芬比特尔。这个靠近不伦瑞克的下萨克森城市工事重重、固若金汤，是德国北部最先进的堡垒之一。城头架设了190门加农炮，今天人们在沃尔芬比特尔还可以参观这些设施中残余的部分。城墙和堡垒内驻扎着丹麦国王克里斯蒂安的新教军队，指挥官是菲利普·赖因哈德·冯·佐尔姆斯伯爵[1]。

帕彭海姆命令麾下约4 200名士兵（哈根多夫也在其中）包围这座被敌军占领的城市。这是个毫无胜算的冒险之举：连续几个月进攻都未能奏效，丹麦军队则定期从城堡向外突围，给围城的军队造成损失。尽管战斗进行得很激烈，但敌对的帕彭海姆和佐尔姆斯双方的军队都很注意保持骑士风范，以至于两军士兵在战斗（他们称之为"交往"）的间隙毫无敌意。正如其中一名战士描述的那样："当交往结束、擦干头上的汗水后，我们一起来到空地上，聊天、吃饭、喝酒，赞赏彼此的骑士行为，好像我们是至交一样。"平时像常人一样互相尊重，战时相互打斗甚至厮杀，当时的人们不认为这是矛盾的。这就是雇佣兵这一职业的一部分。

虽然休战用餐时双方一团和气，但这不影响两军将领极为严肃地对待战事：沃尔芬比特尔是兵家必争之重地，不惜一切代价也绝不能让其落入敌手。帕彭海姆最终做了一次不同寻常的尝试，逼迫这座拼死抵抗的城市投降：1627年秋，他命人筑起一道堤坝，截住邻近的奥克河，河水漫过河岸，淹没了沃尔芬比特尔。大水灌进设防的城市，

---

[1] Grafen Philipp Reinhard von Solms（1615—1665年），丹麦军官。

街上和房屋里的水位达一人高。居民不得不爬到高层，桁架结构的房屋倒塌，废墟之间飘浮着阵亡者和饿毙者的尸体。尽管如此，守城的军民仍然在又湿又冷的困境中又坚守了几个星期，直至12月最终投降。帕彭海姆则同意城内的军队自行撤退，因此丹麦驻军带着武器、不失军人尊严地从堡垒撤出。"1627年平安夜，丹麦军队撤退，但他们中的大多数都加入了我们的队伍。"哈根多夫写道。当时，士兵战败之后投身敌军阵营再普遍不过——有时是自愿的，有时是被迫的。俘虏常常被迫改换阵营，我们的日记作者后来也有这种经历。

这是哈根多夫首次随帕彭海姆参战——尽管如此，他在日记里只用了一句话记录这场围困沃尔芬比特尔长达数月之久的战斗："我们围困了这座城市，在城墙前面筑起工事，拼命挖地道往城里灌水，迫使他们投降。"这个雇佣兵以他典型的简洁方式这样写道。对他来说，这段时间另一件事可能更重要："我的婆娘在整个围城期间一直生病，因为我们在城下待了18个星期。"

哈根多夫没有告诉我们这18个星期他的夫人安娜·斯塔德琳患的是什么病，但她在攻下沃尔芬比特尔之后尚未痊愈。当200名军队辅助人员把患病和受伤的军人用车辆运送到位于今萨克森-安哈尔特州的大本营时，"我把妻子也弄到了那里"，哈根多夫写道。这个雇佣兵没有告诉我们他是怎么为一个平民搞到这样一个抢手的床位的。但在以后的战争岁月里，他也表现得手眼通天，并且无私地照顾自己的家属。

几周之后，安娜·斯塔德琳痊愈并即将分娩。她的丈夫被调往汉堡西部的施塔德，这对夫妇的第一个孩子在那儿出生了。哈根多夫用下面这段话记录了这件事："当时我妻子分娩了，但孩子还不足月，生下来就死了。愿上帝保佑他快乐地复活。†1。是个男孩。"

喜事成了悲剧，新生儿因为早产而夭折。哈根多夫甚至对这种丧子之痛也只是寥寥数笔带过，没有流露出什么感情，或者描写妻子的精神状态。他对孩子的死无动于衷，还是他不愿或无法以言语表达自己的哀伤？

1628年夏天平安无事，这期间安娜·斯塔德琳再次怀孕。但我们的日记作者无法陪在妻子身边，因为他第二年就和其他2 000名士兵一起开赴施特拉尔松德——就是盟军统帅华伦斯坦徒劳无功围困着的那座波罗的海城市。

"这一次我不在的时候，我妻子又生了个小丫头。"哈根多夫写道，"孩子受洗的时候我也不在，起名叫安娜·玛利亚。也是我不在的时候，孩子夭折了。†2。愿上帝保佑她快乐地复活。"

关于这第二个悲剧事件哈根多夫也没多写。但出现了一种模式：我们的作者用"†1""†2"给他死去的孩子编号，每次他都希望"上帝保佑他/她快乐地复活"，这是当时一种常见的表达。

简单地提到女儿的出生与死亡之后，哈根多夫继续写道："我们全都从施特拉尔松德沿着一条叫希维纳（Swine）的河逆流而上。"希维纳河流入波罗的海，在今波兰靠近德国的地方。军队从那里向东行进约200公里，进入但泽[1]附近的丘陵地区卡舒布。"简直就是荒野之地，但畜牧业很发达，各种牲口都有。"哈根多夫记录道。这里应该是他到达的最东北处。

在这个远离真正战事的地方，士兵们的所作所为看起来就只有大肆掠夺、敲诈勒索、胡吃海塞，而且他们的胃口越来越大。"我们在这儿吃腻了牛肉，必须得有鹅、鸭或鸡吃才行。"我们的作者这样描述这段短暂的"物质过剩"的时光，"我们在哪儿过夜，饭店的老板

---

[1] 今称格但斯克，系波兰波美拉尼亚省省会城市。

就得给每个人半个塔勒,但这对他有好处,因为我们对他很满意,就没有动他的牲口。"这是一种由来已久的敲诈形式,哈根多夫对此显然毫无顾忌——瞻前顾后只会妨碍自己填饱肚子:"我们这 2 000 人就这样走走停停,几天换个新地方安营扎寨,长达 7 个星期。在新斯德丁[1]我们逗留了两天。军官们在这儿给自己弄了好多牛、马和羊,因为这些东西有的是。"

愉快的劫掠时光很快结束了。养兵千日,用兵一时,军队不得不回到他们出发时在今萨克森-安哈尔特的军营。哈根多夫在那儿又见到了自己的妻子,这是他们失去第二个孩子后首次重逢,此后不久,他们一起继续向黑森出发——他们的第三个孩子即将在那里出生。当时还是 1629 年,哈根多夫这一年在中欧兜了个大圈:从今天的萨克森-安哈尔特州向北到达波罗的海,然后向东接近但泽,又从那儿朝西南方向往黑森行进。

"帕彭海姆伯爵所率军队的大本营在法兰克福西南的威斯巴登。"历经长途跋涉的哈根多夫这样写道。军队本身分散驻扎在各地,哈根多夫所在连队驻扎在威斯巴登东北约 100 公里处。"我们在这儿的军营又很不错,待了 20 周时间。"彼得·哈根多夫和安娜·斯塔德琳终于过上了安稳日子,这看起来颇有成效:"我妻子在这儿又生了个女儿,受洗后取名为伊丽莎白。"这次没有关于孩子夭折的消息。能期望他们一家三口过得幸福吗?

情况看起来不错。在黑森驻扎了将近半年后,军队向北开拔,来到今属北莱茵-威斯特法伦州的利普施塔特,在那里过冬。"利普施塔特的啤酒历史悠久,味道也好,但那儿也有坏人。"哈根多夫注意到,

---

[1] 什切齐内克的旧称。

他现在记录的事情令人不寒而栗，"我在这儿看见7个人被火刑处死。其中甚至有一个18岁的漂亮小姑娘，但她也被烧死了。"

哈根多夫因此成了可能是一个黑暗时代最黑暗一幕的见证人。他目睹了"猎巫"行动和对女巫实施的火刑，这不是中世纪而是近代早期的现象。三十年战争期间这种恐怖现象登峰造极，但各地的情况千差万别。比如弗兰肯地区的班贝格仅1612至1632年间就有1 000名男人、妇女和儿童受到指控、刑讯并被害——这个数字几乎占班贝格总人口的1/10。与此相反，华伦斯坦在他的公国里则没有进行过任何"女巫"审判。

起决定作用的通常是当地的统治者，因此某个地方可能因为有关"女巫"的迷信几乎彻底消失，而与其相邻的其他诸侯统治下的村镇则毫发无损。一般来说，推波助澜的不是教会异端裁判所的审判官，而是世俗当局——常常是民众，其中有些人明知受害者已经多得吓人，却还是要求烧死更多"女巫"。

欧洲共有约6万人被当作"女巫"处死，其中近半数死在德国。没有其他任何一个国家的"女巫"审判数量哪怕能与德国稍稍抗衡。德国当时就已经是"死亡冠军"。

对于哈根多夫和他的战友而言，利普施塔特对"女巫"的火刑审判犹如一种不祥之兆——尽管士兵们还无从知晓会有何种凶险。之所以这么说是因为他们相对和平的时光即将结束。瑞典国王古斯塔夫二世·阿道夫于1630年启程参战。德国很快就将陷入战火之中。

* * *

在瑞典进攻德国之前，哈根多夫走过了大大小小许多国家，始终过着颠沛流离的生活；毛鲁斯·弗里森艾格的生活则从一开始就循规蹈矩、平淡无奇。随着战争的发展，我们这两位主人公经历的差异也几乎一直没有变化——尽管他们的出身大同小异：弗里森艾格是个手工业者的孩子，哈根多夫很可能也是。弗里森艾格1590年出生于慕尼黑西南约40公里处阿默湖畔的小镇迪森，父亲是个面包师。但弗里森艾格并没有踏进更广阔的世界，而是终其一生几乎都只在他位于上巴伐利亚地区的故乡度过。他显然展现出了自己的学习天赋：尽管出身平凡，他还是考上了为巴伐利亚培养未来精英的位于慕尼黑的耶稣会文理中学。弗里森艾格22岁毕业，24岁向上帝宣誓，从而最终作为僧侣加入本笃会[1]。从此以后，他在安代克斯修道院服务，修道院坐落于名曰"圣山"的小山上，景色如田园诗一般。站在山上朝一个方向[2]眺望，可以看见35公里外的慕尼黑；向另一个方向[3]眺望，则可以看见仅3公里之外的阿默湖东岸，还能看到湖的另一侧弗里森艾格的出生地。

弗里森艾格先是在修道院服务，然后晋升为见习教士培训师，负责培养见习僧侣。1627年，他成为修道院辖区内埃尔林（安代克斯山脚下的一个小村庄）教区的副主教。弗里森艾格实际上承担了神父的职责，只是没有获得正式任命：作为神父，他负责为500多村民（他们同时也是修道院的臣民）提供精神服务，主持弥撒，聆听忏悔，因此和村民打成一片。这一点从弗里森艾格自在埃尔林从事神职服务开始直到三十年战争结束期间所写的日记也能看出。他的日记和彼

---

[1] 又译"本尼狄克派"，亦称"黑修士"，是天主教的一个隐修会，公元529年由意大利人圣本笃在意大利中部卡西诺山创立。其规章成为西欧和北欧隐修活动的主要规章。
[2] 指东北方向。
[3] 指正北方向。

得·哈根多夫的日记一样，都是独一无二的时代见证，以底层视角，清晰地向我们展示了漫长的战争岁月给人们带来的一切。哈根多夫的作品从一个不断迁徙、战斗和掠夺的士兵的视角出发，弗里森艾格的日记展示的则恰恰是正在忍受或将要忍受哈根多夫这样的士兵之苦的平民视角。因为战争并非在整个德国同时进行，而是时而在此，时而在彼，对于弗里森艾格而言，他开始记日记时战争还很遥远，当时37岁的他记录的还只是自己对天气情况和疾病蔓延的担忧。

"公元1627年，"日记开头这样写道，"从4月初开始一直到圣彼得和圣保罗日[1]天气都很不好，几乎就没有连续两三天不是阴雨连绵、风雪交加的。"这使人对地里的收成"忧心忡忡"，也导致庄稼"损失惨重"。秋天到安代克斯朝拜的信徒比往年少得多，"因为很多村庄出现了黑死病"——三十年战争期间德国屡遭瘟疫，这主要是因为军队转战时把鼠疫病菌传播到了各地。当时人们对细菌还一无所知，但大家知道疾病会人传人。因此，巴伐利亚的政府部门1627年试图颁布法令遏制鼠疫传播。"12月26日，以邦君的名义发布了禁令，根据这一禁令，外来乞讨者不得进村，以免疾病传播。"弗里森艾格这样写道。与此相应，"每个村镇都必须照料当地的穷人"——这是一种早期的社会救济形式。

尽管用心良苦地采取了种种措施，但对付鼠疫收效甚微。"虽然各村都设立了检查站，朝圣者也不允许在村里过夜，"弗里森艾格在次年，即1628年写道，"但还是无法阻止瘟疫悄然入村。"因为两个小店的老板"违反禁令留宿了两个朝圣者，同时也染上了鼠疫"。其中一个老板的小儿子和一个女儿身亡，另一个老板的妻子也死了。法

---

[1] 每年6月29日，是为了纪念耶稣的使徒圣彼得和圣保罗殉道而设立的基督教节日。

庭马上禁止任何人出入这两座房子,并且在房子前面设立了检疫站。"但瘟疫还是传播开了,两个半月时间内 21 人被传染。"事发之后,来自慕尼黑的命令使整个埃尔林村被隔离:谁也不准从村子里去修道院,或者从修道院进入村子。身为修士和乡村神父的弗里森艾格也不例外。他被安置在埃尔林的一套房子里,修道院每天派人把他的饮食放在通往他住处的路上,供他自行取用。

很多人全家都死在屋里,没有人敢进去把尸体运走安葬,这是个大问题。"最后终于有个流浪汉和他的妻子愿意做这差事,"弗里森艾格写道,"只不过这两口子才埋了一个人就被死者感染身亡;情况比原来更糟了。"最后又有人愿意干这掩埋尸体的活儿了——条件是给够钱,管食宿,每天一升啤酒,埋一个死人给一升葡萄酒。最后一个被这一波瘟疫夺走性命的人死于 1628 年 10 月 17 日。死者的房屋随后被用石灰彻底清洗,他的家具被付之一炬,生活又恢复了正常。

1629 年,即瑞典入侵之前一年,农民的好年成来了。"这一年地里的果子长势喜人",弗里森艾格非常高兴,美中不足的是,"树上没结果子"。8 月有个僧侣可能死于鼠疫——草木皆兵的政府马上重新宣布实施隔离措施。但瘟疫没有像预期的那样出现,"9 月 1 日最高层又下令解除隔离",所有限制自此统统取消了。

除此之外,弗里森艾格认为 1629 年值得记录的事只有一件:"10 月 16 日人们看见了一种奇异的天象,很多人吓得够呛,各种说法也层出不穷。当天晚上 7 点到 9 点,北方的地平线上升起了一整圈又黑又厚的雾气,雾气中又升起了明亮的白色云彩,把夜晚照得比满月时更加明亮——虽然当时天上根本没有月亮。"僧侣们对无法解释的自然现象特别在意,这说明人们何等重视天象——那是一个相信魔法的时代。或许弗里森艾格从中看到了对即将来临的灾难的预示,因为他在1629年日记的最后写道，这些罕见的明亮的云彩"看起来仿佛在互相争斗，就像加农炮发射后冒出的烟雾，只不过听不见爆炸声"。

1630—1631年
午夜雄狮

1630年7月6日，当数十艘战舰在波罗的海的乌瑟多姆岛前出现时，天空阴暗，电闪雷鸣。舰队停靠在海边小镇佩讷明德附近，一艘小艇把最重要的乘客送上了岸：瑞典国王古斯塔夫二世·阿道夫统率侵略军1.3万人踏上了这片土地。这位虔诚的统帅上岸后立即下跪，在众目睽睽之下充满激情地祷求上帝祝福他的正义之战。至少许多新教画作和记录里是这么描绘的。

这段历史还有另外一个版本。这位35岁的瑞典国王从小艇上下来，绊到了窄小的跳板，膝盖受了轻伤。他的随从把这个小小的意外改编成了国王虔敬上帝、据说感动得在场人士潸然泪下的故事。

事实究竟如何将永远是个谜。毫无疑问的是：身材高大、留着金色短发和与众不同的山羊胡子的古斯塔夫二世·阿道夫是个虔诚的新教徒，他具有真诚地激励臣民的使命感和魅力。此外，他还拥有一种出色的宣传手段：结合据说一个世纪前由名为帕拉塞尔苏斯[1]的著名医生和神秘术士作出的预言，在传单和硬币上把这位"战争之王"塑造成救国救民的"午夜雄狮"（午夜意指北方）；该预言称，有"一头午

---

[1] Paracelsus（1493—1541年），全名 Philippus Aureolus Theophrastus Bombast von Hohenheim，文艺复兴时期的医生、炼金术士和占星师。他认为自己比罗马名医塞尔苏斯（Celsus）更加伟大，故称呼自己为帕拉塞尔苏斯（Paracelsus）；para 意为超越。

夜雄狮"将战胜雄鹰，即皇帝。"他也将占领整个欧洲，以及亚洲和非洲的部分地区"，届时"和平与统一就将来临"。这一切看起来与这位金发的瑞典国王完全符合——这主要是因为那时人们就像相信巫术一样相信天象和预言。当时的报道表明，信仰新教的普通民众起初对"午夜雄狮"满怀希望和好感。

与此同时，古斯塔夫二世·阿道夫的天主教对手看来没怎么受神秘的天象骗术影响。从12年前战争开始时起，皇帝斐迪南和他的天主教盟军每逢大战无不取胜，平定了所有新教反叛：镇压了波希米亚暴动；驱逐了普法尔茨选帝侯和波希米亚"冬王"弗里德里希五世，并使其流亡；打退了丹麦的入侵，把强极一时的丹麦国王克里斯蒂安打回了老家。现在新教徒再次试图发起进攻，这次率军的是一位来自更遥远的北方的国王，他在瑞典和芬兰的臣民数量刚过100万，手头的资金也非常少。和天主教联军比起来，他的1.3万人的军队少得可怜——仅华伦斯坦统帅的士兵就超过10万。因此，尚未开战，天主教方面就已经开始嘲笑古斯塔夫二世·阿道夫这位瑞典"雪王"，认为到了春天他就会像曾经的普法尔茨"冬王"弗里德里希五世那样"迅速消融"。

天主教诸侯认为另一位来自己方阵营的统帅比瑞典国王更具威胁性，那就是受皇帝之命拥兵自重、一跃成为帝国诸侯的华伦斯坦。这个暴发户已经赶走了梅克伦堡的公爵，将其领土和头衔据为己有——谁知道下次会轮到哪个诸侯呢？谁又晓得皇帝会不会动用华伦斯坦的大军使自己成为大权独揽的帝国独裁者呢？在诸侯看来，没有什么风险比"德意志自由"受到威胁更可怕的了——这些高高在上的统治者所说的当然不是普遍的自由，而是诸侯在自己的领地里随心所欲发号施令、统治民众的自由。

因此，1630年7月起在雷根斯堡举行的大型会议上，选帝侯们不怎么讨论如何应对瑞典入侵（瑞典在选帝侯大会开幕三天之后就入侵了德国），他们更关心的是如何摆脱华伦斯坦。他们向在场的皇帝斐迪南逼宫长达数周，8月13日，皇帝向这种政治压力屈服：他把战功卓著的统帅华伦斯坦解职，华伦斯坦旋即交出兵权，解甲归田。这首先意味着他的财政资助者——在整个欧洲为华伦斯坦的战争机器借贷的信奉加尔文宗的银行家汉斯·德维特大难临头。眼看破产在即，德维特的结局比今天破产的银行家更加悲惨：1630年9月11日，他在自己位于布拉格的寓所后面投井溺亡。

继续留在军队的天主教统帅、彼时已经71岁的蒂利将军接过了华伦斯坦的指挥权。这位白发苍苍的中将此时面临一项无法推脱的任务，即遣散华伦斯坦军队中3/4的人员，将其余人员编入自己的队伍。这样一来，天主教的两支军队——华伦斯坦和蒂利的军队有效缩编，兵合一处。

事态以一种令人瞠目的方式发展，和5年前形成鲜明对比：1625年，丹麦国王克里斯蒂安恰恰在华伦斯坦刚刚率领第二支天主教军队踏上战争舞台时开始入侵德国。1630年，另一位斯堪的纳维亚半岛的国王古斯塔夫二世·阿道夫则在华伦斯坦带着他的第二支天主教军队退出战争舞台时入侵德国。两次的结局都出乎北欧入侵者意料——1625年是个具有毁灭性后果的恶性意外，1630年则相反。

此外，35岁的古斯塔夫二世·阿道夫还具有丰富的军事经验。他16岁时就继承了父亲的王位，此后率军驰骋，几乎从未间断。这位年轻的瑞典国王先是和丹麦打了两年，最终被迫向丹麦国王克里斯蒂安割地并赔款100万塔勒（相当于150万古尔登）。此次战败之后，古斯塔夫二世·阿道夫开始大举进攻：他兵进俄罗斯，直到1617年22岁时夺取了这个庞大帝国在波罗的海的所有出海口。1621年，他进攻波兰，8年间将该国夷为平地，直至1629年波兰在一份停火协议[1]中割让了大约相当于今爱沙尼亚和拉脱维亚大部分领土的地区。这两场征战中，古斯塔夫二世·阿道夫和他的瑞典臣民把自己视为哥特人的嫡系传人。哥特人是东日耳曼民族的一支，根据神话传说起源于斯堪的纳维亚半岛，但事实上可能起源于今天的波兰。民族大迁徙时代，哥特人占领了罗马帝国的大部分土地；古斯塔夫二世·阿道夫希望和这份荣光联系在一起，这主要是因为他自诩为"哥特国王"。

瑞典民众不得不为这场子虚乌有的大国梦想付出高昂的血的代价。尤其悲惨的是，参战的本国士兵不是志愿参战的雇佣兵。和大多数国家不同，古斯塔夫二世·阿道夫治下的瑞典严格实行兵役制：如果政府宣布强制征兵，则每个地区18岁到60岁的男性就要每10人分为一组，军队事务专员从每组选出1人入伍，其余9人必须出钱为他购置装备。但这9人也没有安全感，因为下一次强制征兵（通常就在第二年）时游戏又重新开始。

当时的名单证明"入伍通知"无异于死刑判决。以人口大约1 800人的瑞典北部小镇比格德奥为例，1619至1639年间，当地有230人应征入伍。230人中的215人在此期间死亡，五人伤残返乡，比如"双脚溃烂"的佩尔·奥洛夫森就是如此。其中10人1639年仍在军中服役，但估计也没能多活多久。一个普通瑞典士兵在三十年战争期间侥幸存活的时间平均为3年零4个月。正如瑞典历史学家贾恩·林德格伦的统计数据显示的那样，每年有大约1/3的士兵死亡。其中战死的

---

[1] 1629年10月26日，瑞典和波兰在阿尔特马克（今属德国萨克森-安哈尔特州）签订为期六年的停火协议。根据该协议，瑞典取得利沃尼亚（今爱沙尼亚和拉脱维亚大部）的大部分地区，有权向波兰在波罗的海的贸易活动征税，并继续统治东普鲁士的诸多城市。

只是少数：3/4 的人是因为疾病和物资匮乏而丧命，战死的只占 1/7 强，1/10 死于被俘期间。比格德奥当时只有一个人在经战争法庭确认他已经服役超过 30 年之后健康地退役返乡。

鉴于死亡人数如此恐怖，瑞典国内反抗古斯塔夫二世·阿道夫穷兵黩武的起义此起彼伏就不足为奇了。1629 至 1630 年冬，饥饿和瘟疫折磨着民众，哀鸿遍野，许多人感到绝望，有些人挺身反抗：逃兵现象时有出现，甚至有些符合征兵条件的男性以自残逃避兵役。有时候，人们也能创造性地找到出路，比如比格德奥的农民后来开始经营炼铁厂，尽管实际上并不具备炼铁的条件。这么做的原因是农民由此成了对战争起重要作用、可以免服兵役的工人。

因此，古斯塔夫二世·阿道夫需要具有说服力的理由，以动员他厌战的臣民于 1630 年再次出征。5 月 29 日，这位天才的宣传家出现在瑞典国民议会的会场，为了感动观众，他怀抱着三岁半的女儿克里斯蒂娜，满怀激情地做了一场告别演说。"至高无上的上帝啊，"他这样开始自己的演讲，"请见证我的行为并非出于一己之愿或好战之心。"他声称自己这么做主要是因为急于给德意志的新教徒提供帮助，阻止天主教进军的步伐："我们饱受欺凌的邻居、亲属和弟兄姐妹催促我们赶快行动，甚至远在异国的国王们也迫不及待地要求我们参加这场战斗；但首先要把和我们同属新教、深受压迫的教友们从教皇的奴役下解放出来。"这就是他出兵的理由——放在今天，或许这里的关键词就是"人道主义干预"。

古斯塔夫二世·阿道夫强调他也已经做好为此牺牲的准备，"通常情况下，经常用来汲水的瓦罐早晚得破"[1]，因此他本人也将"不仅愿

---

[1] 德语谚语，意思是忍耐总是有限度的。

为瑞典王国的幸福抛洒自己的热血",而且"最终必将奉献出"自己的生命。这不是空洞的高谈阔论——这位瑞典国王在战场上总是身先士卒,在过去的战斗中已经多次身负重伤,生命垂危。比如在波兰战场上,一颗火枪子弹险些击中他的颈部,射进了他的右肩,医生无法将子弹取出——古斯塔夫二世·阿道夫的两个手指从此麻痹,疼痛得无法披挂铠甲。

古斯塔夫二世·阿道夫混杂着鲜血、汗水和泪水的悲情演说显然取得了预期的效果。和他同时代的人报道称,等级会议代表深受感动,离开了会场。

1630年6月,瑞典国王登上战舰;7月6日,他登上了上文提到的乌瑟多姆岛,并在那里有意无意地跪倒在地,引发了公众效应。他对此次新的征战目的地已经颇为熟悉:古斯塔夫二世·阿道夫终生以德语为第二语言,因为他的母亲是德国人,他的妻子、勃兰登堡选帝侯的女儿玛利亚·伊丽欧诺拉[1]也是德国人。这位喜欢冒险的瑞典统治者1620年隐匿身份、装扮成上尉游历德意志各邦国时与她相识。

瑞典人在乌瑟多姆岛的登陆地点安营扎寨,没有遇到丝毫阻力。起初他们只看见远处敌军篝火的反光。在接下来的日子里,当这些入侵者和零星的帝国部队遭遇时,后者没怎么抵抗就躲开了。两周后,瑞典士兵就已经拿下了近100公里外新教公国波莫瑞的首府什切青。瑞典军队进城的情景当时颇为常见:什切青紧闭城门,但派出官员到

---

[1] 即勃兰登堡的玛丽亚·伊丽欧诺拉(Maria Eleonora von Brandenburg,1599—1655年),德意志公主和瑞典王后。她的父亲是勃兰登堡选帝侯约翰·西吉斯蒙德,母亲是普鲁士公爵阿尔伯特·弗雷德里克的女儿、普鲁士女大公安娜。1620年,玛利亚·伊丽欧诺拉嫁给了瑞典国王古斯塔夫二世·阿道夫。当时,玛丽亚被认为是欧洲最美丽的王后,其女儿称玛丽亚拥有所有与其性别相关的"美德和罪恶"。

瑞典人那里谈判。古斯塔夫二世·阿道夫向来使展示了自己的加农炮,说如果城门继续紧闭的话,大炮就是他打开城门的钥匙。他的话很有说服力:几番谈判之后城门大开,瑞典国王敲锣打鼓地进入了这座位于奥得河入海口、颇具战略意义的城市。

没有遇到反抗,没有得到支援——这句话可以概括瑞典军队初期陷入的僵持局面。因为德国的新教诸侯没有以任何方式表现出自命为德意志新教拯救者的古斯塔夫二世·阿道夫所期待的人们对其进军德国的欢欣鼓舞。这些诸侯不想被卷入刚刚挑起的战事之中,试图保持中立,并保护自己常常被剥夺的领地不会再次被过境的军队侵占。只有马格德堡市响应瑞典的号召,自愿与入侵者结盟。

由于缺少支援,古斯塔夫二世·阿道夫的征服之战进展缓慢。起初零零星星的皇家军队开始组织有效的反抗,到了年底,只有波罗的海沿岸波莫瑞的大部分地区还在瑞典手中。瑞典军队的人数虽然通过补给和招募新兵迅速达到原先的三倍,但向士兵支付军饷和提供给养越来越困难——波莫瑞实在太小了,不足以作为如此庞大人群的供给基地。

这对老百姓来说意味着什么呢?英国军事史家杰弗里·帕克以瑞典骑兵连驻扎的伯爵领地梅梅尔为例作了说明:"被占领之前,这里有154匹马、236头公牛、103头母牛、190头猪和810头羊,到了1631年就只剩26头公牛和1头母牛,其他牲口都被士兵宰杀或带走了。瑞典统治者自己也用'满目疮痍'描述这一地区。"一年时间就足以摧毁一片繁华之地。如果能用成群的蝗虫横扫人类聚居区的画面来形容的话,三十年战争期间军队的破坏性正是如此,他们所到之处寸草不留,然后马不停蹄地继续向那些还囤有粮食的地区进军。但随着战事的发展,这样的区域越来越少,越来越难以找到。

资金不足，粮草匮乏——瑞典人处境困难，以至于古斯塔夫二世·阿道夫在圣诞节期间也不休战。1630年圣诞节节期第一天的清早，他下令冒着刺骨的严寒炮轰波莫瑞的格莱芬哈根并攻下该城。圣诞节节期第二天，他又进攻附近的加尔茨市，同样取得了成功。

1631年1月23日，古斯塔夫二世·阿道夫在新年到来之际成功地采取了一次意义重大的突袭行动。为新教而战的战士终于找到了一个强大的盟友和金主——只不过不在新教阵营内，而是来自天主教阵营：在《巴瓦尔德条约》[1]中，天主教法国承诺每年为瑞典提供40万塔勒战争经费。作为回报，瑞典有义务在德国驻扎3万名武装步兵和6 000名武装骑兵，并且"在那些有天主教活动的地方秋毫无犯"。后者对于法国统治阶层来说是一块遮羞布，为的是不以背叛自己宗教者的面目示人。

40万塔勒虽然是一个可观的数目——一个普通士兵每个月的军饷大约是4塔勒，一支火枪大概也要这么多钱，但对于战争的总体开销而言，这笔钱也只是杯水车薪：第一个付款年份瑞典的战争支出大约是这个数字的5.5倍。因此，法国的这笔补助虽然帮助瑞典国王渡过了一时的财政难关，但绝对无法保障此后的战争开支。一个强有力的资助者毕竟有助于提高信用等级。因此，古斯塔夫二世·阿道夫迅即下令尽快挨家挨户地公布签订《巴瓦尔德条约》的消息。这位宣传天才下令点燃庆祝的篝火，连烧三天三夜，同时鸣放礼炮，在什切青把条约的文本交付印刷。

阿道夫闪电般地将消息公之于众，这尤其令联盟的幕后推手、一

---

[1] 法文作 Traité de Barwalde，瑞典文作 Fördraget i Bärwalde，1631年1月23日由法国和瑞典签订。根据该条约，新教瑞典与天主教法国结盟对付皇帝。

个巴不得神不知鬼不觉地把生米煮成熟饭的法国人大为光火。此人就是枢机主教黎塞留[1]，他是法国首席大臣，也是国王之下最有权势的政治家。今天，这位历来毁誉不一的政治家主要因为大仲马的小说《三个火枪手》而闻名。小说中，黎塞留是英雄人物达达尼昂及其三个朋友阿多斯、波尔多斯、阿拉米斯（他们曾发誓"我为人人，人人为我"）的阴险对手。

在现实生活中，这位法国枢机主教的所作所为表现出他是一位现实的政治家——对他来说，最重要的不是宗教，而是国家。因此，黎塞留可以在自己国内肆无忌惮地打击新教反对派，同时又支持新教国家瑞典，从而也支持了德国的新教势力。这一切都遵循同一个目标：建立一个对内对外都尽可能强大的法国，准确地说是要建立一个强大的中央集权的君主制国家。遵循这一逻辑就要与国内政治和宗教上四分五裂的状况作斗争，对潜在的国外敌人则相反，要促使其分裂。黎塞留视指定西班牙国王和神圣罗马帝国皇帝的哈布斯堡王朝为潜在的敌人。在这位枢机主教看来，他的法国完全被哈布斯堡王朝所包围，如何消除这种被围困的感觉始终困扰着他。当然如果瑞典国王替法国人把这事办了，他本人手上不必沾染鲜血那就更好了。

三十年战争由此进入了一个新的阶段：到目前为止，这场战争主要是德意志的内战；丹麦入侵失败只是一段插曲。现在冲突国际化了，已经备受摧残的德国成了外国势力的玩物。参战的外国统帅一开始只有瑞典国王，因此自1630年古斯塔夫二世·阿道夫入侵德国以

---

1 全名阿尔芒·让·迪普莱西·德·黎塞留（Armand Jean du Plessis de Richelieu，1585—1642年），第一代黎塞留公爵，法兰西国王路易十三的枢密院首席大臣、教廷枢机主教。他在法国政务决策中起主导作用。三十年战争期间，他通过一系列外交努力为法国赢得了巨大利益。他当政期间，法国专制制度得到完全巩固，为路易十四时代的兴盛打下了基础。

来这一阶段也称瑞典战争。这是三十年战争继 1618 至 1623 年波希米亚-普法尔茨战争和 1625 至 1629 年丹麦-下萨克森战争之后的第三幕，也是倒数第二幕。这一段战争岁月导致三十年战争成为挥之不去的痛苦回忆，深深地烙印在德国人的集体记忆之中。

彼得·哈根多夫一开始并没有注意到战争已经升级。这位雇佣兵和他的战友 1630 年一整年都驻扎在距波罗的海沿岸瑞典军队集结区数百公里的营地：他们在帕彭海姆的率领下从今北莱茵-威斯特法伦地区途经下萨克森前往萨克森-安哈尔特，其间似乎没有遭遇敌军，因为哈根多夫的日记里没有提及任何冲突。这大约 3 000 名帕彭海姆的士兵的目的地是马格德堡，这座城市坐落于易北河畔，与古斯塔夫二世·阿道夫正式结盟，从而使自己无意间成了强大的天主教军队的目标，而相对比较弱小的古斯塔夫二世·阿道夫的侵略军则驻扎在波罗的海沿岸的波莫瑞。

"我们转移到了各个村庄，封锁了马格德堡城，整个冬天在村子里按兵不动。"哈根多夫写道。这就是说，帕彭海姆的军队封锁了通往马格德堡的所有道路，而没有亲自进攻这座防守严密的城市。这种封锁是堡垒战升级的第一个阶段：进攻方放弃进一步使用其他战争手段，希望被围困的一方在忍饥挨饿或审时度势后放弃坚守。第二阶段才是真正的围城阶段，进攻方明显更加积极地采取行动，设立由环形壕沟、攻城通道、地下爆破坑道、防御工事和炮兵阵地等组成的庞大系统。如果这也无法奏效，那就得升级到第三个阶段了，那就是实施强攻：进攻方迎着敌军的交叉火力冲向城墙，试图架设云梯爬上城墙，或者通过打破城墙攻入城内——这是极其血腥的事情。为了补偿士兵经历的极端危险和付出的巨大努力，胜方的士兵在这种情况下破城之后将获准任意掠夺。这是得到普遍认可的战争法则。

冬季，帕彭海姆围困马格德堡的 3 000 名士兵获得了大约 7 000 名士兵的增援——这下足以从被动封锁转为主动包围了。这些士兵仍然按兵不动"直到 1631 年春天，"哈根多夫这样写道，"我们在马格德堡前面的树林里挖了大量堑壕（小型的独立防御工事）。我们的上尉就被射死在一个堑壕前面，他的身边还有很多人阵亡。"上尉是连队的指挥官，一个连队满员时有 300 人左右——上尉过的显然是脑袋别在裤腰带上的日子。因为哈根多夫又接着写道："3 月 22 日约翰·加尔格特被任命为上尉，4 月 28 日他又被射死在交通壕里。"

在此期间，皇家-天主教联盟军队的指挥官蒂利中将在马格德堡城前亲自接过指挥权。他把军队人数增加到了 2.5 万人。

这样一来，围困马格德堡的军队以数倍于敌军的优势占了上风。防守马格德堡的只有大约 2 500 名正规军，5 000 名武装市民提供支援。此外城里的居民显然没有意识到在这种大敌当前的情况下跨越等级、众志成城、不怕牺牲何其重要：当时的记录显示，许多马格德堡市民关心自己的钱袋甚于关心城市的安危，以至于他们自己的雇佣兵彻底开不出军饷、忍饥挨饿、缺乏补给，而不得不到附近劫掠。其结果是营养不良、疾病和逃兵削弱了守城军队的战斗力。雇佣兵不得在市民家里过夜，被迫露宿——先是在城门前，然后在市场上，而这无助于改善士兵的道德和健康状况。"马格德堡城不欢迎我们。"古斯塔夫二世·阿道夫派来接手马格德堡城军事命令权、组织守城的迪特里希·冯·法尔肯贝里上校抱怨道。

许多马格德堡人相信他们的城防工事固若金汤，瑞典国王很快会来援助他们。但古斯塔夫二世·阿道夫还远在天边——1631 年 4 月 13 日，他尚在进攻和占领马格德堡城以东 200 公里的奥得河畔法兰克福。整整两周之后，这位战神才动身驰援马格德堡。

蒂利得知瑞典军队逼近，他多次试图劝说马格德堡投降。比如 5 月 4 日这天，这位天主教统帅这样呼吁马格德堡的市长和议会："宽恕之门目前还对你们敞开，你们不要彻底关上这扇大门。"但城市高层拒绝了一切投降的要求——他们仍然相信古斯塔夫二世·阿道夫的增援承诺。阿道夫于 5 月 16 日抵达波茨坦，距离马格德堡仅 100 公里，也就是说，他再有几天就能到达。蒂利发现留给自己的时间不多了。犹豫再三，这位 72 岁的统帅于 1631 年 5 月 19 日决定孤注一掷，迈出使战事升级的第三步。在此之前，他向马格德堡发出最后通牒，要求其放弃抵抗投降。

马格德堡市议会没有立即对此作出答复，而是在次日凌晨 4 时开会，讨论是否接受新的投降条件。会议期间，城墙外面安静得出奇。蒂利下令暂停开炮。这是风暴来临前的寂静。

* * *

巴伐利亚安代克斯修道院当时还远离战争。尽管如此，1630 年起，人们对战争的普遍担忧就开始蔓延，我们的日记作者、修士兼乡村神父毛鲁斯·弗里森艾格对此作了记载。因此，居民又开始相信自己发现了不祥之兆。"2 月 5 日多次出现和去年一样的恐怖天象。"弗里森艾格写道。负责人积极寻求上帝的帮助："由于战争看起来越来越恐怖，越来越迫近，我们整个主教辖区举行了一场长达 40 小时的祷告，这 40 个小时安排在下面这些星期日和假日。"这一切听起来尚且平淡无奇——到目前为止，安代克斯周边的人们还能以超越世俗的力量应对这场战争。然而，他们很快就将动用非常世俗的力量了。

1631年
战火中的马格德堡

即便弗里德里希·席勒也有词穷之时。大约160年后，这位"诗人中的诸侯"描述马格德堡大屠杀时，称其是"历史学家无法用语言形容，诗人无法以笔墨描绘"的令人窒息的一幕。

这场大屠杀是整个三十年战争期间最大的一场灾难：当时人们把天主教军队攻占这座新教城市称作"马格德堡婚礼"。因为这座易北河畔的大城市的徽章上有一位处女——她不得不与天主教皇帝及其军队举行血腥的婚礼。据估计，马格德堡城里整整3万名居民中有2万人丧生。这场漫长的战争中，没有任何一场战役或围城像马格德堡大屠杀那样夺去这么多人的性命。

这座此前一度繁华的商业城市由此成为一片废墟，它被彻底摧毁，以至于对胜败双方而言它都是一座失落的城市，被所有人遗弃：一年之后，马格德堡城内仅余449位居民。这是一场谁也不希望的毁灭之战，可是战争一旦启动就谁也无法阻止。马格德堡事件由此给以后的战事发展投下了阴影，而战争也将呈现出致命之势。"比人的意志更强大的邪恶和阴暗在德国犹如脱缰野马一般肆虐。"瑞典历史学家彼得·恩隆德这样评论。

当时人们就已经注意到当地发生了非同寻常、具有重大意义的事件：仅1631年一年，至少有41张带插图的传单和205份宣传册把马格德堡大屠杀的消息传遍了欧洲，在整个欧洲大陆引起了恐惧和愤怒。历史学家汉斯·迈迪克认为，马格德堡城被毁是"最早的近代媒体事件之一"。这引发了一场前所未有的宣传大战：新教方面的传单不遗余力地描写天主教兵痞魔鬼般惨无人道，天主教方面的传单则把马格德堡城的陷落解读为上帝对背信弃义者的公正惩罚。双方相互指责对方导致成千上万人葬身火海。

一个新的战争概念产生了："马格德堡式战争"成了"彻底摧毁、清除"的同义词——这类似于"二战"期间德国轰炸英国城市考文垂之后，宣传中的"考文垂式轰炸"成为"从空中摧毁"的代名词。易北河畔这座大城市被毁使新教徒和天主教徒之间的气氛持续恶化——这帮助瑞典侵略者和自诩为"新教保护者"的古斯塔夫二世·阿道夫最终赢得了德国人的支持。马格德堡陷落后出现了一种新的现象：天主教方面虽然在真刀真枪的战斗中取得胜利，在宣传战上却一败涂地，后者从长期来看影响更大。媒体的时代开始了。

当时的人们留下了不计其数的文字资料，这使得我们今天得以掌握大量有关马格德堡城内发生事件的描述。但人们几乎无法区分什么是事实，什么是虚构：当时是否出现了大规模的强奸和恐怖的暴力场面，对此颇有争议——比如，弗里德里希·席勒在其有关天主教雇佣兵暴行的历史著作中所作的记录是否真实？"一座教堂里发现了53具被斩首的妇女尸体。克罗地亚人把孩子投进火中取乐——帕彭海姆军队中的瓦隆人[1]则以刺穿母亲怀抱着的婴儿为乐。"或者席勒在这里只是重复早期作者有关恐怖画面的想象？目击者日记中的记录可能比当时的宣传手册更可信。前者虽然也难免会有错误、夸张和美化，但至少没有出于宣传目的而隐瞒事实的动机。

我们的雇佣兵彼得·哈根多夫随着帕彭海姆军团攻进了马格德堡城，他的日记是重要的资料来源。但正如我们所知，他两次中弹，来

---

[1] Wallonie，主要分布于今比利时南部瓦隆大区，现有人口约353万，多说法语，但在日常生活领域仍说瓦隆语，与北方说荷兰语的弗拉芒人相对。由于地理位置和历史因素，瓦隆人受法国影响深远。

到城外的一处战地医院。因此哈根多夫无法参与城破之后一连串臭名昭著的劫掠活动，作为目击者，他在这件事上缺席了。为此我们采用了同样在帕彭海姆麾下服役的28岁的雇佣兵上尉乔治·阿克曼的详细描述。他的报道是对哈根多夫简短记录的有力补充。

敌方幸存者也记录下了他们的回忆。今天最著名的目击者是奥托·冯·居里克[1]——一直以来，每个中学生在物理课上可能都会听老师提及居里克在三十年战争之后证明真空存在的那个著名实验：居里克把两个黄铜制成的半球扣在一起，形成一个直径约60厘米的密闭圆球。他用一个自制的气泵通过阀门把球里的空气抽出——这时候即便16匹马合力也无法再把两个半球拉开。然后，居里克打开阀门，空气又进入球内，他双手一用力，球"砰"的一声又分开了。这个经过精心设计的实验轰动一时，经常被人重复，时至今日仍被视为令人信服的自然科学实验的典范：从此以后，再没有哪个真正的思想家怀疑真空的存在和气压的巨大力量。

但这位科学先锋首先是个政治家。居里克1631年是马格德堡市议会的议员：作为城市的建筑商和庇护人，他可以说就是建筑和防御工事的负责人。他参加了皇家-天主教联盟军队攻城之前和攻城期间市议会召开的决定性会议，目睹城市被毁，险些在屠城中丧命——最后是一位皇家军官把这位议员带到了安全地带。

本章最主要的篇幅是一位城破之时年仅12岁的马格德堡市民的回忆。他名叫约翰·丹尼尔·弗里瑟，是城市首席书记官（即城市管理处主任）的儿子。约翰·丹尼尔·弗里瑟在生活回忆录里言之凿凿

---

[1] Otto von Guericke（1602—1686年），德国物理学家、政治家。1646至1676年任马格德堡市市长。他于1650年发明了活塞式真空泵，并利用这一发明于1654年设计并进行了著名的马格德堡半球实验，展示了大气压的大小并推翻了之前亚里士多德提出的"自然界厌恶真空"的假说。

地记录了自己和家人如何遇到抢劫的士兵、如何险些被杀、如何在巨大的恐惧中生活、如何目睹可怕的场景、如何被出卖，等等，但他也经历了令人难以置信的慷慨救助，最终得以重树希望。弗里瑟笔下的马格德堡人间地狱是他那个时代最令人动容的文献之一，从中可以了解许多当时人的思想和行为。下文将大段引用弗里瑟的形象描述，引文来自马格德堡城档案馆馆长恩斯特·诺伊鲍尔1931年出版的文集《1631年马格德堡的毁灭》，尽可能不做改动。此外还引用了上文提及的其他目击者的记录节选。这些档案资料应该有助于我们更好地理解马格德堡大屠杀这一令人费解的事件。

就在攻城前夜，约翰·丹尼尔·弗里瑟还和父亲一起在城墙工事上散步。这是一段相对比较低矮但极其厚重的城墙，与老式的中世纪城墙不同，可以抵挡炮弹。"城墙和所有哨位上都布置了哨兵，"弗里瑟写道，"人们根本没有想到这座城市第二天早上会被拿下，这主要是因为当时有一名皇家号手在城里。"这名号手为天主教军队统帅蒂利服务，以蒂利的名义向马格德堡市议会提出投降要求，等待答复并将其转告自己的主人。

马格德堡市议会并不着急。直到次日凌晨四时，议会才开会讨论如何答复。出席会议的军事指挥官、瑞典军官法尔肯贝里显然无论如何都要阻止马格德堡投降。他面对议会几乎无休无止地自言自语，阐述应该坚守不降的理由。但是，他的时机选得不对。"他大约说了一个小时。"市议会成员奥托·冯·居里克写道，这时传来了大量敌军向城市逼近的消息。但法尔肯贝里不受干扰继续发言，"直到圣约翰教堂上的观察哨吹号示意敌军已经开始攻城"。这时，这位指挥官才终于匆忙走向城墙工事组织防御。

进攻于早上六时开始。蒂利的下级指挥官（其中包括帕彭海姆）

本应率领共约 2.5 万名士兵同时从各个方向发起进攻。但就在前一天夜里，犹豫不决的蒂利决定将进攻时间推迟一小时。帕彭海姆对此却一无所知。这究竟是一场阴谋还是因为信息传递不畅，至今无从知晓。不管怎样，帕彭海姆的军队于六时单独发起了进攻，其中包括彼得·哈根多夫和雇佣兵队长乔治·阿克曼。

"我和其他 200 名士兵被命令发起第一次进攻。"阿克曼写道。他和他的士兵迅速翻过城墙，爬上城楼。"包括瑞典将军法尔肯贝里在内的 400 人在上面严防死守。只听得火枪、臼炮和加农炮隆隆作响，谁也听不见，谁也看不见。我们的援军人数众多，因此城墙上黑压压全是人（此处指士兵）和云梯，我们最终翻过城墙进入城内。"城里的守军穿过一道城门逃进了马格德堡的大街小巷。阿克曼继续写道："这场战斗中，我们的人抬着大约 400 架云梯翻过外城的城墙，把云梯架到了内城的城墙上。但我们和逃跑的人群一起穿过上面提到的那道城门进入城内；包括法尔肯贝里在内的数百具尸体躺在城墙上。"这不完全正确：喜欢演说且英勇善战的法尔肯贝里虽然在城墙上被一颗致命的子弹击中，但并未死在城墙上，而是奄奄一息地被拖进一座房子。结果是一样的：守军群龙无首，攻方继续进逼。

彼得·哈根多夫也翻过了外墙。"我举起手臂，以冲锋的姿态毫发无损地进了城。但到了城里，我在新城门旁两次中弹——这是我的战利品。"这位雇佣兵带着苦涩的自嘲写道。他具体描述了这两次中弹的经过："一颗子弹从正面击穿了我的肚子，另一颗击穿了我的肩膀，子弹落在了衬衫里。"当时是 1631 年 5 月 20 日上午九时。

事实上，马格德堡人并没有坐以待毙，而是展开了残酷的巷战。虽然他们仅有 2 500 名雇佣兵和 5 000 名武装市民，人数上明显处于劣势，但攻城的 2.5 万人中已经进城的还只是一小部分。"我们第二次、第三次被迫撤退到城墙边和云梯旁。"雇佣兵队长阿克曼写道。

在这种僵持不下的情况下,帕彭海姆下令"把一些房屋点燃,目的是让市民放下武器救火",阿克曼写道。"因为当时是明亮、晴朗、安静的白天,我们很不情愿地点燃了'高门'[1]附近的两处房屋。""高门"是通往新城的大门,显然也就是我们的雇佣兵哈根多夫两次被狙击手射中的地方。因此他负伤有可能是其所在军队决定纵火的原因之一,即通过对反抗者的老巢烟熏火燎迫使马格德堡屈服。至少历史学家都认为这次纵火极有可能无意间导致了致命的熊熊大火。阿克曼的记载没有否认这一论点:两座楼房"烧了一个多小时,火光冲天",这位雇佣兵队长写道。"但是没有一个市民想放下武器去救火,他们在城市的每一个角落和骑兵一起不停地、绝望地战斗,让我们疲惫不堪。"

最终,进攻的军队从城里打开了一扇城门,天主教军队全都潮水般涌入城内。战局已定——四周火光冲天,正如阿克曼所记载的那样:"起了一阵旋风。城里遍地起火,以至于无人救火,也无人提供帮助。"奥托·冯·居里克记录下了时间:"上午十时,一片火海。"

根据惯例,进攻方可以在强攻之后在被占领的城市里随意掠夺——士兵必须抓紧时间,才能抢在大火把胜利者、战败者和他们的财物统统吞噬之前有所收获。"我先进了香料店,"阿克曼写道,"有人扔下来一盒肉豆蔻,我拿了一颗放进嘴里,这样就又有力气了。"他操起一把斧子"用它把房子里面的门彻底打开"——后果严重:"门打开的时候,有个人端着一把枪摇摇晃晃地向我开火,但我躲了一下,所以子弹擦着我的手臂飞过,击倒了我身边的一个人。持枪者沿着旋转楼梯往上跑,关上了身后的一扇铁门。"

---

[1] Hohen Pforte,一种罗马建筑风格的门。

阿克曼没有继续追赶那个人："我受够了不断开门，和我的人在楼下翻箱倒柜地找。我们找到了一个男仆，他恳求我们给他个地方住（指放过他）。我和他说，只要他能告诉我们钱财在哪儿我就答应他。"男仆带着士兵找到了一个藏着的上了锁的铁箱子。阿克曼和他的士兵费了很大力气用斧子把铁箱子砍了个洞，"洞口卷起来了，而且尽是毛刺"。"然后我们一个接一个地把手伸进洞里，就像抽奖似的，"这位雇佣兵队长高兴地说，"我也拿到了一条镶嵌着一颗珍贵宝石的漂亮金链子。"历经艰险之后——阿克曼的士兵中大约 1/3 在攻城时阵亡——这位雇佣兵将领终于行了大运。这下他显然不想再过度消耗自己的运气，于是马上离开了城区。

马格德堡的市民可就没有这么好运了。他们仿佛陷阱里的兔子一样，绝望地试图通过他们的所见（见到的很少）所闻弄明白究竟发生了什么。当时 12 岁的约翰·丹尼尔·弗里瑟写道，先是"外面的枪声越来越密集"，但是突然静了下来，"听不到枪声了，谁都知道这时城市已经被攻占了，因为没有反抗了"。城市被占的另外一个迹象是自卫队员中有人逃跑，"他们带着武器哭爹喊娘地跑了"。

大多数居民回到他们屋里关上房门。弗里瑟一家比邻居动作稍微慢了一些——忽然有个"浑身发抖的"农民从他家尚未关上的大门进来，弗里瑟写道。"我们比那个农民更害怕，父亲认为他身后肯定跟着当兵的"——这会让弗里瑟一家暴露在跟来的士兵眼皮底下。"但这个可怜的农民只看见了我们，没有看见其他能够钻进去逃离巷子的洞口，这主要是因为除了我们家的房门，其他所有房门都关着。"这是个典型的两难局面——如果会给自己和家人带来危险，是否要帮助受迫害者？弗里瑟一家决定："我们让农民穿过我们的花园大门。"——也就是离开街道——"我不知道他后来去了哪儿。"

然后占领者就来了。"没过多久，皇家士兵就在大街小巷叫嚷：'彻底胜利啦！彻底胜利啦！'并且像活阎王一样砸着房门。"弗里瑟这样描述，"士兵们威胁说，如果我们不开门让他们进去的话，他们不会留下任何活口。"弗里瑟一家开了门，进来两个火枪手。"父亲和母亲把身上的钱给了他们，还有一些衣服和工具；这样他们就满意了。"弗里瑟写道，"我们甚至恳求他们带我们离开（这座城市），我们也会付赎金。但他们充耳不闻；因为他们说必须先搞到战利品。这种回答是当时雇佣兵的典型说法：对雇佣兵来说，战利品不仅仅意味着很快捞到好处——战利品常常事关生死。"军饷有时几个月开不出来，许多雇佣兵还得像彼得·哈根多夫那样养家糊口。谁要是在这种情况下放弃掠夺，那就会威胁到自己家属的生存，因此掠夺战利品对许多士兵来说恰恰是一种道德义务。所以，"我们必须先搞到战利品"这种听起来冷酷无情的回答中的"必须"二字，可能更应该从字面上加以理解，而不是像人们通常理解的那样。

不速之客走了，钱也不翼而飞——弗里瑟一家面临生存问题，著名的目击者奥托·冯·居里克这样描述这一问题："尤其是敌军中的每个人都要市民交出大量值钱的东西，作为他们的战利品。如果一队人马进入一座房子，房子的主人能给他们点儿东西的话，他和他的家人就能平安无事，直到另一队人马到来。但等到最后东西全都给完了，危险这才开始。这时候士兵就开始动手打人，并且威胁要开枪"——他们也经常真的开枪。这主要是由于抢劫者本身高度紧张，因为到处都有狙击手可能要他们的命（上文提到的哈根多夫和阿克曼的经历就说明了这一点），而且士兵们不知道马格德堡的居民是拿不出东西还是不愿把东西给他们。

弗里瑟的父亲大概对此非常了解——他的应变机智而果断。"那两个火枪手走了之后，父亲操起一把斧子亲手砸毁烤炉、门和窗，还把稻草也从床上扯下来撒在楼里，把旧床单和仆人的床扔到院子里，厨房里的锅碗瓢盆也都扔了出去，然后把房门打开。看起来像是复仇女神孚里埃[1]曾经在里面大发雷霆似的。"弗里瑟这样写道。不是本能地关门躲起来，而是唱"空城计"迷惑敌人，这肯定是神经强大的一种表现。这一招看起来奏效了："一开始没人进楼，因为人们总以为我们的窝已经被毁了。"但是过了一会儿，这招就不管用了。

"士兵们还是到我们屋里来了，因为他们经过的时候看到了母亲。士兵们在寝室里找到了我们一家，扑向父母，要他们把钱交出来。"弗里瑟写道，"四个火枪手，每个人手里火枪的导火线都燃着，他们对父亲推推搡搡、拳打脚踢；母亲时不时用一只手挡一下，但是无济于事。我们几个孩子像爬藤植物一样抱住士兵，哭喊着乞求他们放过父母。我们死死地抱着士兵又拉又扯，上帝还真是保佑了我们——哪个士兵也没动我们一根毫毛。"弗里瑟一家最终让这些入侵者心满意足："我们给了这些不速之客一些贵重的首饰和其他值钱的东西；他们还翻出了最好的亚麻布，然后扬长而去。"

接着又来了7个士兵："他们说着外语，所以谁也不知道他们在说什么。"但这些人的手势很清楚地告诉我们他们想要钱。尽管语言不通，弗里瑟的父亲还是试图解释其他士兵已经把东西全都拿走了，但是无济于事。"他们没听懂父亲的话，而是在屋里朝他身后开了两枪；但是上帝没有让父亲受伤，子弹射进了墙里。"弗里瑟的父母躲

---

[1] 希腊神话中有三个复仇女神（不安女神、嫉妒女神、报施女神），合称为"厄里倪厄斯"。在古典时代的阿提卡地区，人们举行祭祀仪式时从不直接提到这些女神的名字，而使用其别名。罗马神话中，厄里倪厄斯的对应者是孚里埃。

进卧室，一个士官"举着一杆斧枪[1]大步冲过来，击打正向卧室门跑去的父亲。这个兵痞的武器落在了门上方的门楣上，砍下一大块，父亲就此躲过一劫"。

躲过了子弹和斧枪之后，弗里瑟的父亲和这队士兵的军官搭上了话，用的是全欧洲受过教育的阶层通用的语言——拉丁语。这样一来，这些外国士兵就稍微安静了些，但他们走之前还是要钱。弗里瑟的母亲带着军官找到了一个存放珍珠和儿童金[2]的小箱子。此外，弗里瑟一家还试图说服军官收下赎金，带他们离开马格德堡。"但他不为所动，破口大骂，举止残暴。最后他终于放过了我们，拿走了父亲最好的一件大衣。"他的士兵又花了半个小时把房子洗劫一空，大约九点钟的时候，屋里又恢复了平静。一家人三次面对征服者都渡过了劫难，一次比一次更危险。现在几乎所有的积蓄都没有了，要是再来第四次抢劫怎么办呢？

弗里瑟一家不想就这么听天由命，他们藏身在楼房的旧阁楼里。"旧阁楼就像个鸽子笼，而且很暗，不会一下子被人发现。"但如果在那儿的话，弗里瑟写道，"我们全都得被烧死"——如果不是一个曾经在他们家做过女仆、名叫娜德琳的人突然进来的话，"她是我们的福星，也是我们的灾星"。

娜德琳以为她的丈夫在城墙边的战斗中阵亡了，就想到弗里瑟家里避难。弗里瑟一家很快躲进了旧阁楼，他们曾经的女仆则用一个篮子装着自己的家当藏身在储煤室里。然后，她急匆匆地穿过院子，朝旧阁楼跑来。弗里瑟写道，这时"一个士兵看到了她，边追边大声喊

---

[1] 即欧洲戟，中世纪到近代欧洲经常使用的武器，形似长矛，但前端装有斧头。
[2] 孩子出生时政府发放的补贴。

'站住！站住！'"。

"我们的女仆腿脚不慢，她大喊着迅速跑上楼梯，直奔旧阁楼冲我们来了。但是追他的士兵听见了脚步声和楼梯咯吱咯吱的声音，过了一会儿就上来把我们全都找到了。"娜德琳不小心把敌人引到了家里——士兵马上"就操着一把尖锤[1]朝父亲冲了过来"。

"母亲马上叫喊着跑上去，孩子们全都围着士兵，叫喊着请求他放过父亲。我的四弟克里斯蒂安——一个几乎还不会走路、不会说话的小孩子怯生生地对士兵说：'啊，放过我爸爸吧；我会把星期天拿到的3分尼给你们。'"——也就是说，小男孩提出用他的零花钱换取父亲的性命。

弗里瑟接下来的记录告诉我们很多关于当时人的事情——关于他们的求生策略，他们在极端情况下如何团结一致、相互同情，同时也涉及猜忌和暴力："或许是这个单纯的孩子的话语打动了士兵的心，他的态度马上从凶神恶煞变得和颜悦色。他看着我们这些围在他身边站着的孩子，用他的纽伦堡方言说道：'哎，多可爱的小男孩！'然后他对父亲说：'你要是想带着孩子离开的话，现在马上就走；要是一个小时以后克罗地亚人来了，你就性命难保了。'"

"这时士兵忽然想起了什么，他说：'哎呀，我还什么战利品都没搞到呢。我会带你们出去，但是我得先弄点儿战利品。'我们就跪倒在他脚下，恳求他一定要带上我们；如果他把我们带到戈门（附近一个小村庄）的话，我们就给他200塔勒。但他说他必须先弄到战利品，让我们待在原地。他还想去几户人家搜搜，然后回来接我们。他信誓旦旦地说他还会回来。因为现在他这么执着地要找战利品，娜德

---

[1] 中世纪欧洲工匠使用的一种锤形工具，锤头前端呈尖状。

琳（曾经的女仆）就建议他跟着自己回家，她家里有衣服和钱，还有她（可能已经阵亡的）丈夫的东西，只要他带我们离开，她就把这些东西都给他。士兵跟着她走了；父亲恳求女仆最后一次向我们尽忠，保证把士兵再带回来。"

"但我们极度怀疑她是否还会回来，就又沮丧地躲进旧阁楼里（进入藏身之处）。在那里我们听见我们和邻居的楼里传出翻箱倒柜的声音，还从砖缝里看见那些可怜的人被殴打、被折磨、被凌辱，每一分钟都过得提心吊胆，害怕死神降临。我们就这样在恐惧中熬了半个小时。"

"在此期间，士兵跟着娜德琳走了很长一段路来到她家，她自己帮士兵背着（她丈夫的东西）"，士兵一路上"多次和她说她得再把他带到那几个小男孩所在的房子里"。到了院子里，士兵把全家人叫下来接上他们。"整个楼里全是士兵。有几个当兵的也想朝父亲扑过来，但这个士兵护着我们，说我们是他的俘虏。"

"他还说我们应该把面包也带到军营去；外面不容易弄到吃的东西。母亲听了他的话，把两块面包放进一个篮子里，还把两把银勺子放进吃的东西里；此外她还给我弟弟塞缪尔拿了一本裹着黑色天鹅绒、镶嵌着很多银线的祷告书。最后，父母取下旧马厩里一根横梁上藏着的一个小包裹，里面有一根金质帽线和一根珍珠制成的帽线，一点钱、小项链和手镯等。他们是这么做的：父亲假装要到院子里解手，母亲也借口如厕进了马厩，把我举起来，我爬上去把包裹扔下来。他们把包裹放在篮子最底下，然后把两块面包盖在上面。"

"就这样，我们十点左右从房子里出来。我们这些孩子两个两个手牵手走，父亲严肃地威胁我们要快走，跟上士兵。我们的女仆安娜照顾着小妹妹，把她裹在襁褓里，抱在怀中跟在我们后面，和娜德琳一起稍稍照料一下我们这些孩子；父亲和母亲走在最后面。为了让父亲路上更顺利，士兵让他扛着自己的火枪。父亲看起来和真正的士兵也没什么两样，因为他的脸被硝烟熏得黑乎乎的，他砸毁壁炉等东西时把自己搞得颇为狼狈。"这场"化妆舞会"不仅仅局限于外表："他走在母亲身边，经常在人群中像士兵一样对我推推搡搡，还对母亲喊道：'太太，往前走！'就像在对一个素不相识的人说话。"

"穿过了几条街巷之后，我们看到地上横七竖八躺着各种尸体，常常不得不随着一大群人从死尸上踏过。我们还看见一个农民从屋顶上坠下，他浑身被滚水烫伤，冒着浓烟，躺在巷子里，边打滚边惨叫。还有一个女仆躺在大街上，手中的提篮里放着肉。她是被射杀的，旁边有条狗正在吃肉。"

"但士兵进了一座楼，我们跟着他。他说他得去给我们这些孩子弄点儿吃的喝的，因为离军营还很远。他走进食物储藏室，把香肠和大块的肥肉递下来给我们。他拿了一块彩色的土耳其地毯，把这些吃的裹起来，就这么带了出来。在此期间，我们这些孩子吃了随身带的面包。但楼里还有其他大约二十个小孩。他们来到我母亲面前，也想要面包吃，母亲把几乎一半的面包分给了他们。士兵还到地下室打了一桶啤酒上来。我们把酒喝了。"

"路上（另外）一个士兵碰到了母亲，把她的罩裙从身上掀了起来。另外一个士兵想要非礼抱着小妹妹的女仆，但带我们走的士兵出手阻止，那个士兵就放过了她。我们看见很多死人，还有一些妇女赤身裸体躺在地上。她们是头栽进装满水的巨大酿酒桶里淹死的，但半个身子和腿露在外面，惨不忍睹。"

"亲爱的上帝总算帮助我们通过了小门"，过了小门就出了城，通往要塞壁垒。一群人顺着壁垒往下爬，进入皇家围城部队的营地和士兵的小屋里。"他有个妻子,是纽伦堡人。她把我们接进屋里时一点也不友好,而是对丈夫说:'你带回的是什么东西?弄回一屋子孩子。我还以为你能带战利品回来呢!'"这个骂骂咧咧的妇女再次证明了上面提到的士兵可能陷入的"良知困境":谁要是放弃抢劫和掠夺,就会伤及自己的家人。

"士兵安抚着他的妻子,说他必须把这些孩子带出来。上帝会赐给他们战利品的。他说完就把裹着肥肉的地毯在小屋里铺开。士兵的妻子最后也心满意足了;因为她为军团的军官们做饭,有很多事要做。我们的母亲帮着她配菜、做饭、煎炒烹炸,像女仆一样把东西捧到她手上;这让她颇为受用。"

"当天夜里十一时,整个城市陷入火海。父亲带我们走出小屋,我们一辈子也忘不了当晚目睹的一切。军营离马格德堡市很远,但天空被火光照得通明,读信都没有问题。"

其他目击者也提到了这片熊熊火海,比如我们的雇佣兵彼得·哈根多夫:"马格德堡烧成这样,我真是心痛不已,因为这是一座美丽的城市,因为这是我的祖国。"哈根多夫同样也在军营里看着大火——他是在马格德堡身中两弹后被带到军营的。上文说过,其中一颗子弹贯穿了他的身体,另一颗必须动手术取出来:"所以军医把我的双手绑在背后,这样他就能动刀了。我就这样被带到了我的小屋里,丢了半条命。"

为了得到必要的战利品,哈根多夫和他的妻子斯塔德琳交换了角色:妻子负责掠夺,受伤的雇佣兵负责照顾生病的1岁的女儿。"尽管城里火光冲天,我的妻子还是进了城。"哈根多夫写道,"喊叫声传到了营地,城里的房屋接连倒塌"——许多掠夺者也因此丧命。"所以,我妻子的安全比我的伤更让我担心。"

"但是，上帝保佑了她。一个半小时后，她就领着一个老妇人一起从城里回来了。"哈根多夫继续写道。这个上了年纪的马格德堡人帮她拿着战利品——对于可怜的市民来说，这是为数不多的逃离人间地狱的可能性之一。在老妇人的帮助下，安娜·斯塔德琳得以从城里搞了些东西出来，主要是床单，用来给受伤的丈夫垫在身下和包扎伤口用。"她还给我带回来一大桶酒，足有4升，此外还找到了两条银色的腰带和衣服，我在哈尔伯施塔特拿这些换了12塔勒。"哈根多夫这么写的时候显然为妻子感到骄傲。另外，其他雇佣兵也表现出了团结精神："晚上我的战友们来了，每个人都给我带来点儿心意，1塔勒或半个塔勒。"

掠夺战利品对于幸存下来非常重要，以至于这纯粹成了大老爷们的事。拯救了弗里瑟一家的士兵的妻子也帮着掠夺战利品，显然她不想把这事完全交给她那过于心慈手软的丈夫。"第二天，也就是5月21日，士兵和他的妻子一起进城搞战利品去了。"约翰·丹尼尔·弗里瑟写道。

"我们的母亲在此期间必须照顾士兵的孩子，还得负责弄吃的。"弗里瑟接着写道。他的父亲官居城市首席书记官，属于马格德堡市的高层负责人，现在藏身在这个雇佣兵的小屋里："父亲总是坐在屋里，免得被人认出。但他可以透过窗户看到有多少好友、熟人和市民，还有妇女，被绳子绑着列队穿过营地。可是一旦有熟人被押着经过，从外面窗户前面看见我们的母亲，那就最糟糕不过了。因为他们马上就和母亲搭话：'首席书记官夫人，你们也在这儿？你们可以自由走动吗？我得花钱才能赎身，你们可倒舒坦。'"

这话让弗里瑟一家陷入险境：要是另一个雇佣兵得知敌方这样一位高官在营地自由活动，那会发生什么？因此，约翰·丹尼尔·弗里瑟对马格德堡的熟人没有什么好印象："这些可怜虫见不得我们好，他们随随便便的话语甚至险些让我们大祸临头。"

"临近夜晚，士兵和他的妻子又来了，带来了极好的战利品：贵重首饰、金器和昂贵的亚麻布。士兵说上帝之所以赐给他这些东西是因为他把这些小男孩带出了城。"弗里瑟写道。

"第三天，士兵不得不搬到哨所，因此他没法儿像他承诺的那样把我们带到戈门。5月23日一早，天还没亮，士兵就把我们带到一个少尉的营地，请他把我们带到沃尔米施泰特（位于马格德堡以北15公里处），士兵没想要我们支付赎金——他说上帝赐给他的已经足够多。"这表明弗里瑟的救命恩人确实是个无私的助人为乐者，是个好人。

"但是准确地说，他不是个好的雇佣兵。"历史学家米夏埃尔·凯泽这样评论道。这主要是因为"与人为善对于这个仁慈的士兵而言可能是一种冒险的美德"。遗憾的是，我们无法得知这位纽伦堡士兵和他的家庭后来怎样。弗里瑟一家和士兵夫妇告别，他们显然迫不及待地想要表达谢意："最后士兵的妻子还从我们这里拿走了母亲之前藏在食物里的两把银勺子。"就这样，相遇时敌我相对（士兵一开始可是用尖锤砸向了父亲），分别时冰释前嫌，结局令人感动。一个个体，一个普通雇佣兵的举动改变了整个家庭的命运；这是绝望与希望之别，也是生死之别。在这令人恐惧的一切之中，这个善良的士兵的故事是黑暗时代的一线光明。

第二天，皇家军队统帅蒂利进入马格德堡并下令停止掠夺。幸存者获准自行出城，其中包括1 000至4 000名躲进大教堂的马格德堡人。他们在对死亡的恐惧中连续熬过了好几天。幸亏蒂利在这座大教堂前面设了个岗哨，这些人才得以幸免于大火和暴行，而其他几乎所有教堂和房屋都被烧毁：马格德堡市内1 900座建筑中约1 700座被烧塌，成为废墟和焦土。没被烧毁的实际上只有幸免于难的大教堂周围及河畔的几排房屋。

满街都是尸体，其中许多赤身裸体、支离破碎、遍体鳞伤——都是强奸和肆虐暴行的受害者。但大多数人是被烧死的，正如帕彭海姆在大火之后记录的那样："人们藏在地下室和阁楼里的东西全都化为灰烬。我认为有超过两万个灵魂升天。耶路撒冷被毁[1]之后肯定没有出现过比这更可怕的上帝的"杰作"与惩罚。我们所有的士兵都发了财。上帝与我们同在。"把公元70年罗马人血腥占领耶路撒冷拿来比较，这说明甚至在胜利者看来马格德堡陷落也是一次极其重大的事件。

清理工作开始了，但几乎不可能足够迅速地掩埋所有死者，以防尸体腐烂、瘟疫暴发。因此，正如奥托·冯·居里克等记载的那样，常胜将军蒂利让人"把尸体装上车，拉到易北河畔"。根据当时一位目击者的说法，共有8 000名死者被抛进河里，景象惨不忍睹，居里克写道："投入易北河的尸体无法马上漂走，因为那里到处都是旋涡。因此很多尸体在河里漂来漂去，有些脑袋浮出水面，有些双手仿佛伸向天空。"

一度是德国最大、最富裕城市的马格德堡事实上已经不复存在。恐怖尚未停止。"此后几乎一整年时间，人们在破旧的地下室陆续发现了许多死者，每次5个、10个或更多。"居里克写道。

这场浩劫之后，这位当时的马格德堡市议会议员继续为他饱受磨难，又逐渐从废墟中崛起的城市服务。1642年起，居里克反复奔波，

---

[1] 公元70年，提多率领的罗马大军围困耶路撒冷近5个月。罗马军队利用先进的装备和攻城设施系统地拆除了城墙，入城后拆毁了圣殿（只剩下部分墙基）。由于当时正值犹太人的一个大型节日，城内粮食很快消耗殆尽，甚至出现了人吃人的现象。围城期间约110万人丧生，近10万犹太人被俘，许多俘虏被卖到埃及成为奴隶。战后直至约公元130年，耶路撒冷依旧无人居住。

为马格德堡执行外交任务，1646年他被选为4名市长之一。从政之余，1654年，他进行了轰动一时、有生之年就引起巨大反响的物理实验——甚至皇帝也来参观——该实验设计之巧妙至今仍令人着迷。居里克1686年去世，享年83岁。

在掠夺中险些中弹身亡的雇佣兵队长阿克曼也得享高龄。1636年，战争尚未结束，阿克曼就离开军队，在今萨克森-安哈尔特的小镇克罗彭施泰特建了一座农场。他在马格德堡获得的战利品（阿克曼本人称其为"幸运盆"）肯定派上了大用场。反过来，这位曾经的雇佣兵把他的军旅经验带到了克罗彭施泰特。有一次，他通过军中的老熟人使小镇免遭劫掠。阿克曼婚后生了11个孩子，其中一个儿子甚至读了大学。1680年末，他以77岁高龄辞世时，三十年战争已经结束32年了。

1631年5月23日，告别他们的救命恩人之后，12岁的约翰·丹尼尔·弗里瑟和他的家人又经历了一段冒险的逃亡之旅。刚开始一切都很顺利，弗里瑟一家按照约定好的那样被人从兵营里接出来。"我们一大早就坐上一辆两侧有栅栏的小马车离开营地，车里不止15个人。"约翰·丹尼尔·弗里瑟写道，"我们像鸡鸭一样挤在一起，10点到达沃尔米施泰特。父亲不得不拿出一条珍珠帽绳作为路费。"

"在沃尔米施泰特，一个贫穷的老妇人收留了我们。"弗里瑟接着写道。父亲和孩子们一起来到城市高处的城堡，希望能从城防司令那里获得保证他们行动自由的通行证。先是城防司令的夫人接待了弗里瑟一家。"我们这些孩子全都跪下，父亲晓之以理、动之以情，恳求她给我们一张通行证。"弗里瑟这样描述。司令夫人听了之后去找她的丈夫，弗里瑟一家等待期间，有一位双手被绑的马格德堡市议员经过。

"那个市议员看到父亲时说：'看哪，是首席书记官！你们也跑出来了？谢天谢地，你们倒好。你们想去哪儿就去哪儿，我被绑着。你们应该比我更早被绑起来才是！'他恶狠狠地骂骂咧咧,说凭什么自己被关起来而其他人都没事。父亲听了以后吓坏了。"弗里瑟写道,"他请求那个人看在可怜的孩子的分上不要出卖自己。可是他继续恶狠狠地咒骂,好几次叫父亲'首席书记官'。"

城防司令的夫人回来通知他们,说她丈夫不能给任何人签发通行证。弗里瑟一家匆忙离开城堡。"我们很快又下了山。那个不敬上帝的人到底把我们给出卖了,"弗里瑟写道,"于是士兵到住处找我们。"不过小旅馆的女主人及时给弗里瑟一家通风报信,他们得以藏身:"我们坐在最茂密的灌木丛中一直等到晚上。然后,我们爬出来,整个晚上待在谷仓里。"

第二天早上,弗里瑟一家从小旅馆的女主人那里得知,在6公里外的小镇巴尔莱本,有些商人打算到大约50公里外的城市哈尔伯施塔特去。受伤的士兵被安置在那里,我们的雇佣兵彼得·哈根多夫也在其中。对于弗里瑟一家而言,这是个离开马格德堡周边地区的机会,这主要是因为他们有朋友在哈尔伯施塔特,可以到他们那里躲一躲。

"大约中午时分,我们动身前往巴尔莱本,深夜才到达,坐在村子前面,无处可住。"弗里瑟写道,"有个穷寡妇看我们可怜就收留了我们,不过我们不得不凑合着挤在一个满是粪便和稻草的小房间里。寡妇还给了我们一些面包和奶酪,还有一根蜡烛,这样最小的孩子就不闹了。因为我们不能乱动,这主要是由于她家还住着一个当兵的。"——这对于弗里瑟一家显然是个威胁。"上帝保佑,这一劫我们也躲过了,一夜平安无事。"到此为止,弗里瑟一家已经三次得到素不相识者的慷慨相助:马格德堡士兵的帮助、沃尔米施泰特年老的小旅馆女主人帮助,以及巴尔莱本这个穷寡妇的帮助。

"5月25日一早,父亲立即到随军小贩(跟随军队做买卖的商人)

那里，询问他们是否前往哈尔伯施塔特，和他们讨价还价，把我们四个孩子放进空酒桶里。"约翰·丹尼尔·弗里瑟和他的兄弟姐妹就这样成功地被偷偷带了出来。"我们分乘20名骑兵护送的两辆车。我们终于到了哈尔伯施塔特。"到达之后，弗里瑟的父母向帮助他们逃跑的随军小贩支付了约定好的7塔勒，这几乎是一个士兵两个月的军饷。但弗里瑟一家没有这么多钱了。"因此我作为长子不得不留在小贩那里当人质，直到父母找熟人和朋友借了钱回来赎我。"当时12岁的弗里瑟这样写道，"就这样，我们渡过了这场大劫难。"

成功逃跑之后，弗里瑟的父亲在首府阿尔滕堡（位于今天德国图林根州）找了一份文秘工作。约翰·丹尼尔·弗里瑟后来成为当地一所小学的副校长，写了回忆录，他的儿子弗里德里希·弗里瑟则在1703年出版了这部回忆录，从而在惨绝人寰的马格德堡事件发生72年后为后人保留了其父的感人回忆。

* * *

我们的日记作者，巴伐利亚安代克斯修道院的毛鲁斯·弗里森艾格则恰恰相反，他只字未提马格德堡事件。

1631年
新战术的胜利

马格德堡战役之后，战局迅速反转。回顾战事，马格德堡城的大火对于胜利者，尤其对于当时72岁、作为其所处时代战功最为卓著的统帅的蒂利而言，不啻一种不祥之兆。这个身形瘦小、留着山羊胡子的男人终生致力于天主教事业。1559 年，蒂利生于今天的比利时境内，毕业于耶稣会学校，约摸 19 岁那年加入西班牙军队。20 年后，他改换阵营，为德意志皇帝效力，迅速晋升到了最高军衔。12 年后，他再次有了一位新的东家：巴伐利亚公爵马克西米利安。1610 年，马克西米利安公爵任命他为巴伐利亚天主教军事联盟的中将，负责指挥这支军队。

到此为止，从尼德兰到匈牙利，蒂利已经身经百战，但始终为天主教徒而战——这使他有别于当时许多时而为此、时而为彼作战的将领。蒂利显然是为了信仰而活，这也体现在他的生活方式中——身为军官，他简朴得异乎寻常，过着近乎苦行僧的日子。这位终身未婚的老战士也因此被称作"铠甲僧侣"。

与此形成反差的是，蒂利在战场上的表现毫不矜持。他不认可战争中应当谨慎行事、尽可能避免冒险的主流观点。相反，在战争中，他总是既果敢决绝又颇具攻击性地寻找战机：一旦发现采取决定性行动的时机，蒂利就调动一切可用之兵发起进攻，他总是一次又一次成功地碾压敌人。凭借这种战术，蒂利得以在战争期间节节胜利：1620 年，他在布拉格附近的白山战役中镇压了波希米亚人的暴动；1622 年，占领了海德堡和曼海姆；1623 年，击败了两支新教军队；1626 年，对阵丹麦国王克里斯蒂安的侵略军，取得了决定性胜利；1631 年，攻下了马格德堡。但刚刚取得的马格德堡战役的胜利由于死亡人数惊人而备受指责，更因为那场毁灭一切的大火而显得不值一提。蒂利的"将星"就此辉煌到极点，此后不仅逐渐黯淡，而且彻底从天际陨落了。

彼得·哈根多夫伴随这位白发苍苍的统帅走过了这段痛苦的历程——不在其直接率领之下，而是在蒂利的副手帕彭海姆麾下。不过，我们的雇佣兵先是疗养了一段时间，以便其上臂的伤口在手术后痊愈。"我和其他受伤的战友一起被带到了哈尔伯施塔特，在那里，我们被安顿在村子里。"哈根多夫写道，"我在这儿算是遇上了一个好房东，他给我的不是普通的牛肉，而是真正的小牛肉，幼鸽、幼鸡和幼鸟肉。就这样，7个星期后，我又生龙活虎了。"提供美味的肉食总体看来对受伤者痊愈起了很好的作用："我们军团里有300人被安顿在村子里，全都康复了。"

哈根多夫生病的1岁女儿没能痊愈："我的又一个小女儿伊丽莎白死在这里。愿上帝保佑她快乐地复活。†3。"彼得·哈根多夫和他的妻子安娜·斯塔德琳的第三个孩子也夭折了，哪个孩子也没活过两岁生日。

"7个星期之后，有人又把我们接回了军队。"这位雇佣兵干巴巴地写下去。他随着蒂利的军队继续向北，朝在易北河畔的韦尔伯安营扎寨的瑞典军队开进。皇家-天主教联盟军队8月初抵达那里。"天气热得吓人，当时一口水都很贵。"哈根多夫写道。需求增加在那个年代也会导致价格上涨。

蒂利的军队开始长时间炮轰瑞典人的据点，但据点固若金汤，蒂利不敢贸然出战，"因为他们（瑞典人）严防死守，我们又退了回来。"哈根多夫写道。皇家军队先是沿着易北河向南行至马格德堡，然后继续向莱比锡行进。

莱比锡当时就是重要的展会城市，是萨克森选帝侯约翰·格奥尔格——一个真正的巴洛克君主的领地。萨克森狩猎记录显示，这位狂热的猎人执政期间亲手射杀了116 906只野兽。他嗜酒如命且大腹便便，因此获得了"啤酒格奥尔格"的绰号。但这位46岁的选帝侯不容小觑。他曾是德国权倾一时的新教徒，对德意志帝国及其机构坚信不疑，因此尽管各教派之间存在种种分歧，但他始终忠实地站在信仰天主教的皇帝斐迪南一边。萨克森在三十年战争初期就曾帮助帝国镇压了波希米亚的暴动。当瑞典国王古斯塔夫二世·阿道夫计划进攻德国、寻求新教君主支持时，选帝侯约翰·格奥尔格明确表示他将继续站在皇帝一边。

可当瑞典军队进入德国后，这位萨克森君主却决定暂时保持中立。为了震慑所有潜在的侵略者，他把自己的军队扩编至1.8万人。

但对于在萨克森附近行动的统帅蒂利而言，强大的萨克森军队就像一块激怒他的红布。这位多疑的天主教徒担心约翰·格奥尔格最终还是会和瑞典国王结盟。因此，蒂利通过使者向萨克森选帝侯发出最后通牒，要求他解散军队，或与皇家军队兵合一处。此外，约翰·格奥尔格还应开放其至今未曾经历过战火的萨克森，供皇家军队通行和驻扎。

这种粗鲁的语调和皇帝斐迪南与选帝侯约翰·格奥尔格之间通常措辞友好的往来书信形成鲜明对比——蒂利希望通过他的所作所为对萨克森君主施加影响，然而事与愿违。约翰·格奥尔格直截了当地拒绝了蒂利的要求。

蒂利因此于1631年9月初进军萨克森，他这么做肯定还有一个动机，就是他的军队已经把马格德堡周边夷为平地，急需补充粮草。士兵在尚未被摧毁的地区搞到了粮草，他们大肆劫掠，纵火焚烧了所到的村庄。绝望的萨克森选帝侯所做的恰恰是蒂利想要阻止的：他匆忙与不受欢迎的瑞典人结成同盟。约翰·格奥尔格愤懑地强调，他希望秉承帝国宪法的精神，忠于敬爱的皇帝；但在他的土地上发生的野蛮行径迫使他采取这种措施。

瑞典国王古斯塔夫二世·阿道夫与萨克森选帝侯约翰·格奥尔格

兵合一处，蒂利则兵临莱比锡。"在这里安营扎寨，马上挖战壕，挖交通壕，架起大炮朝城里轰。"彼得·哈根多夫这样描述第二天就结束的围城行动。莱比锡的守备部队1631年9月15日投降，条件是允许其自由撤军。这种情况称作"和解"，即双方约定移交城市，细节完全可以谈判，包括撤退的军队是否可以在音乐声中举行盛大的军事仪式、昂首阔步地从城里撤出等问题。

"占领莱比锡之后的9月17日，（瑞典）国王带着全部人马和萨克森军队来了。"哈根多夫继续写道，"我们和他相向而行，两个多小时"，直到布赖滕费尔德（今属德国莱比锡市），为了打整个战争中最大的一场战役。

在靠近今天14号高速公路莱比锡中部出口的一块长条形开阔地带上，蒂利按照当时的兵法摆开了他大约3.5万人的军队。他的士兵摆出了宽度约4 000米的战斗队形，战士们面向北方，这样白天阳光就照射在他们背部，他们的敌人则会被阳光晃眼睛。此外，蒂利的军队还占据了一个稍微有些高度的阵地，可以居高临下向瑞典-萨克森军队射击和冲锋。这也是有利之处。

侧翼照例部署了骑兵：帕彭海姆把近5 000名骑兵部署在左翼，大约同等数量的骑兵部署在右翼，也就是说总计大约一万兵力。其中大多数是身披胸甲的重骑兵，他们的装备类似于中世纪晚期的骑兵，但武器明显不同：重骑兵配备两把手枪冲锋陷阵，尽可能近距离向敌军射击，因为当时的手枪命中率还非常低。最前排的骑兵射光两把手枪的子弹后要么撤回装弹，要么拔出佩剑继续战斗——这就又和传统的骑兵相似了。

左右两翼骑兵之间部署了大约2.5万名步兵——上面说过这些步兵并非连续排列，而是分组排列成单个矩阵。每个矩阵由30列、每列50名、共计1 500名士兵组成。彼得·哈根多夫就在这种战斗队形（也称"西班牙大方阵"）中。他隶属于帕彭海姆的步兵团——有别于帕彭海姆的骑兵团。"我们站在右翼。"哈根多夫写道。

共有14个或17个（专业文献中的数字不尽一致）这种矩形的西班牙大方阵排列在一起，连接成数千米长、中间有巨大间隔的链条。西班牙大方阵没有第二梯队，也就是说蒂利没有后备军可用。但每个1 500人组成的方阵本身都是由长矛手和火枪手组成、战斗力强大的单位，它像移动的堡垒一样在敌人面前竖起一座"长矛城墙"，同时向敌人射出致命的火枪子弹。

这种西班牙大方阵在近距离战斗中非常有效，但远距离作战时这种阵型就显露出弊端了：其火力相对较弱，因为只有一小部分火枪能够射击——站成30排时，队伍中大多数士兵都站得实在太靠后。此外，上文说过，火枪每分钟大约只能发射一发子弹，射速低得可怜，这也削弱了西班牙大方阵的战斗力。

在北方仅几公里远的地方，大约2.3万人的瑞典军队和大约1.6万人的萨克森军队兵合一处。大战前夕，士兵们在野地里宿营，以便第二天天光初亮就能拿起武器战斗。"云雀发出第一声啼鸣时，军号就唤醒了战马，战鼓声声催我们前进。"为瑞典军队作战的苏格兰雇佣兵队长罗伯特·门罗说。士兵们的一天从共同晨祷开始，祷告时"我们承认我们的罪过，把我们的心和手举向天空"，门罗在他的日记里这样写道，"祷告之后，我们以上帝的名义向前行军一小段，直到整个军队排列整齐为止。"

国王古斯塔夫二世·阿道夫选择了一个宽约5 000米、明显有别于其天主教敌军的战斗阵型。这位瑞典统帅不像蒂利那样把步兵按照每30人一排，前后紧密排列成1 500人的宏大方阵。古斯塔夫二世·阿道夫采用的是松散的扇形阵型：瑞典的每个作战单位只有前后6人——要么是6名长矛手，要么是6名火枪手。

火枪手的行列不断轮换：前排站立的士兵放一排枪后立即再次装弹，这时后排的士兵上前放第二排枪，然后站在后排的士兵又到前排，再次发射排枪。如此循环往复，直到最开始站在第一排的士兵站到了第六排，即最后一排，并且已经重新装好了弹药。现在这排士兵再次到前面开火。以这种方式就能持续不断地向敌军发射弹雨。

这种"排枪战术"是此前大约40年尼德兰发明的，通过配有很多插图的军事教科书传播开来——教科书主要详细展示了这种迅速给火枪装填弹药的理想阵型的变换过程。此外，这些教科书还就如何进行必要的训练，以使军队学会尽可能同步装填弹药、开枪、变换行列和进行演习作了说明。和传统的西班牙大方阵队形中的士兵相比，这种新型尼德兰战术要求每个士兵接受更多训练，更加严格地遵守纪律以及拥有更大的勇气：当交替变换的行列很少时，每个士兵要反复站到前排面对敌军的子弹，而传统的由1 500人组成的大方阵中，大部分战士都在方阵里活动，周围包围着人群，防止被火枪子弹击中。由此，这种新的作战方式导致战斗双方死伤都更惨重，这意味着战争更加血腥。瑞典国王古斯塔夫二世·阿道夫对此无所畏惧，恰恰相反，他不但采用了尼德兰的战术，还进一步发展了这种战术。比如，荷兰人的阵型每行10人，瑞典国王把人数减少为6人。这样一来，每个士兵面对敌军火枪的概率几乎增加了一倍，装弹速度必须达到原来的几乎两倍。通过反复实践和操练可以做到这一点。

但如此单薄的战斗队形也意味着一种危险：如果1 500人的大方阵向前推进到射程之内，开始在近距离战斗中打破对方队形的话，尼德兰阵型就无法承受大方阵推进时的冲击力。因此，古斯塔夫二世·阿道夫不像蒂利那样只让一列队伍前进,而是让第二列站在第一列后面作为后备军。他把萨克森的军队部署在战场左翼,他自己的军队部署在右翼。两翼外围左右都部署了骑兵,这和蒂利一样。只不过古斯塔夫二世·阿道夫还给骑兵配备了火枪手作为支援,这在当时并不常见:作为骑士传人的骑兵始终感觉自己生来就高人一等,习惯自成一体,在战斗中不屑与低等的步兵为伍。

"就这样,我们两支军队(瑞典军队和萨克森军队)的步兵、骑兵和炮兵方阵在战场上向前推进,一直到上午九时。我们在皇家军队前面半里[1]处停了下来,敌军已经严阵以待。"雇佣兵队长门罗写道,"我们刚刚饱餐战饭,把我们的马车留下。全军把绿色的枝叶戴在头上作为标志。"当时的军队通常没有制服,穿制服的只是少数,因此如果没有标志的话,敌军和友军容易混淆。瑞典国王发表了简短的讲话,"然后鼓号齐鸣,旌旗招展,我们以战斗队形向前推进,直到进入敌军炮兵的火力范围之内"。门罗写道。蒂利的皇家军队有27门火炮,古斯塔夫二世·阿道夫军队的火炮数量是蒂利的两倍以上,中午时分开始射击。门罗描述道:"然后我们的火炮就开始轰鸣了,大炮小炮,对敌人以牙还牙。双方炮兵的炮火持续了大约两个半小时。在此期间,我们步兵和骑兵的队伍像城墙一样立着不动,虽然炮弹时不时在我们的阵型中撕开巨大的口子。"

不能把当时的炮弹想象成电影和图画里经常表现的那样,划出高高的抛物线落入敌方阵营中。实际上,当时的炮筒基本是水平放置的,以达到最大的杀伤力;瑞典历史学家彼得·恩隆德以"九磅

---

[1] 此处的"里"指的是中世纪包括德国在内的部分欧洲国家的地理测量单位,一里相当于7.4公里。

炮"（一种发射质量整整 4 千克、直径 10 厘米的铁质炮弹的火炮）为例，对此作了形象的说明：平飞大约 350 米后，"炮弹第一次击中地面，然后有规律地跳起来，再飞 350 到 360 米，最后无力地再次落到地面——10 颗炮弹中有 8 颗至少跳起来 3 次"。恩隆德在他的《大破坏》一书中这样写道："炮弹全程以一人高的高度飞行。因此在其整个飞行过程中都有杀伤力，如果它以直角射入一列人数很少的队伍，通常平均杀死 3 人、杀伤 4 到 5 人。但也出现过一颗炮弹一下子杀死 40 人的情况——人和动物通常在尖利而恐怖的撕裂声中被撕碎。曾经有人描述过这种战斗的情形，即呼啸而来的整颗炮弹击中站立在充满硝烟、密集交错的队伍中的战士是怎样一幅画面。人们会看见残破的武器、背包、服装，断裂的头颅、手、腿和难以辨认的躯体部分在被击中的队伍上空渐次飞起。"也就是说，当时的战场不像 20 世纪的战场那样遍地爆炸，"而是到处都是这种跳动的、把成排的人和植物齐刷刷截断的炮弹"。

但当时已经有了本身能爆炸的炮弹，尽管还只是少数。门罗的日记中做了记载。"今天有战友被从半里多远的地方发射来的轰鸣且喷火的大炮弹击中阵亡，这些大炮甚至射出会爆炸的炸弹，使城市、堡垒、房屋和桥梁全都燃烧起来。"这位军官这样写道。"这可怕的发明"，门罗说，"如果在步兵旅或骑兵旅中间引爆的话"，"一下子就能把很多人炸飞"。

难以想象的是，对于在布赖滕费尔德作战的士兵来说，在致命的弹雨中站立两个半小时要承受多大的心理负担——如果他们得以幸存的话。皇家-天主教联盟方面的损失可能明显大于瑞典-萨克森联军：一方面正如上文所述，古斯塔夫二世·阿道夫的军队拥有的火炮数量是对方的两倍多；另一方面，皇家-天主教联盟军队以 1 500 人的西班牙大方阵集结，很容易成为瑞典-萨克森联军实施毁灭性攻击的目标。古斯塔夫二世·阿道夫的军队则相反，阵型排列稀疏且宽松得多。最后，炮兵对阵导致死伤惨重，但双方战前的基本情况没有改变：尽管减员严重，但双方阵型保持不变。比如门罗写道，每当炮弹飞来的时候，"警觉的军官立即指挥士兵补上空缺，大家齐心协力把伤员抬到一边，由负责疗伤的军医（外科医生）治疗"。

"两点半，我们的炮兵暂时停火的时候，双方的骑兵部队都愤怒地发起了进攻。"门罗继续写道。更准确地说，皇家骑兵的左翼发起了7次进攻，但每次都被打退。

据彼得·哈根多夫记载，皇家军队的右翼（即步兵）随后向前推进，对阵瑞典-萨克森联军中的萨克森军队。他写道："我们站在右翼，和萨克森军队遭遇，我们很快就把他们打跑了。"

和战争打到目前为止这些年一样，天主教方面看起来再次取得了战役的胜利。萨克森军队全线溃败，萨克森士兵不仅逃离了战场，而且逃离了自己的军队和瑞典军队，处于安全距离。少数逃跑的士兵居然还有时间在这里逗留。"萨克森人，我们英勇的战友，"雇佣兵队长门罗语带讽刺地写道，"他们溜之大吉，因为他们以为败局已定。但是这些可怜的蠢货抢劫了我们的车队和行李。"就连萨克森选帝侯约翰·格奥尔格也颜面扫地：这位狂热的猎人和手下一口气跑到直线距离20公里外非常安全的地带才把马勒住。

"敌人在后面追赶萨克森人，欢呼胜利，仿佛他们已经赢得了这场战役。"门罗这样写道。从另一方的记录中我们也能获得类似的信息："我们认为我们赢了"，彼得·哈根多夫写道。

不过古斯塔夫二世·阿道夫还有后备力量可用，其中包括由门罗指挥的苏格兰人。这位瑞典国王派这支新的后备军对阵满怀必胜信心的皇家军队——几乎没有人知道战场上自己究竟要面对什么,因为战士们身处硝烟尘土之中,完全是两眼一抹黑壮着胆子在打仗。门罗这样记录:"战场上烟尘滚滚,因为搅起的尘埃太多了,我们很长时间都看不清周围。等到尘埃稍微落定时,我们看见后备军左侧有两支人数众多的骑兵战斗队伍,一开始我们以为他们是萨克森的军队,"这位苏格兰的雇佣兵队长写道,"但我们很快就发现那是敌军。"

久经沙场的苏格兰士兵迅速闪到左侧,用小口径火炮两次击中天主教联盟军队的西班牙大方阵。双方的火枪手相互发射排枪。然后,敌军离得越来越近,苏格兰长矛手用他们的长矛直接攻击皇家军队。"他们打乱了对方的一个战斗阵型,向他们冲杀过去,把他们打跑了。"门罗以胜利者的姿态写道。训练有素的后备军士兵以迅速回旋的策略扭转了战局。

在战场的另一侧,瑞典军队也取得了胜利。他们拉开战线向前推进——如此迅速,以至于撤退的皇家军队连他们的火炮都来不及带走。"我们接收了他们的火炮,占领了他们的阵地。"门罗写道。

暮色降临,瑞典军队最终占了上风:皇家军队没有了炮兵,不仅被瑞典的火炮,而且也被一度属于自己、现在落入敌军之手的火炮轰炸。蒂利的战斗阵型崩溃了。几乎所有的西班牙大方阵全都土崩瓦解,士兵四散奔逃——只有一小部分得以有序地撤离战场。皇家统帅蒂利本人胸部和颈部受伤,险些命丧乱军之中:一个瑞典骑兵追上这位72岁的将军并捉住了他——但骑兵最后时刻被一颗子弹击中头部,蒂利由此死里逃生。彼得·哈根多夫这样描绘败局:"我们的左翼被打得大败。我们也不得不撤退。所幸夜幕降临了,否则我们也得被打垮。就这样我们趁着夜色前往莱比锡。"从那儿继续行军,"马不停蹄,日夜兼程赶往阿舍尔斯莱本和哈尔伯施塔特",那里位于战场西北足有 100 公里处。

瑞典骑兵连夜追赶逃跑的皇家军队。瑞典步兵则留在原地，在已经阵亡和濒死的士兵之间自由活动。门罗这样描述："胜利属于我们。夜里我们在战场安营扎寨，活着的战士快乐地放松自己。但夜里站岗的时候没有喝酒，这是为了死去的战友和朋友。"雇佣兵队长这样写道，"我们把敌军的弹药车和遗弃的火枪堆在一起，点燃了篝火，因为没有那么多人，用不上这么多火枪。"

第二天早上，天主教军队的整个败局一目了然：七八千名皇家士兵阵亡——占蒂利军队人数的 1/5 以上，他们大多在炮火中丧生。6 000 名皇家士兵被瑞典军队俘虏并加入了他们的队伍。这样一来，古斯塔夫二世·阿道夫损失的整整 2 000 名士兵得到了充分补员。另外 3 000 名逃往莱比锡并留在那里的皇家士兵很快就投降了。此外，还有不计其数的雇佣兵在逃亡过程中做了逃兵，或被当地居民击杀：萨克森的农民成群结队地追击溃败的皇家士兵，将其杀死，以报复他们的劫掠和侵扰给自己带来的痛苦。蒂利损失了自己军队的大约 2/3 和全部炮兵。几天之后，还有 1.3 万名幸存者聚集在 100 公里之外的哈尔伯施塔特，其中包括彼得·哈根多夫。蒂利带着这些残兵败将匆匆忙忙穿过哈尔伯施塔特，所到之处包括威悉河畔，蒂利在那里从皇家要塞里撤出了士兵和火炮。这样，战败之后仅一个月，他就又有了一支差强人意的 2.5 万人的队伍。

虽然蒂利迅速重建了军队，但无法改变天主教联盟军队在这场已经持续了十三年之久的战争中首次大败的事实。哈根多夫一如既往言简意赅地评论了这次在布赖滕费尔德的惨败："我们在阿尔特马克吞下的地盘，到了莱比锡不得不又都吐了出来。"

从此以后，一切都变了：德国不同教派之间的力量对比一下子逆转，世界被彻底颠覆了。到目前为止，那个时代战功最为卓著的统帅蒂利成了史上最大输家，正如弗里德里希·席勒这位"诗人中的诸侯"在有关三十年战争的专著里以其独特方式所描述的那样："但对他而言，比死亡的危险和受伤更可怕的是声名扫地、一日之内尽丧一生之功所带来的痛苦。他辉煌一时的戎马生涯现在全都一文不值，因为他和唯一本该为之前的胜绩锦上添花的那场战争的胜利失之交臂。他的赫赫战功烟消云散，留下的只有伴随着这些赫赫战功的人们的诅咒。从这一天起，蒂利终日愁眉不展，幸运之神再也不曾降临。"

新教一派的气氛则恰恰相反。屡战屡败、饱受压制十余年后，他们终于在布赖滕费尔德取得的胜利看起来像是一场"解放战争"，其伟大程度任人们如何想象也不为过。皇帝为了让新教把大量地产归还天主教会而颁布的令人恐怖的《归还教产敕令》成了一纸空文。马格德堡惨遭摧毁——也称"马格德堡婚礼"——得到了新教军队辉煌战绩的报应：古斯塔夫二世·阿道夫这头"午夜雄狮"战胜了羞辱"马格德堡处女"的蒂利。当时铺天盖地的新教方面印发的传单上就是这么写的。

这种宣传的影响长达数百年。时至今日，评论家还喜欢把古斯塔夫二世·阿道夫的胜利解读为进步的胜利：新颖的战术战胜了过时的战术，高瞻远瞩的国王战胜了白发苍苍的统帅，朝气蓬勃的新教战胜了暮气沉沉的天主教。这一切都符合备受欢迎的想法，即人类在历史进程中朝着某个特定的方向发展，偶尔遭受挫折，但进步的力量终将获胜。可是古斯塔夫二世·阿道夫在前线部署更多火炮和士兵的战术真的就像人们惯于赞誉的那样是一种进步吗？还是只不过意味着战争变得更加血腥？此外，至今为止人们还不清楚古斯塔夫二世·阿道夫取胜是否确实因为战术胜出一筹，还是仅仅由于他运气好，以及种种无法预见的小事起了决定性作用。最后，这场战役的结局一度悬而未决。倘若在关键的混战之时战局倒向了另一边，那么古斯塔夫二世·阿道夫就会像此前的丹麦国王克里斯蒂安那样作为失败者，而非光芒四射的新教英雄和天才的战略家被载入史册。

布赖滕费尔德大捷之后，瑞典国王一时间竟不知所措：取得压倒性胜利之后该怎么办？瑞典的战争目的已经达到：波罗的海沿岸牢牢掌握在了瑞典手中，德国新教得到了有效捍卫，溃不成军的皇家军队不再对北欧构成威胁。古斯塔夫二世·阿道夫最初或许也没想得到更多：他的军队连一张突然出现在眼前的德国南部的地图都没有。

瑞典历史学家彼得·恩隆德认为"这场冲突本可以就此结束。被打败的德国皇帝和实现了自己宣称要实现的一切目标、心满意足的瑞典国王之间本可以相互妥协、缔结和约"。"瑞典士兵本可以重返家园，解甲归田、终老一生，向他们的子孙后代讲述这段他们亲身经历的惊心动魄的战争故事。"

但古斯塔夫二世·阿道夫太喜欢驰骋疆场，不满足于在布赖滕费尔德取得的胜利。他的胃口显然越来越大。"瑞典国王不是仔细回味和享受胜利的果实，而是决定继续挥师前进以扩大战果。"恩隆德悲叹，"水罐再次被带到了水边，行将破碎。士兵将再也无法重返家园，他们将披头散发，深陷泥泞，暴尸疆场，死不瞑目。他们再也不会有子孙后代，惊心动魄的战争故事将成为恐怖故事。因为古斯塔夫二世·阿道夫现在做出了一个将给德国人和瑞典人都带来可怕后果的决定。"

瑞典国王命令他的军队南下。

* * *

南部将近400公里之外，毛鲁斯·弗里森艾格正愈发密切地关注有关战局进展的最新消息。到目前为止,他的日记只记录了他所在地区的事件;从现在开始,我们的这位僧侣也开始关注尚且遥远的战事了:"9月,瑞典国王在萨克森把皇家和巴伐利亚军队打得落花流水,"弗里森艾格1631年这样描述布赖滕费尔德战役,"同时也把周边地区(这些地区的异教徒没有请他来,但是心甘情愿地对他敞开了城门)据为己有之后,他真的威胁要进攻巴伐利亚,而且确实挥师南下了。巴伐利亚陷入了巨大的恐慌之中。"事实很快就将证明这种恐慌绝非杞人忧天。

1631—1632年
焦 土

1632年5月,该来的终于来了:瑞典军队逼近巴伐利亚安代克斯修道院,这座修道院也被称作"圣山修道院",因为它建在一座可以极目远眺的小山上。"站在圣山上,目之所及火光冲天、烟雾弥漫。"毛鲁斯·弗里森艾格在他的日记里这样写道,"(5月)18日清早,圣山修道院大门前来了16个骑兵,因为没有马上让他们进来,他们就胡劈乱砍破门而入。"敌人在1631年9月布赖滕费尔德战役结束之后一路行军、几经周折,现在终于站在了"圣墙"之内。

古斯塔夫二世·阿道夫先是从莱比锡附近的战场向西南行军,除了在少数例外情况下遭遇不值一提的抵抗外,这支大约2.3万人的瑞典军队一路攻城略地,所向披靡。1631年10月初,也就是布赖滕费尔德战役结束仅仅15天之后,他们就占领了100公里之外的爱尔福特。1631年10月14日，瑞典军队兵临维尔茨堡——一座信仰天主教的中心城市。那里的主教同时也是世俗的邦君，因此可以自称弗兰肯"诸侯主教"和弗兰肯大公。这座城市严阵以待，但诸侯主教却逃到了美因茨。因此，第二天维尔茨堡也投降了。只有附近的马林贝格要塞作了抵抗。一场血战之后，马林贝格被瑞典军队攻下。

瑞典人的进驻终结了弗兰肯历史上黑暗的一章：维尔茨堡教区对"女巫"的迫害活动从此结束。这种迫害始于1590年前后，1617年前后达到第一个令人瞠目结舌的巅峰。维尔茨堡教区内的小城盖罗尔茨霍芬1615至1619年间共有261人被处死——罪魁祸首甚至在那里专门造了一座焚烧炉，把被判处死刑的"女巫"塞入其中。如果不用焚烧炉而以普通的柴火堆焚烧的话，耗费的木柴太多。

第二次大规模迫害出现在1626至1630年期间。这次迫害潮也波及其他地区，尤其是科隆、班贝格、美因茨和艾希施泰特等诸侯主教区，其疯狂程度空前绝后。数以千计的人成为这个欧洲迫害"女巫"最严重时期的牺牲品，其中仅维尔茨堡教区就有大约900人死于非命。

这些年间在维尔茨堡被处死的157个"女巫"的名单保存至今：5人被活活烧死，其余被用剑斩首后焚烧。这份死亡名单更令人震惊之处在于其中有很多儿童，比如"一个9岁或10岁的小女仆，一个岁数更小的她的小妹妹"，"诸侯的厨师的两个小儿子，一个14岁，另一个10岁"，"一个10岁的小男孩，还有一个12岁的小男孩"。这份名单还列出了被处死者所处的不同阶层，从"一个来自包纳赫的市议员、维尔茨堡首富"到"一个第五学校的学生，会很多门语言，是个优秀的音乐人才"，再到"维尔茨堡最美丽的处女戈蓓尔·巴柏霖"。

为了大规模逼迫受审者认罪，诸侯主教的爪牙动用了闻所未闻的残酷刑罚，甚至置限制刑讯逼供、要求更高一级审判机关对判决进行确认的帝国刑事诉讼程序于不顾。神圣罗马帝国枢密法院，即帝国的最高审判机构得知这种滥用刑罚的情况后，于1629年下令停止"女巫"审判。瑞典军队的入驻彻底终结了对"女巫"的迫害。古斯塔夫二世·阿道夫和他的军队所到之处，不论是在维尔茨堡还是其他迫害"女巫"最严重的地区，都把柴火堆尽数销毁。那些地方的人像是从恐怖的高烧谵妄中清醒过来——即便瑞典军队撤离之后，也没有再出现过类似1626至1630年间那种滥用刑罚迫害"女巫"的情况。

1631年11月19日，古斯塔夫二世·阿道夫带着1.3万人出发了，他留下7 000人驻守维尔茨堡。瑞典军队沿着美因河顺流而下，"从维尔茨堡到法兰克福，一路上更像是乘兴郊游，而不像行军打仗"，古斯塔夫二世·阿道夫的传记作者菲利克斯·博尔纳这样评论。所到之处，要塞和城市立马投降，守军成群结队地投奔瑞典军队的阵营。11月27日，古斯塔夫二世·阿道夫不费一兵一卒就占领了美因河畔法兰克福，按照传统，德意志皇帝在这座城市选出并在此加冕。

雇佣兵队长门罗也跟着一路狂欢："这次行军虽然是在冬季，但对我们来说并不比去异国他乡了解域外风情更辛苦"——也就是说，他们并不比今天人们所说的游客更辛苦。"因为其他旅行者必须雇向导，有时候出于安全考虑还得有人护送，而我们则有古斯塔夫这位受上帝眷顾的国王和一支护送我们的强大军队；夜间还有同胞和陌生人自愿陪伴我们，令人好不惬意，有了他们，我们在景色优美、草木繁茂的美因河谷间的行军一路舒畅。"

这些士兵甚至不用自己扛着沉重的武器行军——这活儿由船只代劳。"炮兵使用的大量枪炮、爆炸装置、弹药和其他装备都装在船上通过水路运输。"门罗写道。当时，船只不仅是毫无疑问运输量最大的交通工具，而且由于路况恶劣，船只也是最快速地运输大量物资和食品的交通工具。因此，河流在许多战争计划中构成运送物资的动脉。古斯塔夫二世·阿道夫等将领喜欢沿着水道行军，这绝非偶然。

但瑞典士兵在另外一条沿着美因河顺流而下的行军路线（即陆路）上遇到了零星反抗。不过他们全都迅速战胜了敌军，抵达美因河与莱茵河的交汇处，渡过了宽阔的莱茵河，安营扎寨三天之后于1631年12月21日进入选帝侯的首府美因茨。德国天主教的另外一个中心就此落入古斯塔夫二世·阿道夫之手，他的士兵可以在那里安然过冬。冬季休战当时很常见，目的是避免因为寒冷和疾病导致大量减员。"我们在刺骨的寒冷中和皇室官员一起待到1632年3月15日。"门罗写道。

彼得·哈根多夫此时正随着皇家-天主教联盟军队向南行进，1631年抵达弗兰肯的维茨堡（不是维尔茨堡）要塞前。这个要塞至今仍保存完好。这座1610年才建成的文艺复兴时代的建筑符合当时最先进的建造要塞的技术水平，是一座五角形、带有突出堡垒的建筑，因此要塞里的火炮可以打到城墙前的每一个角落。但是，所有这一切精湛的技术对于拥有这些技术的新教徒来说都没有多大用处，因为那里的卫戍部队"10天之后就投降了"，哈根多夫这样写道。此后，雇佣兵哈根多夫在多瑙河附近的里登堡过冬："我们在这儿的营地又很不错。"还有一件事令哈根多夫感觉这个寒冷的季节过得颇为开心：他从二级下士晋升为最低等级的士官。"我在里登堡晋升为军士，1632年。"他的军饷因此几乎翻了一倍，从每月约7古尔登增加到12古尔登，或者说从每月约4塔勒增加到了8塔勒（1塔勒相当于1.5古尔登）。

冬季过后，蒂利展开了和敌军的新一轮对攻。这位老将从布赖滕费尔德的失败中缓了过来，1632年3月带着两万人马进攻班贝格。这座弗兰肯地区的城市一个月前刚刚被8 000名瑞典士兵占领——班贝格的猎巫活动也就此结束了,在过去20年间,约有1000人经"女巫审判"后被处死,这个数字几乎占当地居民总数的1/10。受害者中有5位市长、市议会的几乎全体成员,还有许多富商和全部助产士。被处死的人里最小的年仅7岁,最年长的95岁——班贝格及附近地区人人自危,谁也不敢保证自己不被投入柴火堆中,连神父也不例外。班贝格因此和科隆、美因茨、维尔茨堡一样成为德国猎巫活动最严重的地区,它和其他深受猎巫之害的城市都处于天主教诸侯主教(既是宗教领袖,同时也是世俗领袖)统治之下。与维尔茨堡和美因茨一样,随着诸侯主教被瑞典军队赶跑,狂热的猎巫活动最终也在班贝格销声匿迹了。尽管偶尔还有个别女巫被审判,但这些审判最后都不了了之——班贝格再没有人被处以火刑。

蒂利开始发动进攻之后,瑞典占领军很快就不得不在遭受惨重损失后从班贝格撤退。但这位老将只是看似在这一年还刚刚开始的时候取得了初步的军事成果,事实上他开始"做一件如假包换的蠢事",历史学家乔治·施密特这样评论。因为古斯塔夫二世·阿道夫在美因茨迅速对蒂利的挑战作出反应:这位瑞典国王在莱茵河畔留下一万兵力,然后带着其他所有将士向班贝格,同时也向巴伐利亚,也就是实际上蒂利无论如何应该抵挡住瑞典入侵的地区进军,因为他是为巴伐利亚选帝侯马克西米利安效力的。

1632年3月31日,古斯塔夫二世·阿道夫进驻距离班贝格整整50公里的纽伦堡。这座德意志帝国的自由市奉行新教,纽伦堡民众就像迎接救星一样迎接瑞典国王进城:他进城时钟声大作,礼炮齐鸣,民众蜂拥而至,欢天喜地地簇拥着坐在高头大马上的国王,母亲们把自己的孩子高高举起。

瑞典军队胜利进驻纽伦堡的消息迅速传开,在上巴伐利亚安代克斯修道院的毛鲁斯·弗里森艾格对此也做了记录：他在自己的日记里颇为不悦地写道，"出乎意料的是，敌人没有遇到任何抵抗，他们甚至在期待和欢呼声中占领了纽伦堡。"此外，我们的修士还提到了瑞典国王的下一步行动："4月5日，他向多瑙沃特出发以入侵巴伐利亚。"

多瑙沃特位于纽伦堡以南85公里，毗邻当时的巴伐利亚。2 000名士兵和500名农民组成的民团意志决绝地保卫这座多瑙河畔的城市。但瑞典人第二天就攻下了纽伦堡，他们一如既往地对守城者大开杀戒。"绝大多数敌人被暴打得哭爹喊娘。"雇佣兵队长罗伯特·门罗这样写道。他还不加评论地补充："纽伦堡市被摧毁并洗劫一空。"

一种不祥的预感涌上了巴伐利亚居民的心头。"随后的几天和几周时间都在抱怨、恐惧和痛苦中度过：全都忙着藏东西、收拾家当打包逃跑。"毛鲁斯·弗里森艾格这样描述圣山安代克斯修道院和邻近的埃尔林村的气氛，"修道院里就还剩两个人，埃尔林村的村民大多在树林里过夜。"但人们并非一味陷于恐惧。多个村庄联合起来自卫："魏尔海姆、圣山和塞费尔德等地共同行动，出动700人占领了（施泰根村）附近的桥梁，一是为了侦察敌人的行军情况，二是为了阻止打家劫舍之徒。"

古斯塔夫二世·阿道夫此时正渡过多瑙河南进，并指挥其他特遣部队增援，这样他的兵力就增加到了3.7万人。他带领这支人马驻扎在莱希河（发源于阿尔卑斯山，向北流淌，在多瑙沃特附近汇入多瑙河）西岸。莱希河当时是巴伐利亚西部的界河，也就是古斯塔夫二世·阿道夫进入天主教核心地区必须逾越的最后一道障碍。这在春季是困难的冒险之举：雪水融化之后，莱希河波涛汹涌，水深不下 4 米。

巴伐利亚选帝侯马克西米利安和他的将军蒂利竭尽全力阻止瑞典入侵。他们下令拆毁莱希河上的桥梁、撤离所有船只，并监视所有可能的渡河通道，尤其是多瑙沃特的小村庄莱恩。那儿的河里有一座很大的岛，这是军队容易占领的唯一渡河通道。配备 20 门火炮的 2.1 万名巴伐利亚士兵在莱希河东岸一个树木繁茂、高出河岸的小坡上挖了壕沟，彼得·哈根多夫也在其中。"往莱希河畔的莱恩去，"他写道，"我们在那里停了下来。很多农民向我们涌来。"

古斯塔夫二世·阿道夫没有被敌方人数众多的防御力量吓住。他亲自视察了可能交战的地方，甚至还和莱希河对岸一个哨所里的哨兵聊了几句——这是他一贯的作风。瑞典军队的日志显示，国王和巴伐利亚士兵之间的对话是这样的：

古斯塔夫二世·阿道夫："早上好先生！老蒂利在哪儿呢？"

哨兵："蒂利在莱恩的营地里呢。兄弟，国王在哪儿呢？"

古斯塔夫二世·阿道夫："他也在营地里。"

哨兵："国王也住营地吗？"

古斯塔夫二世·阿道夫："可不是嘛，到我们这儿来吧，会优待你们的。"

这里所说的"营地"既有住处也有宽宥的意思，一语双关的文字游戏之后，这位瑞典统治者骑马离开了，对面的哨兵没有认出他来。

这位好战的国王显然已经看够了，可以执行他的作战计划了。古斯塔夫二世·阿道夫把他的 72 门火炮部署在莱希河西岸，直接对着巴伐利亚的阵地，1632 年 4 月 14 日，他下令朝河对岸猛烈开炮。此外，他还命人点燃大堆湿稻草，升起的滚滚浓烟就像一道幕布挡住了所有人的视线。在这"乌烟瘴气"中，瑞典军队开始用能够漂浮的部件搭建一座浮桥，军队踏上这座浮桥向前推进。

蒂利亲自指挥对敌作战，但瑞典军队的一颗子弹打烂了他的右侧大腿。"腿骨被这可怕的一枪打碎了，而且因为骨头顶端挂在受伤的肌肉里，所以导致剧痛。"生活在那个时代的作家雅各布·巴尔德记录道。我们的目击证人彼得·哈根多夫这样总结这一事件："全都白干了。国王向我们猛烈进攻、炮击导致大批将士阵亡，蒂利将军也被子弹击中，其他人全都跑了。"

当时在场的巴伐利亚选帝侯马克西米利安接过指挥权，下令沿着多瑙河向东撤退。"所以我们不得不趁着夜晚出发，撤到了新堡，到了英戈尔施塔特。"哈根多夫记录道。马克西米利安让人用轿子抬着身负重伤的蒂利，并让自己的私人医生给他治疗。但巨大的伤口发炎了，所有记录都显示，这位73岁的老将忍受着莫名的疼痛。尽管如此，他还是以令人惊叹的巨大毅力继续履行自己的职责：蒂利口授信件，每天和军队将领谈话，向选帝侯马克西米利安提出战略性建议。

战局越来越令人绝望，因此蒂利的所作所为显得更重要。就像哈根多夫在他的日记里提到的那样，瑞典人紧跟着巴伐利亚军队的脚步："第二天瑞典军队就又追上我们了。我们穿过英戈尔施塔特，又来到河对岸，因为多瑙河从英戈尔施塔特附近流过。"巴伐利亚军队在多瑙河北岸的当地要塞里构筑防御工事，瑞典军队1632年4月28日沿着多瑙河南岸前进。

双方的炮弹很快就在多瑙河上飞射。"英戈尔施塔特人狠狠地玩弄王家（瑞典）的军队。"目击者哈根多夫写道。他很喜欢用"玩弄"这个词委婉地表达"炮击"。尽管如此，古斯塔夫二世·阿道夫仍然拒不投降，4月30日，他再次骑马亲临前线，他的坐骑是一匹白马，实在是太显眼了。英戈尔施塔特人反应迅速，一名炮兵瞄准了他，"射死了国王身下的马匹"，哈根多夫这样写道。白马中弹瘫倒，把古斯塔夫二世·阿道夫压在身下。但阿道夫只受了些皮外伤。"苹果尚未成熟。"据说国王从马肚子下站起来的时候说了这么一句话。其他人就没有这么幸运了。瑞典雇佣兵队长罗伯特·门罗记录道："战斗一开始，来自巴登的年轻的边疆伯爵的脑袋就被子弹打开了花。"

双方继续交火，而蒂利当天在巨大的伤痛中死去。天主教方面就此失去了华伦斯坦之外最精干的统帅。甚至蒂利的敌人也向这位异乎寻常地忠于职守的战将表达了自己的敬意。比如雇佣兵队长门罗就写道："对我们来说，蒂利是个典型的久经沙场的老将，为了保卫自己的宗教、国家和主子，他以72岁（实际应为73岁）高龄义无反顾地出任天主教联军的统帅，慷慨赴死。"这个在瑞典军中服役的苏格兰人认为，蒂利的结局和榜样作用对于所有真正的骑兵"都应当是一种激励，鞭策他们以蒂利为榜样，生当作人杰，死亦为鬼雄"。这段话再次证明，当时的军人虽然肆无忌惮地相互厮杀，但作为军人阶层的成员，他们同时又都相互认可——较之现代战争中的士兵，他们更经常超越阵营、相互尊重。

古斯塔夫二世·阿道夫又花了几天时间，想要攻下英戈尔施塔特，但徒劳无功，他的部下估计阵亡了2 000人。5月4日，这位瑞典国王率军撤退；留下的除了阵亡将士，还有古斯塔夫二世·阿道夫那匹战死的白马。英戈尔施塔特人得知这一消息后，兴高采烈地把那匹死马运到城里，剥下马皮套在一个木架上。今天我们还能参观到这一战利品，这匹被制作成标本的"瑞典白马"是英戈尔施塔特市立博物馆的镇馆之宝之一，被认为是欧洲的第一具动物标本。

巴伐利亚统治者马克西米利安带着他的大部人马沿多瑙河继续向东撤退，在雷根斯堡构筑工事。雷根斯堡是位于当时巴伐利亚北部边界的一座独立的帝国城市。哈根多夫也在撤退的队伍中，他在那里待到第二年："我们的军团转移到了雷根斯堡城内。我的营地在雷根斯堡集市塔楼附近，跟约翰内斯·斯托伯和克拉默一起，营地不错。"

古斯塔夫二世·阿道夫此时正从英戈尔施塔特继续向南撤退，深入敌军腹地，哈根多夫对此作了简要解释："瑞典军队向巴伐利亚行进，朝慕尼黑出发，所到之处营地都很好。"

在此之前，巴伐利亚一直都是繁华之地，从未经受战乱之苦：127年来，人们在那里安居乐业，不曾经历任何敌人和战事的蹂躏。现在，这段对于德国人而言极其漫长的和平时期在死亡与战火中结束了。1632年，古斯塔夫二世·阿道夫不是作为像他在德国北部时那样自命的"解放者"，而是作为征服者来到巴伐利亚，因为德国南部没有人需要被解放：61年前，所有新教徒不得不离开巴伐利亚，从此以后，巴伐利亚民众逐渐全都成了天主教徒。他们原则上都不同意新教军队入侵德国，古斯塔夫二世·阿道夫现在选择了一种新的方式使战争再次充满血雨腥风，这就是使用骇人听闻的"焦土战术"。

军队如蝗虫过境一般使整片土地寸草不生，从而摧毁百姓的生存基础，这不是什么新鲜事。新鲜的是，古斯塔夫二世·阿道夫不仅接受军队所到之处百姓家园破碎这一事实，而且致力于摧毁百姓的家园。这位瑞典国王毫不掩饰地宣布，他要让所到之处"彻底成为废墟"。他的想法是，如果他把巴伐利亚摧毁得足够彻底，那么他的敌人也就得不到好处了。

就这样，瑞典士兵肆无忌惮地放手破坏巴伐利亚，烧杀劫掠、无恶不作。只有城市能够花钱消灾，躲过劫难。瑞典军队所经乡村的每一个角落都陷入火海。大片地区遭到摧毁后被焚为焦土。

巴伐利亚选帝侯马克西米利安感觉自己无法阻挡瑞典军队。他在雷根斯堡得知自己的民众正在忍受瑞典军队的野蛮行径后大为震惊。绝望中，这位巴伐利亚统治者要求他的部下对捉到的每一个瑞典士兵格杀勿论。

许多巴伐利亚农民视死如归，反抗侵略者。他们的反抗汇成了一场遍及莱茵河与博登湖的大范围游击战。但是这种反抗只能使暴力进一步升级，双方的对抗日益血腥。"进军途中，农民残忍地对待我们那些脱离大部队进行劫掠的士兵，割下他们的鼻子和耳朵，砍下他们的手脚，刺瞎他们的眼睛，还有其他非人的行径。"瑞典雇佣兵队长罗伯特·门罗这样记录道，"士兵们马上以牙还牙。他们一路上烧毁了许多村庄，遇到农民一律杀死。"

瑞典军队一路向南，距离位于慕尼黑东南的安代克斯修道院越来越近，修士弗里森艾格正在那里忧心忡忡地观察着周边的战局。他记录下了敌人如何自北向南"占领兰茨胡特、莫斯堡、弗赖辛等地，所到之处横征暴敛、烧杀劫掠，一片狼藉。这些暴行千真万确、不容置疑，因为每天晚上都能看见大老远有四五处甚至更多地方火光冲天"。

5月中旬，古斯塔夫二世·阿道夫逼近巴伐利亚首府慕尼黑，这座城市既没有坚固的城防，也没有足够的守备军——巴伐利亚公爵马克西米利安和他的军队继续据守雷根斯堡，闭门不出。考虑到自身孤立无援，慕尼黑向瑞典国王派出了使者，使者求得了一份投降协议：慕尼黑放弃抵抗，承诺支付数目堪称惊人的30万塔勒，这大约是一个普通士兵每月军饷的7.5万倍。条件是瑞典国王保证不劫掠和摧毁慕尼黑市。

1632年5月17日，古斯塔夫二世·阿道夫胜利进入慕尼黑。他信守承诺，令慕尼黑市民大吃一惊：他的军队只是洗劫了选帝侯官邸和军火库。城里的市民毫发无损，这主要是因为国王约法三章，严惩作奸犯科者：他的三个士兵在抢劫时被抓了现行，吊死在集市广场上。

　　慕尼黑人也可以继续做他们惯常的礼拜。古斯塔夫二世·阿道夫甚至亲自参加了一场天主教弥撒。这位忠实的新教徒聆听耶稣会教士主持仪式，不时用拉丁语提出颇有深度的问题。"每个人都不得不惊叹他的冷静与自律。因为在他的统治下，一切生命、财产和尊严比在选帝侯禁卫军的统治下更有保障。"甚至安代克斯的修士弗里森艾格也对阿道夫赞不绝口。

　　紧接着他记录了与此形成鲜明对比的血腥场面："可是农村就不一样了，据说瑞典国王放任他的士兵在那里劫掠。那里没有任何财产、没有任何尊严可以幸免于难，连生命也得不到保障。从圣山望去，到处火光冲天、浓烟滚滚。"

　　瑞典军队最终抵达圣山的安代克斯修道院。正如上文所述，1632年5月18日早上，16名士兵劈开了修道院的大门。"（当时还在修道院里的）两位先生（管理员和神父）和还在现场的仆役拼了老命才穿过花园逃走。"弗里森艾格这样描述最后留守在修道院里的人逃跑时扣人心弦的场面。这些人继续逃往附近的阿默湖，遇到了许多从周边逃出来的难民，和他们一起来到阿默湖较远的一侧。"有人带着块面包，有人扛着张床，大多数人除了带着哭泣的孩子之外一无所有。"这就是我们的修士笔下的难民队伍。

　　安代克斯此时正被洗劫一空。"前面提到的第一批敌军骑兵待了不超过两个小时，抢了26匹马和他们在修道院找到的更好的东西。"弗里森艾格写道,"9 时,又来了好几个人,又抢了一次。他们被来自魏尔海姆的骑兵赶跑了,其中两人被杀。"小城魏尔海姆位于安代克斯以南 15 公里,那里的居民显然展开了小型游击战,以对付敌军的散兵游勇——但这绝非无私之举。"魏尔海姆人以胜利者的姿态进入修道院,也参与抢劫,痛饮了葡萄酒和啤酒之后回家。修道院和村子任由他们摆布。"弗里森艾格骂道。有机会谁还不偷鸡摸狗呢:大获全胜的魏尔海姆人不是奋起守卫安代克斯,而是把他们的这个邻村抢了个干净。

被敌军占领的慕尼黑的居民与其饱受侵扰的周边地区也没有任何同仇敌忾的举动:恰恰相反,他们在城里的市场上购买瑞典士兵此前抢劫来的东西——经常是用白菜价。对于买卖双方而言,这都是一场蛇鼠一窝、有利可图的买卖,而慕尼黑周边的村庄此时正陷入火海。

这种勾结盈利的行径只持续了很短时间。古斯塔夫二世·阿道夫 10 天之后就离开了慕尼黑,撤军时他明确告诉慕尼黑市民,他不是作为他们的朋友,而是作为征服者离开的:他带走了 42 个慕尼黑市民作为人质,因为尽管这座城市绝望地倾尽全力——哪怕赤贫之人都不得不掏钱——也只能支付瑞典提出的 30 万塔勒赎金中的 1/3。这些"瑞典人质"作为"典当品"来到瑞典占领的奥格斯堡,在饥寒交迫中被囚禁了 3 年之后才最终得以返回家乡。3 人在此期间死亡。

古斯塔夫二世·阿道夫先是从慕尼黑往西,向位于巴伐利亚和巴登-符腾堡边界的梅明根出发。这里是这位瑞典国王抵达的最南端。因为 1632 年 6 月古斯塔夫二世·阿道夫得知了令他不安的消息,于是带着 1.8 万人马立即匆忙向北出发:一位老面孔的新朋友在布拉格再次起义。战局开始再次反转。

* * *

瑞典人撤退之后,毛鲁斯·弗里森艾格和其他住在修道院的人——整整30名僧侣,加上助手和仆役——回到了安代克斯。此时离他们出逃已经三个多星期,回来的时候满目疮痍。"修道院里臭气熏天,到处是马粪,祭坛上残留着饲料,功德箱全都破碎不堪,教堂资助者的墓穴敞开着。不过祭坛和上面的圣像全都完好无损,只有圣拉索[1]的画像支离破碎、被抹上了粪便,在修道院外面被人发现。"我们的修士这样记录,"此外,教堂里受到严重破坏,场景令人触目惊心。没有哪一扇门、哪一把锁、哪一个箱子、哪一个柜子、哪一扇窗户不是破碎的。所有通道、所有房间、所有饭厅(食堂)、所有宿舍(就寝区),到处都是稻草,破碎的窗户、门和箱子,以及马匹和人留下的污秽之物,臭气熏天、令人作呕;5个人忙了整整10天,才把修道院稍稍清理干净。"

修道院的全部家当,从床铺到餐具要么被盗,要么被毁。"但人们真没法儿说外人(士兵)抢的多还是本地人监守自盗顺走的多。"弗里森艾格说得颇为谨慎。至少有些本地人后来"良心发现",修士写道,因为"有些东西被人自愿放回原处,还有些在法院下令挨家挨户搜查的时候物归原主"。

"比修道院更惨的是村里(埃尔林)",埃尔林村在修道院的管辖范围内,弗里森艾格在那里担任神父。他抱怨道:"村子里地势高的那家客栈、漂亮的法庭、新建的校舍等总共43座房屋(村子高处几

---

[1] Rasso,也写作 Ratho、Ratt、Rath 或 Gráfrath,中世纪早期由法兰克国王任命的巴伐利亚伯爵,管辖安珀、阿默湖和施塔恩贝格湖地区,修建了本笃会修道院和教堂,为教会做出了较大贡献,因此深受信徒爱戴。

乎所有区域）全都成了一片灰烬，因为 5 月 24 日敌人在这里纵火。谁也不许救火。任是怎样苦苦哀求，任是如何号啕大哭都无济于事。"

此外，瑞典士兵还大肆抢夺埃尔林村民赖以生存的东西："整个村子没留下一辆车、一副犁。140 匹马只剩下 3 匹，400 头牛仅余 4 头。羊、猪和所有禽类全都不见了。而此时正是农忙时节。周围其他村子里也是一样的凄凉景象，只不过大多数村子里还有空荡荡的房屋。谁又能帮得上忙呢！"

一切都被摧毁得荡然无存。一些士兵趁火打劫、胡作非为，所作所为令人发指，对手无寸铁的百姓更是肆无忌惮。"敌人所到之处对待老弱病残者的行径令人瞠目结舌。"弗里森艾格这样写道，"埃尔林村有 12 个人饱受他们虐待之后惨死，其中有 60 多岁、80 多岁和 90 多岁的人及身体虚弱者，其他几个非常单纯（智力低下）、善良。""奸淫羞辱之事"也时有发生，弗里森艾格写道，比如附近一个叫施特劳宾的小村子里"有个老人和他的妻子就遭受了非人的凌辱，然后被他们弄残，男人被刺瞎了双眼，之后两个人一起被投入火中"。

整个夏天再没有瑞典士兵在安代克斯出现，但那里的人们依然生活在恐惧之中。

1632 年
华伦斯坦对阵古斯塔夫二世·阿道夫

"因为最终当大多数国家成为废墟时，人们就必须追求和平了。"战争狂人阿尔伯特·冯·华伦斯坦于 1631 年 12 月写下了这句灰暗的预言。他受够了战争，他比某些虔诚的政治家和教会上层人士更热切地期盼和平到来。华伦斯坦和丹麦执行和平协议已经整整两年半了。距离皇帝斐迪南迫于选帝侯们的压力将华伦斯坦解职已经15个月了。被解职的华伦斯坦毫无怨言地交出了皇家军队的最高指挥权，卷起铺盖回到波希米亚，期待着在那里平静地统治，取得丰硕的成果。他想继续他的改革大业：华伦斯坦的举措主要是引入独立的司法体系、提供快速的邮政投递服务、统一度量衡、宗教上兼容并包、提高工资，并在每个城市和教区建立救济所和医院——其目标颇具现代意识，就是要把波希米亚建设成繁荣的，当然收入也很可观的模范国家。

但皇帝斐迪南这时回过神来，发现解除他功勋最为卓著的战争狂的兵权并大规模裁军是个可怕的错误。因为从此以后军事和政治格局彻底逆转了：把华伦斯坦解职时，斐迪南看起来还像个胜券在握的战争赢家——这位极其虔诚的天主教皇帝已经筹划着借助他臭名昭著的《归还教产敕令》回到实施了70年的宗教改革之前的状态。然而仅仅15个月后，他的对手古斯塔夫二世·阿道夫看起来已经把德国变成了一个新教国家：瑞典国王以令人窒息的速度征服了一个又一个德意志诸侯国，与他结盟的新教萨克森军队则进入了波希米亚首都布拉格。

皇帝斐迪南除了请求他那位被解职的统帅重新出山，别无选择。饱受痛风之苦的华伦斯坦先是不为所动，斐迪南于是正式恳请：1631年底，这位皇帝三次给抗命不遵的华伦斯坦去信，请他重出江湖，第三次皇帝甚至写了亲笔信。此外，斐迪南还派出特使，打听华伦斯坦需要什么条件才愿意听命于皇帝。这位不可一世的帝国元首在一位属下面前毕恭毕敬。

华伦斯坦最终答应了，但只同意掌兵一段时间：他可以执掌帅印三个月并建立军队。他的健康状况只允许他做到这一步——48岁的华伦斯坦身患痛风,导致手脚关节发炎,剧痛难忍,另外胸部也莫名疼痛。他能够答应再次加入这场不受欢迎的战争,或许是因为整体战局岌岌可危:古斯塔夫二世·阿道夫入侵之后,华伦斯坦已经失去了他位于波罗的海沿岸的梅克伦堡公国,现在新教军队节节胜利,势如破竹,威胁到了还属于他的位于波希米亚的弗里德兰公国和位于西里西亚的萨根公国。

1631年12月15日,皇帝斐迪南正式任命华伦斯坦为统帅。华伦斯坦很快就展示出了自己的才能:为他招募新兵者足迹遍及尼德兰、德国西南部、奥地利、克罗地亚和匈牙利。他们开出比普通新兵津贴高出大约4倍的价格吸引有志者入伍,同时赦免有意归队的逃兵。这样一来,华伦斯坦以惊人的速度从无到有重建了一支庞大的军队:数月之后他就指挥上了数万人的队伍——有人甚至估计他的军队人数多达10万。他的队伍"在人数和装备上毫无疑问是皇帝斐迪南拥有的最优秀的军队。这位神奇的统帅说到做到",戈洛·曼在他撰写的华伦斯坦传记里这样总结。

重建军队费时费力。无数细节需要规划,还要建立一系列机构:从负责会计业务的总结算部门到各个邮政局,再到战地医院和一家附属于军队的战地印刷厂。华伦斯坦在这3个月内签发和接收的文件数以千计。这一切努力都是为了在初见成效之前,像事先约定好的那样,3个月之后再次告老还乡吗? 1632年4月,几经谈判之后,华伦斯坦最终还是同意长期接手军队的指挥权。瑞典国王古斯塔夫二世·阿道夫又有了一个不可小觑的对手。

组建次月,华伦斯坦就率领这支队伍把萨克森军队赶出了布拉格和波希米亚其他地区。在那里,华伦斯坦获得了切断在德意志南部游荡的古斯塔夫二世·阿道夫的去路、阻止其与位于德意志北部的老巢相互呼应的机会。华伦斯坦忽然间胜券在握，瑞典国王不得不作出反应：古斯塔夫二世·阿道夫带领1.8万人向北突围，留下刚刚占领不久的巴伐利亚地区，匆匆忙忙先往纽伦堡进发。

华伦斯坦率军从布拉格出发，同样兵进纽伦堡。巴伐利亚选帝侯马克西米利安带着残兵败将与他们相向而行。行军几天之后，这两位众所周知在私人关系和政治立场上都势不两立的统帅在纽伦堡东部会师。他们会怎么见面？大庭广众之下，面对众多将士，华伦斯坦和马克西米利安迎面阔步上前，张开双臂，相互紧紧拥抱。不论有多少个人恩怨，这两位统帅还是成功地展示了什么叫"相逢一笑泯恩仇"。从现在开始，他们将同仇敌忾，对付瑞典国王，华伦斯坦更有效地掌握着最高指挥权，因为他带来的军队明显多于马克西米利安，战斗经验也更丰富。

彼得·哈根多夫没有参加这次征战。1632年后面的日子他都驻扎在雷根斯堡，从而躲过了本节提及的战役。这并不奇怪：大多数队伍不会边打边走，而是作为卫戍部队分散驻扎在各地，因为必须守住被占领的城市和要塞。1632年，古斯塔夫二世·阿道夫在德国的军队人数总计达14万，几乎比他带到纽伦堡时的军队人数多出8倍。其中只有一小部分来自他的瑞典王国和芬兰；他的卫戍部队和野战军士兵几乎90%是此间招募的新兵，主要来自德国，也有些来自苏格兰、英格兰、法国和波兰等国。

华伦斯坦和巴伐利亚选帝侯马克西米利安带着足足5万名士兵，也就是几乎3倍于古斯塔夫二世·阿道夫的兵力前往纽伦堡。尽管如此，华伦斯坦也没有直接发起进攻：当他1632年7月抵达纽伦堡时，给他留下深刻印象的不仅是坚实的城墙，还有庞大的防御系统。古斯塔夫二世·阿道夫的士兵和6 000名纽伦堡居民紧赶慢赶，在城市周围挖出了曲曲折折的壕沟，筑起了壁垒，设置了栅栏，建起了架设300门火炮的阵地。即便不谙战事的马克西米利安催他发起进攻，速战速决，华伦斯坦也不想让他的军队因为这些工事而遭受重创。

相反，华伦斯坦采用了一种久经考验的方法让壁垒森严的对手跪地求饶：围城饿死城里的军民。华伦斯坦派人尽可能把通往纽伦堡的大小街道全部阻断，在城西9公里处建起了一座巨大的兵营，兵营延伸过好几座村庄。他的军队以前所未有的速度在兵营四周建起了坚固的防御工事：3天之内建成了一座16公里长的防御壕沟和壁垒。他们挖出的泥土相当于2.1万辆现代载重汽车的装载量——这令人佩服，因为许多士兵和劳工没有铲子，不得不用诸如破碟子之类简陋的辅助工具，甚至徒手挖土。此外他们还砍伐了成片的树林，用1.3万棵树干设置了栅栏和坚固的齐胸高的防卫墙。装满沙石的桶和篮子更加固了这些工事，以防炮轰。

这样一来，古斯塔夫二世·阿道夫和华伦斯坦的军队使得纽伦堡周边和西部地区目之所及尽是迷宫一样的堡垒。不论从什么位置发起正面进攻都无异于自取灭亡，因此双方首先将注意力放在另外一件事上。"军队安营扎寨之后，"同样在纽伦堡为瑞典军队作战的苏格兰雇佣兵队长罗伯特·门罗写道，"双方都开始成群结队地到周边地区盗抢破坏。"

但周边地区很快就被洗劫一空，双方都面临补给困难的问题——尤其是被困在城里、不得不与纽伦堡居民分享食物的瑞典军队。估计共有7万到10万人挤在瑞典军队的防御工事里。

纽伦堡的粮食储备迅速减少：先是不得不宰杀家畜，然后马的草料也所剩无几，开始有平民饿毙，最后瑞典国王的士兵也开始饿毙。身体虚弱的人畜很容易患病，由于他们挤在狭小的空间里，疾病很容易发展为瘟疫，导致人畜大量死亡。先是马匹成排地倒下，然后越来越多市民死于疾病和饥饿——一位编年史作者估算当年共计死亡29 406人。"有一阵子不得不把死者像柴火一样堆起来，因为来不及挖'万人坑'。"历史学家赫尔姆特·马尔这样写道。

华伦斯坦军营里的供给情况稍微好些，但那里也出现了严重的问题——每支大军在一个地方长期驻扎后几乎都会出现这样的问题。最为匮乏的是干净的饮用水，整个军营里只有一处水源，供大约10万名士兵、家眷，以及至少1.5万匹战马饮用。这么多人畜自然也排泄出大量的粪便，每天多达数吨，无法按照符合公共卫生的标准处理。排泄物和其他垃圾招来苍蝇和老鼠，在军营中成群结队地蹿来飞去，营地上空弥散着令人作呕的恶臭。痢疾之类疾病迅速蔓延，便血伴随着痢疾出现，从而导致恶性循环，卫生条件越来越糟。

粮食供应也越发困难，要求始终保持强大的物资运送能力：为确保华伦斯坦军队的每个士兵获得每天定量的700克面包、500克肉和1升啤酒，每天得向军营运送35吨面粉、25吨肉和5万升啤酒。此外还有52吨马匹饲料。很大一部分给养来自巴伐利亚，首先运到位于纽伦堡东南34公里处弗赖施塔特的一个中央储存站。多达120辆、几乎绵延无尽的车队在大多未经修筑、自然形成的道路上艰难行进，把物资送往军营。

"为5万人运送这些补给，再加上给马匹准备的燕麦，这是一项极其辛劳而痛苦的工作。"对方阵营的雇佣兵队长罗伯特·门罗这样写道。古斯塔夫二世·阿道夫由此作出了决定。这位瑞典国王派出一支骑兵寻找敌方的中央储存站，洗劫一空后纵火焚烧。此举导致华伦斯坦军营里的供给也严重不足。

8月底，瑞典军队的援军赶到时，皇家-天主教联盟军队的情况继续恶化：3万名新兵从萨克森、黑森和图林根来到纽伦堡。这样一来，古斯塔夫二世·阿道夫的兵力增加了数倍，达到大约4.5万人，在数量上可以与皇家-天主教联盟军队抗衡了。补充的兵源同时也加剧了瑞典军营的供给困难。古斯塔夫二世·阿道夫认为，在纽伦堡按兵不动已经两个月，现在是时候采取行动了。

1632年9月3日早上，阿道夫下令对严防死守的华伦斯坦阵营发动大规模进攻：瑞典国王一次又一次命令他的士兵冲上高地，攻击敌军阵地，但是进攻一次又一次被击退，死伤惨重。"敌人躲在他们的壕沟里，而我们就像靶子一样站在他们面前，对方只要对着我们开火就行了。"瑞典军队中身处前线的罗伯特·门罗抱怨——他率领一支由500名火枪手组成的冲锋队亲自参与了这场战争，"只有一小部分人毫发无损地回来，因为我损失了几乎200人——这还不算受伤的军官和士兵。"这就是说，仅仅一下午时间，门罗的士兵中几乎40%阵亡。

9月3日的这场攻防战中，瑞典方面死亡的士兵总计至少1 000人，华伦斯坦方面阵亡约300人。此外双方受伤人数大约是阵亡人数的两倍。第二天早上，瑞典国王发现所有攻城的努力都以失败告终，于是下令把部队撤回出击时的阵地。这是古斯塔夫二世·阿道夫首次在德国的大战中失利——他不可战胜的神话就此破灭。"瑞典国王在这次行动（任务）中元气大伤。"华伦斯坦向身在维也纳的皇帝斐迪南汇报战况时愉悦地说。

瑞典军队再次躲在出击阵地里闭门不出，暂时风平浪静。华伦斯坦也继续在自己的营地坚守，因为拖延时间对他有利：他的军队粮草充足，瑞典方面的食物则日益短缺。两周之内，古斯塔夫二世·阿道夫的军队减员1/3，原因一是疾病死亡，二是逃兵太多。许多士兵出门找粮一去不返，或者直接投敌，有时甚至成建制地投身敌营。华伦斯坦自己就说，瑞典军队有一个骑兵连的士兵杀了自己的上尉投奔他，请求收留。"我送给每人10帝国塔勒，允许他们加入自己喜欢的军团。会有更多瑞典士兵效仿他们的做法。"华伦斯坦写道。他心情愉快，慷慨大度，但此类事件也表明瑞典阵营中士气迅速低落。失败的陈腐气息在习惯了胜利的瑞典国王周围弥散开来。

1632年9月18日，古斯塔夫二世·阿道夫灰溜溜地从这一地区撤退。"对于这位瑞典国王而言，纽伦堡夏季的结局比面对面真刀真枪战斗的失利更令人气恼。"历史学家戈洛·曼评论道，"瑞典国王一度所向披靡，现在溃不成军，他战无不胜的神话彻底破灭；漫无目的地被敌人牵着鼻子走；尸横遍野，焦土连片。"

华伦斯坦等了三天，1632年9月21日，他又率军撤离纽伦堡周边被彻底摧毁、已经寸草不生的地区。大量伤员和病号留在原地，是死是活听天由命——后来有人来到撤军后的营地，但见形容枯槁者在腐烂的尸体间四处爬行。

此后不久，华伦斯坦就和马克西米利安分道扬镳了：巴伐利亚选帝侯带着队伍回到自己的地盘，战争狂人华伦斯坦则继续向北行军，打算在盛行新教的萨克森过冬。这又让古斯塔夫二世·阿道夫颇为警惕，因为萨克森是他在德国最重要也最强大的盟友。这个新教选帝侯国无论如何不能落入皇家-天主教联盟军队之手。因此，瑞典国王再次向北急行军，紧随华伦斯坦的步伐。他留下一部分人马驻守施瓦本，其中包括本书屡次提及的罗伯特·门罗所在的苏格兰军团。

门罗在施瓦本地区待到次年年中，然后告别他自己的军团返回苏格兰。1637年，他出版了一本书，以日记形式记录他在德国参加的战争并附以评论。凭借此书，他一夜之间成为军事专家，声名鹊起。后来，门罗参加了英国内战[1]，1680年安然离世，得享高寿。

古斯塔夫二世·阿道夫留下苏格兰军团北上时，华伦斯坦早已走远。于是瑞典国王命令他的军队急行军：仅仅17天时间，瑞典军队就奔袭630公里，也就是平均每天行军37公里。他的人马疲惫不堪：掉队的士兵越来越多，约4 000匹战马倒毙。"有人说过，一次真正艰难的行军导致的人马损失不亚于一场大型战役，这个古老的真理再次得以证实。"瑞典历史学家彼得·恩隆德这样评论此次行军。到了爱尔福特附近的图林根，古斯塔夫二世·阿道夫迫不得已下令休整几日。一直到1632年11月7日，掉队的士兵和援军才赶到。

华伦斯坦的军队此时已经在莱比锡附近驻扎，这座属于萨克森的城市不战而降。11月7日那天，皇家-天主教联盟军队得到了大力增援：久经沙场、因为伤痕累累而被称作"伤痕汉斯"的老将戈特弗里德·海因里希·祖·帕彭海姆元帅带着他的数千人马驰援——1632年一整年，他率军在和驻守下萨克森的瑞典占领军展开的一场类似游击战的小型战役中取胜。现在华伦斯坦的兵力超过了古斯塔夫二世·阿道夫。

11月10日，瑞典国王又命人在位于莱比锡东南45公里处的瑙姆堡附近为他的军队建起一个固定营地。这一年的战事眼看就这样结束了。天气已经很冷，冬季军队休战，以免因为寒冷和疾病导致大量减员。

华伦斯坦又等了几天，等到瑞典军队不再前进时，他下令自己的队伍大面积安营扎寨，准备过冬。1632年11月15日上午，华伦斯坦的各个军团向不同方向出发。帕彭海姆带着大约7 000士兵来到33公里外的哈勒。

---

[1] 指1642至1651年发生的英国议会派与保王派之间的一系列武装冲突与政治斗争，也称"清教徒革命"。

同日，古斯塔夫二世·阿道夫也率军出发，一大早四点就动身了。瑞典国王还是决定不待在瑙姆堡的固定营地里，他先是命令自己的人马向莱比锡挺进12公里。

行军途中，瑞典军队偶然俘虏了几个皇家-天主教联盟军队的士兵。他们透露华伦斯坦正在分散部署军队。古斯塔夫二世·阿道夫得知这一消息后大吃一惊，当即决定抓住机会：他带着自己的人马急行军来到位于莱比锡东南的小城吕岑。华伦斯坦设在那里的大本营已经大面积暴露在瑞典军队眼皮底下。

但这次转折之后又出现了一次偶然事件：去往吕岑途中，瑞典人遇到了一队华伦斯坦派出的皇家-天主教联盟军队的步兵和骑兵。这支队伍的指挥官鲁道夫·冯·柯罗雷多随机应变，迅即派出特急信使向华伦斯坦报告，并带着他的大约500名士兵占据有利的战略地形，挖壕沟隐藏起来。他们在一条河流和一座桥后面找了一处林木繁茂的高地，瑞典士兵必须渡河才行。柯罗雷多这支小小的队伍把1.8万到1.9万名敌兵阻击在那里长达几个小时。

下午两点左右，从吕岑传来三声炮响。这是皇家-天主教联盟军队事先约定的警报信号，听到这个信号，所有人员都必须立即迅速回到大本营。柯罗雷多的信使见到了华伦斯坦。除了发出警告信号，华伦斯坦还派骑兵带着紧急信件出发，以便失去联络的柯罗雷多的队伍以最快速度返回。这封急件是华伦斯坦在与柯罗雷多直线距离30公里的小城哈勒亲笔书写的，阅读信件可以感受到其紧急程度："敌军逼近。主官放下手头一切事务，带上全部人员和物资（士兵和火炮）速来我处（出发），明日一早务必抵达。我将忠于职守，不负AhzM[1]。"

---

1 "AhzM"是"梅克伦堡大公阿尔布雷赫特"的缩写。

签名下还草草补上一句:"他已经到达隘口,即昨日那条糟糕的路。"(他指的是一条泥泞的小路。)

下午四时,瑞典军队终于过桥渡河。柯罗雷多和他幸存的士兵向7公里外的吕岑撤退。古斯塔夫二世·阿道夫已经扫清了障碍,但他丧失了决定性的战机:太阳已经开始落山,当时是11月,夜幕即将降临,黑暗中无法开战。古斯塔夫二世·阿道夫抱怨不已,然而无济于事:他命令军队停止行军,就地露营。

华伦斯坦赢得了弥足珍贵的一夜。当夜,皇家-天主教联盟军队士兵从四面八方不断赶回吕岑,在火把的亮光中由军官带领着回到战场上,各就各位,开始在那里挖掘壕沟,进入掩体。

次日早上,华伦斯坦的军队已经摆好战斗队形:1.6万名士兵一字排开,形成2.5公里长的战线。他们不再像蒂利指挥的那样排成容易受到攻击的西班牙大方阵,而是排成新的松散阵型:只有几行士兵前后排列,后备军站在后排。古斯塔夫二世·阿道夫一年前刚刚把这种战术带到德国,华伦斯坦很快就从对手那里学到了这一招。

1632年11月16日上午十一时,战斗打响;中午十二时,帕彭海姆带着3 000名骑兵从哈勒匆匆赶来。帕彭海姆的4 000名步兵当然不能这么快赶到——他们夜里才到达战场,当时战斗已经结束了。这场战斗双方难分胜负。这一天结束时,经过多次血肉横飞的鏖战之后,双方大部分人又回到了战前所处的位置。华伦斯坦还连夜撤军,先是前往莱比锡,然后退往波希米亚,带着他的军队在那里过冬。

瑞典军队在战场上过夜,按照当时对胜利的定义,这算是取胜了。但这只是理论上的胜利:瑞典军队也退回他们出发时在瑙姆堡的营地,只不过第二天上午才撤军。实际上双方都是输家:总共有6 500至1万人阵亡或倒在战场上垂死,也就是几乎每四名士兵中就有一名战死。因为当时没有统计阵亡人数，所以只有估算的数字。

时至今日，阵亡将士的遗骨还能证明当时的战况何其惨烈。比如，2011年，考古学家发掘出一座"万人坑"，里面有47具士兵遗骸。死者年龄在14岁到50岁之间，由于没日没夜地行军，他们的骨骼大多变形，许多骨骼显示出缺乏维生素、寄生虫感染、龋齿和梅毒等疾病的迹象。从有些骨骼还能看出死者战斗时所受的伤：考古人员在颅骨上发现了砍伤的痕迹和枪眼，还在一截胯骨上发现了一颗铅弹。死者骨盆中弹。

然而，吕岑会战之所以是三十年战争期间最著名的战役，既不是因为死伤惨重，也不是因为上述考古发现，而是在于两个著名的死亡案例。

第一个案例发生在中午十二时。帕彭海姆正带着他的3 000骑兵到达战场，短暂分析了战局之后投入战斗。和往常一样，他亲自率领重装的骑兵部队出击。但第一次冲锋时，帕彭海姆就被一颗小炮弹击中，左半边身子被炸裂。这位38岁的战将血流如注，被送往莱比锡，疼痛之中，他反复呼喊着"耶稣玛利亚"，当晚伤重不治。他的上衣口袋里还放着上文引用的那封华伦斯坦的信件，今天人们可以在维也纳军事史博物馆的一个陈列柜里看到这封信。这件文物浸透了帕彭海姆的鲜血，但华伦斯坦心急火燎的句子依旧清晰可辨。

第二个著名的死亡案例同样发生在午间，大约13时。这肯定是三十年战争期间战役中出现的最著名的死亡案例。具体情况至今仍然是个未解之谜，但历史学家从种种部分相互矛盾的记载中为我们拨开历史的迷雾，还原了当时的场景（事件的顺序偶有不同）：瑞典骑兵部队的一位指挥官负伤，古斯塔夫二世·阿道夫临时接替他，亲自率领这支骑兵投入战斗——和帕彭海姆一样，瑞典国王也不惧亲临险境。时值 11 月，战场上笼罩着浓重的雾气，加上火枪和火炮的火药产生烟雾，导致近视的国王误打误撞、深入敌军。冷不防一颗火枪子弹击中了他的左臂，击碎了他的肘关节，长骨从袖子里突出——古斯塔夫二世·阿道夫因为身上的一处旧伤无法披挂铁甲，只能身着驼鹿皮制成的战袍。

几个随从试图把他们骑在马上的国王带出战斗区域。战场上硝烟弥漫，环顾四周，只能看见将士的身形轮廓，他们和自己人失去了联系——突然和敌军的一队胸甲骑兵，也就是身披重甲的骑兵遭遇。

皇家-天主教联盟军队胸甲骑兵中的一个士兵和古斯塔夫二世·阿道夫面对面时认出了他。这个叫莫里茨·冯·法尔肯贝里的士兵曾经在瑞典军队的战俘营待过，开战前几天被瑞典国王开恩释放。现在法尔肯贝里一边喊着"你在这儿啊"，一边向他的救命恩人冲去——用手枪近距离击中了他的背部。子弹穿过右侧肩胛骨下方，进入国王肺部，但国王尚未断气。法尔肯贝里再也没有机会为自己的举动自鸣得意——顷刻间，他自己也中弹身亡。

古斯塔夫二世·阿道夫从马鞍上滑下，左脚卡在马镫上，又被战马拖行了一段，最后倒在地上。这时，皇家-天主教联盟军队的其他胸甲骑兵冲上来，杀死了国王的一个随从，另一个受了致命伤，其余几个随从都被打跑了。古斯塔夫二世·阿道夫独自躺着，被敌军团团围住。几个胸甲骑兵甩镫离鞍：其中一个把剑刺进古斯塔夫二世·阿道夫的胸口，另一个开枪射中了他的左臂，其他人则从这个一息尚存者身上抢东西，脱下他的战袍，拿走了印章戒指、金项链和手表。被扒得只剩衬衣的阿道夫身上又被刺了几刀，最后一个士兵用手枪对准他的太阳穴开了一枪，似乎是为了帮他解脱痛苦。这头"午夜雄狮"赤身裸体地死在一片潮湿的、被踏得烂兮兮的地里。

或许是瑞典骑兵的出现阻止了皇家-天主教联盟军队的胸甲骑兵把惨遭损毁的国王尸首也拖走。深夜，瑞典军队找到了阿道夫的遗体，将其做了防腐处理，后来举行隆重的仪式把遗体运回故乡。古斯塔夫二世·阿道夫的战袍则被送往皇帝斐迪南所在的维也纳，直到1920年才交还瑞典。今天，这件皮制的战袍保存在瑞典最古老的博物馆，即斯德哥尔摩的皇家军械库里，战袍上的破洞见证着这位征服者及其大国迷梦的暴力结局。

吕岑会战后，许多瑞典人，甚至可能有更多信奉新教的德国人，向这位结束了天主教的节节胜利、使基督教力量得到前所未有发展的国王致哀。当地很快出现了祭奠国王的诗歌和画像，古斯塔夫二世·阿道夫出现在饮水杯、玻璃罐、炉砖、刺绣、皮革和象牙上——围绕着纪念国王展开的"灵修贸易"蓬勃兴起。然而，古斯塔夫二世·阿道夫去世仅两年之后，由他的继任者在德国继续领导的这场战争越来越令人厌恶，人们对这位国王的赞美也随之烟消云散。古斯塔夫二世·阿道夫死于三十年战争中期，未能经历战争下半场的无数恐怖场景。伟大的诗人弗里德里希·席勒在其完成于1791至1793年的《三十年战争史》一书中这样评价这位国王："我们斗胆怀疑一下，如果他活得更长一些的话，是否配得上德国人在他的墓碑前洒下的泪水，是否对得起后世对这第一个，也是唯一名正言顺的征服者的钦佩之情。"从历史的评价来看，古斯塔夫二世·阿道夫没等到战争结束就命丧疆场，算是一种解脱。

* * *

瑞典国王的结局当然不仅令德国的新教徒伤感。上巴伐利亚安代克斯修道院的毛鲁斯·弗里森艾格也把他的死讯写进了自己的日记。"11月16日,古斯塔夫国王在萨克森的吕岑和我们著名的帕彭海姆将军作战时身亡。他的死让天主教徒欣喜,也使他们对和平产生了希望。"我们的修士欢呼之余又冷静地补充道,"但很快就有其他人接过了这支异教徒军队的指挥权,他们也印证了一句俗语:祸不单行。"

第 3 章
恶性循环

1632—1633 年
超越敌友

1632 年 11 月，即伤亡惨重的吕岑会战结束之后的第二年，被历史学家彼得·恩隆德称为"奇怪的中间年份"。1633 年，交战双方出奇地被动，既没有远征，也没有大战。"他们就像两个羸弱无力、注定要进行搏斗的拳击手，在胜负未决的战斗再次展开之前无精打采、气喘吁吁地抱在一起。"恩隆德这样描写双方消极被动的状态。

瑞典军队在他们的国王古斯塔夫二世·阿道夫死后不得不重整旗鼓。另一方的皇家-天主教联盟军队统帅华伦斯坦忍受着痛风导致的巨大痛苦，很可能还身患梅毒，他厌倦了战争，不想再带着他筋疲力尽的队伍在毫无意义的战争中白白送死，因此军事上几乎无所作为。

尽管如此，1633 年也不太平。双方的侦察和战斗活动持续不断，小规模部队调动、冲突和包围频繁出现，常常给士兵和平民都带来戏剧性后果。因此，这一年虽然没有什么大型战役，但我们的日记作者生活中却小事不断。对于修士毛鲁斯·弗里森艾格来说，1633 年和此后的 1634 年相比，意义重大，以至于和战争的其他年月相比，他花费了明显更多的笔墨记录这段时间。对于雇佣兵彼得·哈根多夫而言，1633年这一年甚至改变了一切。

上文说过，吕岑会战时，哈根多夫远离战场，毫发无损：当时他作为卫戍部队的士兵在多瑙河畔的雷根斯堡，住在市中心一个小商贩家里。他的妻子安娜·斯塔德琳和他在一起，两口子等着他们的第四个孩子出生，之前他们有过三个孩子，全都未满两周岁就夭折了。

"我妻子在这里又生下一个小女孩，取名芭芭拉，1633年。"哈根多夫写道。这个女孩会比她死去的哥哥姐姐们长命吗？前提条件还不错：她出生在一座四周有防护的固定建筑里——这在当时对于一个士兵家庭来说颇为奢侈。

不过，这种相对诗意的生活条件并没有持续多久。女儿出生后，哈根多夫很快就不得不随着他的部队离开雷根斯堡，和南部50公里处兰茨胡特的其他巴伐利亚队伍会合成一支防御部队。因为瑞典军队正从北部和西部向巴伐利亚运动。

瑞典军队在吕岑会战中获得皮洛士式胜利[1]之后没有在原地久留。他们也无法在原地久留，因为军队就像成群的蝗虫那样，把一切吞噬干净之后就必须继续前进。可是，他们该去哪儿？他们的国王和军队统帅古斯塔夫二世·阿道夫不复存在之后，他们的目标是什么？这些问题的答案一开始并不明朗。

王位继承问题总算迅速得到解决：1633年初，古斯塔夫二世·阿道夫年仅6岁的女儿克里斯蒂娜[2]成了新的瑞典女王。此后的12年由

---

[1] 典出希腊神话，指付出巨大代价而取得的"惨胜"。

[2] 克里斯蒂娜·奥古斯塔（Kristina Augusta，1626—1689年），即克里斯蒂娜女王（Drotnning Kristina），瑞典女王，在其父古斯塔夫二世·阿道夫阵亡后，于1633年以假定继承人身份继承王位，18岁时开始实际统治，1654年退位。

代理人治国理政：此人就是瑞典帝国首相阿克塞尔·乌克森谢纳[1]，一个充满智慧、雷厉风行，必要时毫无顾忌的现实主义政治家。

古斯塔夫二世·阿道夫至少名义上是为了新教信仰而战，乌克森谢纳则对自己世俗的目的直言不讳。这位49岁的政治家参战的目的就是让瑞典"心满意足"，说白了就是为了金钱和领土。1633年，乌克森谢纳在与德意志南部新教诸侯签订的名为"海尔布隆联盟"的军事条约中提到了这一战争目的。

瑞典早就无力为其入侵德国的军队开饷，有时士兵服役多年之后才能拿到军饷。国家债台高筑，可是从哪儿能弄到钱呢？没有答案。这个问题一日不解决，乌克森谢纳就得继续打仗：他不愿在毁灭性的战争债台上坐以待毙。

财政状况明显日益恶化：1633年4月30日，瑞典军队的军官和士兵甚至哗变，甩手不干，以期获得军饷。谈判数月、发放了部分拖欠的军饷之后，这些官兵才同意继续服役。1633年8月，瑞典军队终于又做好了战斗准备。但这种恶性循环依然存在：没有足够的资金满足军队的需求和结束战争，可是战事拖得越久，钱荒就越严重。

此间，巴伐利亚军队离开了他们在兰茨胡特的据点，分散驻扎在两个城市。哈根多夫这样写道："我们分散开来，许多人往高处走，去了阿尔高的兰茨贝格，但我们的军团又回到了弗赖辛。"弗赖辛在慕尼黑附近。哈根多夫的妻子安娜·斯塔德琳带着刚出生的女儿还在雷根斯堡，她想重回丈夫身边，但走错了城市："可我的妻子不知道我去了弗赖辛，她跟着部队经过莱希河畔的兰茨贝格。她和孩子都生病了。"

---

[1] Axel Oxenstierna（1583—1654年），瑞典政治家，1612至1654年任瑞典首相。克里斯蒂娜女王未成年时期，他控制摄政委员会，是瑞典的实际统治者。

安娜·斯塔德琳从兰茨贝格出发，走了将近60公里，来到邻近弗赖辛的慕尼黑。在那里，她终于遇到了丈夫的军团，"但是孩子半路上死了"，哈根多夫写道。他本人很久以后才得知这一新发生的悲剧。因为安娜·斯塔德琳遇到哈根多夫所在的军团时，她的丈夫已经跟着军团中的一部分人出发了。"我和我的上尉还有300名士兵受命从弗赖辛向施特劳宾出发"，施特劳宾和慕尼黑之间直线距离110公里。安娜·斯塔德琳再也追不上哈根多夫了，因为她病得越来越重，"几天后在慕尼黑的医院里去世"。

哈根多夫由此失去了他的整个家庭，他独自在外，既帮不上妻子，也顾不上孩子。妻子的死讯肯定让他深受打击：和此前几个孩子夭折之后不同，这次哈根多夫在日记里不是简单地接着记录，而是用下面这些告别的言语表达了自己的哀伤：

> 愿上帝保佑她和她的这个孩子，以及她所有的孩子们快乐地复活，阿门。因为我们愿在永恒的幸福生活中重逢。我的妻子和她的孩子们就此长眠了。
>
> 他们的姓名如下：
> 安娜·斯塔德琳，下巴伐利亚特劳恩施泰因人
> 孩子们
> 第一个孩子未及受洗就已夭折
> 其余三个都受了基督教洗礼
> 母亲
> 安娜·斯塔德琳 †
> 长子：NN†（无名）
> 安娜·玛利亚 †

伊丽莎白 ✝

芭芭拉 ✝

愿上帝赐她们永享安宁，1633 年。

这段文字在日记手稿中之所以与众不同，也因为和其他部分相比，它使用了另外一种完全不同的字体。历史学家马克·冯·米勒认为，这也说明妻子和孩子们相继离世令这位雇佣兵悲痛莫名，即便他们已经故去多年，因为保留下来的日记手稿是哈根多夫在三十年战争即将结束时才誊写的。

但此后他日记的叙事风格又和从前一样了："我独自前往多瑙河畔的施特劳宾"，我们的雇佣兵写道，他跟随着一支 300 人的队伍行军。"我们到那里时，瑞典的两个军团已经捷足先登"，敌军多达大几百人至数千人，明显占据优势。"他们向我们表示欢迎。"哈根多夫以其特有的讽刺语调写道。

他的队伍试图冲破瑞典军队的包围，进入还在巴伐利亚军队手中的施特劳宾。但是敌人过于强大："300 人的队伍，最后杀出重围的不超过 9 个，其余全都被俘后惨遭屠杀。但我躲进了一片灌木丛中，等战斗结束后进了城。"

我们的日记作者哈根多夫在这场战斗中表现得像个真正的"生存艺术家"：他没有参与自杀式攻击白白送死，而是名副其实地"躲进灌木丛"[1]。他显然在灌木丛里藏得很好，直到战斗结束，敌军撤退。可是当他随后大摇大摆地进城时，他的上司和其他幸存的战友会作何反应？

---

[1] sich in die Büsche schlagen，德国谚语，字面意思是"躲进灌木丛"，指某人悄悄地离开事发现场。

"上尉把我提拔为中士，因为除我之外没有任何一个军士活着回来。"哈根多夫得意地说。也就是说，他非但没有受到责罚，反倒晋升了军衔！显然其他幸存者都没有发现他们的战友开了小差。从二级下士晋升中士后，他的军饷也随之增加：从每月大约12古尔登增加到了20古尔登，也就是几乎翻番。由此，哈根多夫的军饷是普通士兵的大约三倍。显然他做的都对，即在关键时刻胆小如鼠而非勇往直前。

在施特劳宾，这个机会主义者享受着新军衔给他带来的好处。"我的营地很棒，住在一个名叫'绿色冷杉'的酒庄里，赚的钱和捞的钱都不少。"哈根多夫美滋滋地说，"我在城里配了一匹马，还有马鞍和工具（马具）、皮带（弹药带）和手枪，因为马匹有的是。"我们的雇佣兵显然正准备从步兵转为收入更高的龙骑兵，也就是配备马匹的步兵。实现军事生涯中的真正飞跃、获得丰厚收入的机会就在他的眼前。

哈根多夫抵达施特劳宾四天之后，援军来了："又给我们派来了五百人的部队。"但士兵太少了。因为瑞典军队杀了个回马枪，人数比原来更多——大军压境。"14天之后，瑞典人来了，包围了城市并开炮"，哈根多夫写道，"因此我们不得不妥协（达成和解，也就是投降）。"巴伐利亚军队之前和围城的敌军谈好了投降条件。这种情况下，原则上一方要放弃抵抗、交出城市，以换取自行撤退。这次也是如此。"我以为会像投降协议所写的那样，允许我们撤军。"哈根多夫写道，"但是，两个小时后传来消息：下马、把身上的东西都交出来，其余的你可以留着。我的龙骑兵生涯就此结束了。我们全都得参加募兵。"

瑞典人追击撤退的巴伐利亚士兵，追上之后抢走了他们的马匹，强迫他们加入瑞典军队。这虽然是对被俘敌军的常规做法，但有悖拱手献城的协议。从哈根多夫日记里的言语可以看出他对瑞典军队言而无信何其愤怒。他并不知晓这是一次以牙还牙的报复行动：天主教军队的华伦斯坦元帅不久前在西里西亚未能信守诺言，我们的雇佣兵和他的战友们1633年11月13日从施特劳宾撤军时，占领这座城市的瑞典人才刚刚得知此事。

也就是说，哈根多夫在战争中忽然又到了另一方的队伍里。

不管怎样，他还是下士："人们把我当成一级下士。"一级下士从军衔上看介于中士（也就是哈根多夫刚刚晋升的军衔）和二级下士之间，但比他两周前的军衔高。对于我们的雇佣兵来说，情况可能更糟。他只是稍微被降了点儿军衔，瑞典人对他的沙场经验和军衔显然还是肯定的。

哈根多夫跟随瑞典军队从多瑙河畔的施特劳宾出发，深入巴伐利亚腹地。路上士兵们遇到了与行军方向垂直的伊萨尔河。"我们想要渡河，但是水流湍急，我们的中校淹死了。"哈根多夫冷静地写道，"我们就又跟着军队回到施特劳宾。"他就这么简单地记录下此次行军不甚光彩的结局。

这时已经是1633年底，返回施特劳宾的路上许多士兵自行寻找住处。"因为太冷，很多人留在村子里，没有跟上大部队。"哈根多夫写道。一个名叫卡勒的高级军官因此到村子里找到这些士兵，说要请人护送他。很多志愿者报名，但根据哈根多夫的记录，卡勒是这样回答的："哦不，他说，我只从每个军团选一个人。"就这样，这个军官只带走了7个人护送他。"但他把这7个人带到军队之后，马上让各军团把他们全都枪毙了。"

说是一路护送，最后成了死刑之旅。士兵擅自寻找住处显然被视为开小差，其中一部分人受到惩罚被枪毙——这让人想到古代罗马军队的十一抽杀律，当时通过抽签选出1/10的士兵，然后将其杀死。瑞典军队更新了这种做法,其格外阴险之处在于,军官卡勒偏偏把那些自愿报名、毫不猜疑地护送他的人处死。"这是他们护送的代价。"哈根多夫语带讥讽地评论。

我们的雇佣兵 1633 年还从施特劳宾出发,沿着多瑙河向雷根斯堡行进。可能是因为他拥有一级下士军衔,现在他甚至还有个勤务兵:"我有个不错的伙计,名叫巴特尔特。"还不止此,"路上我又得到了两匹好马",这是巴特尔特弄到的。马是这个年轻人买来的,还是偷来的,哈根多夫只字不提。对他来说,这或许没有什么区别。

部队又从雷根斯堡向东行进了 130 公里,到达位于斯图加特和纽伦堡之间的丁克尔斯比尔。"我在这儿碰到了一个名叫亚当·耶利甘的外甥,他是浇铸大钟的手艺人。"哈根多夫写道。他颇为隆重地庆祝这次与外甥的欢喜相逢:"我和他一起喝酒,杀了两匹马中的一匹下酒。"哈根多夫手脚麻利的勤务兵为此难过:"小伙子为这匹马哭了。"我们的雇佣兵则相反,可能是他乡遇亲人令他喜出望外,以至于事后他才哀悼起他的坐骑:"我们欢欢喜喜地庆祝了三天。"1633 年就这么过去了——这一年哈根多夫先是痛失妻女,然后和他的大部分战友永别,之后又加入了巴伐利亚军队——对他来说这还是个意想不到、令人欣喜的结局。

* * *

这场战争中谁是朋友,谁是敌人?这个问题再也不会有明确的答案,这不仅对于雇佣兵彼得·哈根多夫来说如此——现在他不得不和曾经的对手携手与曾经的战友厮杀。对于修士毛鲁斯·弗里森艾格而言,1633 年这一年敌友之间的界限也愈发模糊。

正如弗里森艾格所述，1632年底，当巴伐利亚公爵马克西米利安的军队进入安代克斯修道院周边地区"驱逐兰茨贝格和地势更高地区的敌人"时，一度在握的胜券就已经开始破碎了。兰茨贝格位于当时巴伐利亚的西部边界，那里还有古斯塔夫二世·阿道夫留下的瑞典守军到处游荡。

巴伐利亚军队先是分散在固定营地里，"这个村子驻扎几千人，那个村子驻扎几千人，单单（小村庄）乌廷一处就去了4 000人，人马全都得由当地居民供养"，我们的修士这样写道。对于当地村民来说，后果极其严重："当兵的到处使用暴力敲诈勒索、殴打抢劫，无所不用其极，老百姓穷困潦倒、苦不堪言成为常态。"——虽然作恶的还是自己的军队。

安代克斯修道院离这些地方都不远：距离瑞典军队占领的兰茨贝格25公里，距离阿默湖另一侧巴伐利亚军队的据点乌廷直线距离仅10公里。

12月中旬，巴伐利亚军队从乌廷及其周边村落开拔，对兰茨贝格的瑞典守军发起进攻——"这给我们带来了最大的希望，以为不仅能从瑞典人，而且能从我们自己军队的蹂躏下解放出来。"弗里森艾格直言不讳。在他看来，最好所有军队都离得远远的，不论是敌军还是友军。

可惜他高兴得太早了。"一下子又传来军令，要求撤退。城市留给了瑞典人，围城的军队又撤回他们原先在巴伐利亚的旧营地。这才到了最危急的时刻。"修士骂道，"因此，埃尔林人把他们的马匹、牲口、粮食和他们拥有的其他家当都带到修道院里，以确保安全。"弗里森艾格继续写道，他也是负责属于安代克斯的埃尔林村的神父。"男人、女人和孩子都离开了他们空荡荡的房子，住在修道院里。"这就是说，村民们对本该保卫这片土地的巴伐利亚士兵全都避犹不及。

事实很快证明逃跑是对的：在巴伐利亚军队中服役的克罗地亚雇佣兵出现了。"克罗地亚人进村抢劫，闯进所有房屋，搜查了每一个角落，把埋在地下的东西也找了出来，把东西全都拿走了。"弗里森艾格这样写道。

圣诞节又来了一批士兵，这次他们是带着和平使命来的：军队高层人士在安代克斯修道院共进圣餐，"也来了好几个克罗地亚军官，在修道院里做祷告，庆祝圣诞"。

第二天，1632年12月26日，巴伐利亚军队又向兰茨贝格发起进攻，12月28日就占领了这座城市。"很快，敌方占领的（兰茨贝格西部的）考夫博伊伦、梅明根和肯普滕等城市都被夺回，士兵到处抢劫战利品。"我们的修士欢呼道，"这一年到了最后，总算有个好的结局。"

1633年初，"我们的生活稍微平静了一些"，弗里森艾格继续写道，"但还是提心吊胆，因为瑞典人还占据着奥格斯堡和帝国其他城市"。瑞典军队从那里开始一路袭击我们，一直到邻近安代克斯的阿默湖。这一地区自从1632年古斯塔夫二世·阿道夫率军进入之后就被彻底夷为平地："埃尔林的房屋里一无所有。半数房屋化为灰烬，其他的这个缺少屋顶，那个没有外墙，花园没有围栏，没有篱笆，因为一切都被敌军纵火烧毁了。"

然后，巴伐利亚军队就从兰茨贝格西部撤军，结束了这次小小的征战。"2月4日，克罗地亚人又来了，他们在村子里见什么抢什么。"弗里森艾格写道，"幸运的是，埃尔林村民前一天和当天早上就把他们大多数家当都转移到了修道院里安全的地方。"这就是说，老百姓已经知道自己的军队会给他们带来什么。

此后几周不断有行军路过的士兵来到安代克斯。有些人只是想补充给养，其他人则动手抢劫。比如，1633年3月30日就有一队掉队的士兵在埃尔林抢走了 7 匹马和找到的所有粮食。他们"对村民极其凶狠残暴，因此大家全都从家里出来，离开村子，躲进修道院，修道院里面挤满了男人，外面全是妇女和儿童"，我们的日记作者这样写道。

即便在修道院的围墙里，人们也还不安全。第二天，"两拨骑兵来到修道院前面，发疯似的要我们交出吃的、喝的、马的草料，还有农民带到修道院里的一切东西。"弗里森艾格写道，"第一批士兵用啤酒和面包就打发了，另一批不肯走，直到修道院里的农民手持各种武器一起挺身而出，以暴制暴才把他们赶跑"。农民同仇敌忾，取得了胜利——只是暂时的胜利。因为侵略者不肯善罢甘休："但他们很快就又杀了个回马枪，试图再次冲进修道院。"这次，安代克斯的居民运气好。一支巴伐利亚军队的骑兵经过，他们没有参与抢劫，而是赶跑了那些散兵游勇。

4 月初，巴伐利亚军队再次对阵瑞典军队，未能取胜。"4 月 10 日，我们的军队在艾夏赫（位于属巴伐利亚的施瓦本地区）被击溃，被打得灰头土脸、落花流水。"弗里森艾格骂道。战败的队伍横穿巴伐利亚——在自己的土地上一路劫掠："我们的军队到处抢劫，渡过伊萨尔河撤退，把慕尼黑和我们的地盘留给了敌军。"

大获全胜的瑞典军队深入巴伐利亚腹地。"此后数日，我们看见到处火光冲天。"弗里森艾格这样描述敌军进驻的后果。"无数军民"从敌占区逃出，他们"带着马匹和牲畜急匆匆地赶往阿尔卑斯山"。安代克斯修道院及其所辖埃尔林村的居民同样离开了住处。他们不像原先那样躲在修道院的城墙后面或附近的树林里，而是加入了逃难的人群，"因为他们怕瑞典人从树林里穿过，不敢再躲在那里"。

1633 年 4 月 17 日，一些瑞典士兵闯进了人员全部撤离的修道院，在巴伐利亚军队服役的克罗地亚人也同时到安代克斯和埃尔林抢劫。

"他们在村子里连一个人影都找不到,于是进入修道院,碰到了瑞典士兵和被迫为他们做饭的妇女,当时他们正在用餐。"弗里森艾格这样描述这场不期而遇。和瑞典士兵打了照面后,克罗地亚人没怎么犹豫,而是"朝他们开火,俘虏了六个"。有几个瑞典士兵成功逃脱,两个藏身在修道院的粮仓里——他们还不如不这么做。这两个人"后来被农民发现,打倒在地,从箱子(储粮仓)推到下面的院子里。一个当场摔死,另一个和摔死的一起被活埋了"。弗里森艾格这样描述当地人残忍的报复行动。

这并非偶然事件。关于散兵游勇悲惨命运的记录不胜枚举:一旦落入农民之手,就难以逃脱被打残、砸死、折磨至死或直接活埋的命运。劫掠的军队对农民实施残忍的暴行,农民一旦逮着机会就会以血还血。双方惨无人道的暴行有时的确是愈演愈烈、不断升级——人们阅读史料时只希望作者的血腥描述或多或少有些夸张。

1633年,不仅双方的士兵给安代克斯及其周边居民带来困扰。"还有其他因素也加深了战争的苦难。"弗里森艾格写道,"春暖花开的季节过后,5月底,一场冰雪交加的寒潮袭来,树上和田里的果实被摧毁殆尽。"歉收使粮食更加匮乏,农村居民不得不设法到其他地方购买主食。这活儿既艰难又危险:"在慕尼黑,就算花高价也很难买到粮食,但更困难的是把粮食运回家,因为经常有强盗和偷鸡摸狗之辈连粮车带马匹全都抢走。"弗里森艾格这样解释原因。

士兵偶尔也直接从牧场盗窃牲口,然后再恬不知耻地把这些牲口卖给他们的主人——主人再掏钱,比如"花两个塔勒赎回自己的牲口",修士这样写道。这种交易的好处显而易见——至少这对雇佣兵有好处:他们当场就能把抢到的东西换成钱,省事又省力。只要开价足够低,被偷了牲口的农户即便怒气冲天也会乖乖掏钱,因为对他们来说这笔交易怎么说也比损失自己的牲口强。

这种交易模式迅速传开，巴伐利亚政府试图阻止事态的发展。"由于那些鸡鸣鼠盗之徒没完没了地抢夺马匹再出卖，以至于有些农户不得不反复回购自己的马匹，因此政府下令禁止从士兵那里购买马匹。"弗里森艾格写道。禁令的目的是"剥夺那些（士兵）抢劫这些（马匹）的机会"。违令购买的马匹将被没收。

紧接着，弗里森艾格明确告诉我们这种法律规范的效果如何："7月28日在埃尔林（及邻近的村庄）马赫特芬（Machtlfing）、菲申、佩尔等地又有超过三十匹马被顺走。"僧侣们闻讯开始武装自卫："修道院里顶多留两三匹马，如果想骑这些马去林间或田里的话，总得有几个带枪的修道院仆役和几个神职人员随行以确保安全。"今天人们会说那种境况就像美国领土扩张时期的西部一样。

"8月1日，一些埃尔林村民聚集起来，前往慕尼黑运粮。"弗里森艾格又举了一个例子。走了大约10公里之后，"他们被强盗抢走了马匹和钱财，其中一个人又花钱把自己的马买了回来，这匹马在归途中又被没收了"。

然后，从意大利来了一支军队：足足9 000人从当时属于西班牙统治区的米兰发兵。西班牙参战是为了争夺其在莱茵河沿岸的统治权，以及为了天主教事务——因此其站在巴伐利亚一边对付瑞典。此外，从西边又来了一支由约翰·冯·阿尔德林根伯爵[1]将军率领的1.2万人的皇家-天主教联盟军队，与西班牙军队会师。

在安代克斯居民看来，两支和巴伐利亚军队同属天主教阵营的大军即将相遇。也就是说，来的不是敌军，而是盟军。"这又让我们惶

---

[1] Johann Graf von Aldringen（1588—1634年），三十年战争期间天主教联盟的将军，曾参与谋害华伦斯坦。

恐至极,害怕最终又会一无所有,到目前为止的经验很容易让我们这样想。"弗里森艾格敲响了警钟。

但安代克斯修道院及其所属的村庄埃尔林一开始没有受到影响:两支军队从其他地方经过,1633年9月29日在施瓦本的拉芬斯堡会师,离安代克斯足够远,足够安全。皇家-天主教联盟-西班牙联军从那里出发继续向莱茵河行进,也就是离修道院更远、更安全了。

但11月传来消息,这支军队中的3000名骑兵撤回,"埃尔林村民得知消息后马上又躲进树林,房屋全都空无一人",弗里森艾格写道。1633年12月18日,安代克斯出现了两个骑马的士兵,他们宣布,皇家-天主教联盟-西班牙军队的其他部分也已经撤离激战的莱茵地区,以求在巴伐利亚找到良好的冬季宿营地。"臣民们谁要想保住自己的财产的话,就得把东西带到修道院来。"两个骑兵警告大家。我们的修士近乎听天由命地加上一句:"修道院就这样又成了公共的马厩和牲口棚,成了存放臣民仅存财物的储存站,成了男人、女人和孩子们的公共客栈。"

来的除了埃尔林的居民,还有周围其他地方的人,修道院里很快就挤满了人。"好几个村子的人都躲进修道院,因此妇女和儿童分到了修道院外部建筑的房屋。"——没用,弗里森艾格很快承认,"但是因为太冷,他们为了取暖都进入修道院里。"

一些难民在修道院的建筑外围设置障碍以防御劫匪:"男人用横梁挡住入口,拿起各种武器和石块,以保护修道院和他们存在修道院里的少量财产不被三五成群的强盗破坏和抢劫。"这一切——这一点得反复强调——都是因为名义上是自己人而非敌人的军队到来。

第二天,第一批士兵就出现了:一队骑兵抢了附近塞费尔德村村民的五匹马。五十个农民闻讯一起出动,夜袭这些骑兵,射死了他们的首领，赶跑了其他士兵，夺回了自己的马匹。

又过了一天，1633年12月20日夜里来了特急信使。他们宣布大军第二天就将抵达：皇家-天主教联盟-西班牙军队将途径安代克斯圣山。修道院里的人们提心吊胆地等着数以千计的雇佣兵经过，他们从没有在这里见过如此庞大的军队。

"21日上午九时大军过境，我们一直到夜幕降临也没有看见队伍走完。骑兵、步兵、大炮（炮兵）和辎重（随军行李车队）前后相连。"弗里森艾格简要描述了这一壮观的景象，"军官们言行举止彬彬有礼。有些军官大老远就向圣山行礼，有些来到山上购买啤酒和面包，还给了大量布施。"普通士兵抵达空无一人的埃尔林时付不起这笔行善积德的钱："他们在村子里行为粗鲁，砸碎了炉子和窗户，因为他们在房子里是主人，而主人在屋里又找不到吃的。"

"队伍中的最后一批人马深夜才到达，是西班牙人。"弗里森艾格继续写道，"他们有1 500人在埃尔林宿营，就地休整，待到第三天。两位上校、西班牙伯爵和他们的随从住在修道院。"

"士兵在村子（埃尔林）里除了空荡荡的房屋之外一个人影都找不到，这时恐怖的一幕出现了。整个村子开始陷入火海。"弗里森艾格写道。西班牙士兵"拿出屋子里的椅子和板凳，掀开屋顶，在所有巷子里都点上可怕的长明火，整个村子里喊叫声、哀号声响成一片，人们通常只有饥饿和绝望时才会发出这种声音。在远处观望的埃尔林村民谁也没指望自己的房子能够幸免于难"。

"第二天，他们穿过了树林。"弗里森艾格这样记录西班牙军队的行动，"他们在路上和田里遇到什么人，就把他的衣服、鞋子和袜子脱下来，让他顶着酷寒在冰雪中奔跑。就在12月22日，这些禽兽烧毁了美丽的穆菲尔德宫。"——这是一块属于安代克斯修道院的领地，坐落于距离修道院 2 公里的阿默湖畔。

作为巴伐利亚的盟友，西班牙军队这么做可就太过分了。安代克斯人到司令官费里亚大公和阿尔德林根将军那里告状，弗里森艾格写道。"因此我们的上校受到了训斥"，也就是在安代克斯安营扎寨的两个西班牙伯爵挨了骂。"一个不得不马上收拾铺盖离开修道院，到村里安营，同时要求他以后提高警惕，确保修道院平安无事。这家伙成了我们的敌人。"——这事并未就此结束。因为西班牙军队没有像事先宣布的那样休整三天后继续行军："大家在苦苦等待 12 月 23 日军队开拔，这时来了军令，说他们还得继续在原地待命，因为冬季营地尚未建成。天哪！"弗里森艾格显然错愕不已。

对于安代克斯和埃尔林居民来说，最大的灾难莫过于此，比任何敌军过境都更糟糕。敌军过境虽然烧杀劫掠，但作恶之后就走了，居民可以重建家园。但现在一支军队不只是待几天或几个星期，而是可能整个冬天都在这里。所有这些士兵该从哪儿弄粮食？村子和修道院的居民靠什么生活？

"这时候已经可以见到衣不蔽体、生活困苦、面色惨白、形销骨立的农民和士兵，他们在严寒中赤足游荡。长期这样下去怎么了得！"弗里森艾格这样描述这种几乎毫无出路的境况。我们的修士留心观察外界，关注所有卷入战争者的困苦生活，不论他们是自己的民众，还是全副武装的敌军恶魔："士兵们吃猫狗和偷来的猪肉，农民常常一连数日吃不上一块面包！许多人在花园里寻找野菜和越冬的生菜茎、根及野草，生吃或煮着吃。"

军队和修道院双方都绝望地试图搞到食物。"军方派人到慕尼黑搞食品，修道院宰杀救下来的牲口，尽可能多烤面包。也有来自迪森（位于附近的阿默湖畔）和其他地方的面包师带着面包来修道院。但人这么多怎么够吃呢？我们的修士这样问道，"因为村子（埃尔林）里有1 500名士兵，好几个村镇的人都聚集在修道院里，因此士兵也饿得前胸贴后背，军官也感受到了饥荒，因为即便他们出更高的价钱（他们手上有闲钱），却再也买不到吃的了。"

1633年12月30日，西班牙军队的指挥官让自己的士兵接受体检，"场面异常壮观"，弗里森艾格写道。下文有关士兵行军的描述可能是他的日记中被引用次数最多的片段："许多连队的人数只有满员人数的一半，到处是蓬头垢面、面黄肌瘦的脸孔，士兵瘦骨嶙峋，半裸着身子，或披着破衣烂衫，或用抢来的妇女衣物蒙着脸，活生生一副饥饿困顿的模样。"

"但是旁边的军官衣着华丽高雅。"我们的修士以尖锐的笔锋这样写道。

"在此期间，也有许多士兵由于饥寒生病和死亡，随军神父不得不一天之内聆听30个病号忏悔。"这就是弗里森艾格笔下物资匮乏导致的致命后果。农民和修道院里的人更是深受饥荒之苦，所有人都知道冬天这种情况还将进一步恶化。弗里森艾格对顺利度过这一年不抱什么希望，他的看法仿佛一个厌世者的观点："这让我们全都灭亡，一切灾难全都终结，不论恐惧，还是希望。"

1634年

华伦斯坦之死

波希米亚最西端的小城埃格尔的夜晚一片漆黑。一场暴风雨席卷着街巷，风暴与黑暗之中，大约三四十个士兵神不知鬼不觉地穿过市中心的集市广场，直奔一座三层的住宅而去。这队人马中一部分人把住前门，另一部分守住后门，7个士兵闯入楼内。大概在楼梯间，他们点燃了松木火把，以获得些许照明。然后，他们迅速冲上楼梯，直奔他们的指挥官华伦斯坦的寝室而去。

这7个人先是遇到了一个掌酒官[1]，他端着一个金色的碗，碗里盛着给主人准备的啤酒。一个士兵从后面用火枪砸向这个仆役，打伤他的手臂后继续向前跑。到了一楼，7个人向左拐，来到卧室的前厅，侍卫官正在那里为华伦斯坦值班守夜。

侍卫官一跃而起，惊慌地直打手势，劝这些不速之客保持冷静，说主人刚刚入睡。士兵们立刻把他刺死。他们开始大喊"造反啦！造反啦！"，以此相互给对方鼓劲。

他们的头领、爱尔兰龙骑兵上尉瓦尔塔·德瓦鲁想打开寝室的门，但是门锁着。德瓦鲁一脚把门踹开，手里拿着一把阔头枪（一种类似大戟的长柄武器）。

借着卧室的烛光，龙骑兵上尉认出华伦斯坦站在屋子中间的一张桌子上，只穿着一件睡衣。德瓦鲁向手无寸铁的华伦斯坦吼道："你这个厚颜无耻、背信弃义的乱臣贼子老无赖！"华伦斯坦听了只是展开双臂，磕磕巴巴地吐出一个词，听起来像是"营地"。他在求饶。这时德瓦鲁已经举起了阔头枪。他把手中的长柄武器狠狠地朝华伦斯坦身上胸骨下面一点儿的地方刺去，匕首一样的枪尖毫不费力地扎了进去，肝脏、横膈膜和主动脉尽数破裂。华伦斯坦躺倒在地，血流如注，哼都没来得及哼一声。

发生在1634年2月25日的刺杀华伦斯坦事件可能大致如此。刺

---

[1] 欧洲宫廷自中世纪起设置的负责君王和诸侯饮料（主要是酒类）的官员。

客及其幕后主使留下了有关这次事件的详细记录，细节上虽然各有出入，但主要内容是一致的。

杀死华伦斯坦的是皇家士兵，他的对手、同样大名鼎鼎的瑞典国王古斯塔夫二世·阿道夫也死在他们手里。只不过后者战死疆场，前者则成了阴谋的牺牲品——高层虽然没有直接下令将其杀死，但默许了这次行动。

华伦斯坦的灾难或许是个悲剧性的误会：他这个有史以来最大的战争狂人、其所处时代发了最多战争横财的人，最终竭尽全力谋求和平。但几乎没有人相信他真心实意地想由恶魔转变为圣人。

华伦斯坦最终不再穷兵黩武。他命令足足七万人马的大军大多数时间驻扎在奥地利和波希米亚，这让他的主人皇帝斐迪南大为不悦——他正是作为哈布斯堡王朝的大公和国王统治这些国家的。也就是说，华伦斯坦的大军毁坏的正是斐迪南自己的财产，他的臣民正忍受着兵荒马乱的巨大痛苦。1633年初，皇帝的谋臣就已经在一份调查报告中提出警告，说皇帝自己的土地已经被彻底糟蹋，每时每刻都可能爆发叛乱、陷入无序状态。

斐迪南向华伦斯坦抱怨说无法忍受他领土上的这种局面，要求他的最高统帅把军队驻扎到其他地方。此外，他还要求华伦斯坦的军队迅速赶去增援巴伐利亚盟军，对付瑞典人。但华伦斯坦抗命不遵。他不想让自己的军队参加他不再认为有什么意义的战役。他颇有远见地警告说，即便"十次胜利（大捷）"也无法令和平更快到来。就这样，皇帝和他的统帅之间的隔阂越来越大。两个人久未见面——上次见面已经是大约六年前的事了，这很可能也加剧了他们之间的矛盾。那次见面之后，华伦斯坦再也没有去过维也纳的皇宫。作为战争狂人和军队统帅，他功勋卓著；作为政治家、纵横家和外交家，他差强人意。

1633 年秋，华伦斯坦终于再度出征。他率领三万人马由波希米亚进入毗邻的西里西亚，在那里俘获了一支 6 000 人的瑞典军队，占领了一系列要塞。这说明只要他想打还是能打的。为了安扎冬季营寨，华伦斯坦又回到了波希米亚——这让皇帝斐迪南错愕不已，他能料到这对他备受蹂躏的领地意味着什么。

1633 年 12 月，皇帝再次致信华伦斯坦，命令他立即把营寨安扎在敌军领土上，并出征攻打巴伐利亚的瑞典军队。这次华伦斯坦依然拒不从命，因为冬季出征"将会在短时间内给尚存的人（军队）带来灭顶之灾"，他这样回复皇帝。因此，"恳请陛下恩准军队驻守营地"，华伦斯坦这样决定，"唯此，快到夏季时军队方能更好地为皇帝陛下尽忠效力"。

华伦斯坦在病榻上写下这封信送往皇宫。他的痛风、肠胃疼痛、胸部和喉咙疼痛、溃疡脓肿等愈发严重，医生除了切除坏死的肌肉常常别无他法。这可能也导致他消极对待战争。但远在维也纳的皇帝看不见罹患慢性疾病的华伦斯坦，而只看见他回信上的白纸黑字——虽然语气恭谦、有理有据，但意思无非是坚决地抗命不遵。这无法令这位万人之上的帝国君主信服。

皇帝先是做了让步——但这只是因为手握重兵的华伦斯坦看起来过于强大，不宜与其发生正面冲突。暗地里，斐迪南则想方设法剥夺这个忤逆的统帅的兵权。他的谋臣从华伦斯坦的亲信中找到了对皇帝唯命是从的盟友。马蒂亚斯·加拉斯[1]和奥克塔维奥·皮科洛米尼这两个在华伦斯坦帐下听令、深得其信任的将军在这件事情上表现得最为积极。

---

1 Matthias Gallas（1584 或 1588—1647），三十年战争期间的德国将军。

皮科洛米尼在1632年的吕岑会战中带领骑兵发起了7次进攻、自己的5匹坐骑接连中弹而亡，从此以后，统帅华伦斯坦对他另眼相看。这次英勇作战之后，华伦斯坦尽力提拔皮科洛米尼，这个意大利人从此平步青云，由上校晋升为总军士长，最终升任将军。但他恩将仇报：皮科洛米尼给皇室写了数封信件，信中先是指责主帅华伦斯坦无能，后来甚至指控他叛国投敌。这个阴谋家声称华伦斯坦密谋推翻皇帝、自任波希米亚国王。是什么驱使这个34岁的意大利人这么做，至今仍是个谜。或许是因为他的勃勃野心：只有华伦斯坦不再占据这个最高职位，他才能成为统帅，也就是将中之将。

对华伦斯坦叛国投敌的指控显然子虚乌有——至今没有任何文件可以证实这种指控。但华伦斯坦自己的所作所为使针对他的嫌疑潜滋暗长。为了实现梦寐以求的和平，他不仅和自己的皇帝书信往来，1633年他也和敌方秘密谈判——与萨克森人、瑞典人、法国人和流亡的波希米亚人谈判。谈判中华伦斯坦从不作出承诺，他向交战各方提出建议，这些建议有的相互矛盾——最终谁都不再相信他。

华伦斯坦的行为看起来愈发喜怒无常、不可预测，对下属也是如此：他有时候慷慨大度、令人受宠若惊，有时候又六亲不认、滥施酷法——仅仅因为比如当着他的面嗓门过大，或者哪怕是喊叫等小事，都会受到惩罚。后来，这位统帅根本无法再忍受大的动静：他尤其禁止在他附近穿带鞋钉的靴子，甚至有人说他每到一处就下令尽数杀死猫狗，以免受到吵扰。种种迹象表明，华伦斯坦最后处于梅毒晚期，这种性病先表现为皮肤溃烂，然后内脏受损，最终神经系统被摧毁。性格变化和精神病是这种疾病的典型症状。这个战争狂人后来可能已经神志不清——皇帝的信使甚至也不止一次感受到他令人不寒而栗的"失控行为"，看见他大发雷霆。就这样，连他最亲近的人也对他避犹不及。

华伦斯坦的最大错误很可能是 1634 年 1 月 12 日在位于波希米亚西部皮尔森（今捷克皮尔森）的大本营犯下的。他召集了 47 名皇室军队军团将领和将军开会，让他们签订所谓《皮尔森保证书》。这份文件的签订者"有义务"忠于他们的统帅，为其"流尽最后一滴血"。这份文件旨在对内对外展示华伦斯坦和他的军官众志成城。但这种做法的效果与设想的不一样，因为文件中没有任何有关向皇帝尽忠的表述——这是个重大失误。这个失误再加上皮科洛米尼告了黑状，导致了致命的结局：维也纳皇宫里，人们坚信华伦斯坦已经和他的军官歃血为盟，对抗皇帝。

斐迪南迅速作出反应：1634 年 1 月 24 日，皇帝签署了一道起初保密的免职令，解除华伦斯坦的职务，并且严厉批评他的两名心腹是"罪魁祸首"。他在这份文件里承诺对其他所有军官网开一面，即便他们已经在《皮尔森保证书》上签下大名，皇帝也将对他们"彻底既往不咎"。只有华伦斯坦和他的心腹爪牙将被皇室绳之以法、扫地出门。

另外一份更加机密的文件对这道免职令作了补充。皇帝斐迪南指定了一些军官，授权他们"如果可能的话捉拿"华伦斯坦及其死党，"有可能的话把他们捉住并押解到维也纳，或者把他们的戴罪之身就地正法"。简而言之就是，不论死活都要缉拿华伦斯坦！

一开始风平浪静。斐迪南等了足足三个星期，然后他开始发威了。1634 年 2 月 18 日，他拟定了第二道免职令，以最严厉的措辞指责华伦斯坦，称此人试图"把我们，以及我们至高无上的皇室，逐出我们世袭的王国和土地，使我们与人民分离，以背信弃义的方式篡夺我们的皇冠和权杖"，甚至"彻底铲除我们和我们至高无上的皇室"；其"口蜜腹剑、忤逆皇室、独断专行、野蛮残暴闻所未闻，在历史上也绝无仅有"。阅读这份免职令，人们可以强烈地感受到维也纳皇室集体患了妄想症。华伦斯坦传记的作者戈洛·曼将第二道免职令称作"畸形的文件"，不过华伦斯坦并未见到这份文件。这是"不幸中的万幸"，戈洛·曼这样评论道。

2月20日，华伦斯坦还试图洗刷针对自己的嫌疑。他让三十名在场的军官在所谓《第二份皮尔森保证书》上签名；在这份文件里，他辩称自己绝无丝毫谋反之意，并称自己对皇帝忠心耿耿，日月可鉴。可惜为时已晚：就在当天，各个城市公开张贴了皇室的免职令。

第二天，即1634年2月21日，华伦斯坦从亲信那里获悉他被正式免职了。一度由他调遣、现在不再听命于他的皇家军队已经向波希米亚首都布拉格进军。游戏结束了。

华伦斯坦和他的死党决定三十六计走为上。他们的第一个目的地是位于波希米亚最西部、距离皮尔森约80公里的埃格尔和那里的边界要塞。这些遭人唾弃的亡命之徒2月22日动身，2月24日抵达埃格尔，随行人员包括他们的仆从、部分家眷和整整2 000名士兵。

埃格尔守将、苏格兰人约翰·戈登打开城门迎接华伦斯坦。他把自己位于市中心集市广场的住所腾出来，供这位昔日的最高统帅下榻。当晚，戈登与陪同华伦斯坦的两名军官碰头：爱尔兰人瓦尔特·巴特勒和苏格兰人瓦尔特·列斯里。他们可能很快就谈到了捉拿被解职的华伦斯坦，把他交给皇帝的事。这三位来自不列颠群岛的军官一致决定铲除华伦斯坦及其党羽。

第二天即1634年2月25日，三位密谋者邀请前最高统帅及其三位最重要的亲信赴宴，以庆祝他们刚刚结交。卧病在床的华伦斯坦谢绝了邀请，他的亲信则欣然应约。他们带着副官一起到城堡用餐，席间被受雇充当杀手的士兵谋杀。

紧接着，密谋者中的爱尔兰人巴特勒带着三四十名龙骑兵，趁着夜色直奔华伦斯坦的住处。他派7个士兵进入楼内；正如本节开篇所述，这一队人马不负所望，完成了刺杀华伦斯坦的任务。

维也纳皇室得知华伦斯坦惨死的结局后如释重负。皇帝斐迪南对参与行动者及幕后人员加官进爵、封地赏金，并在事后宣布此次谋杀行动合法。他又下令组织了3 000场弥撒超度被害者的亡灵。

华伦斯坦的万贯家财充公后被分发给军官、神职人员、政府官员和教会机构。其遗孀被网开一面，获准保留一处乡村城堡作为住处。皇帝亏欠华伦斯坦的巨额债务从此一笔勾销——这种搂草打兔子的事斐迪南求之不得。

最高统帅的死讯传开之后引发了一场舆论风暴。瑞典人及其新教盟友试图利用这一谋杀事件展开宣传攻势，挑拨天主教各派势力之间的关系。传单如雪片一般，许多人把华伦斯坦塑造为死于忘恩负义的皇帝、几乎贪得无厌的阴谋家和专制暴力之手的殉道者。为了澄清这些指责，皇室不遗余力地搜罗证据，试图证明华伦斯坦罪有应得。但他们未能找到真正有说服力的证据。

因此，华伦斯坦的形象、动机和结局始终扑朔迷离，从而也一直是传奇逸事和文学作品的理想素材。诗人弗里德里希·席勒1799年创作完成的戏剧三部曲《华伦斯坦》就是其中的巅峰之作。这部作品完成于同样出自席勒之手、本书已经多次引用的优秀专业文献《三十年战争史》（或简称《三十年战争》）成书之后六年。

皇家军队在其最高指挥官离奇死亡后平静得出奇。实际上几乎没有人愿意再追随华伦斯坦。皇帝斐迪南任命与自己同名的儿子接任军队最高统帅一职。小斐迪南使战争的车轮很快又滚滚向前。

* * *

在上巴伐利亚的安代克斯，修士毛鲁斯·弗里森艾格比政界高层更加忧心忡忡。他记录1634年初的境况时说："这些日子，我们的苦难实在是无法描述。"那时的安代克斯深受在其周边地区安营扎寨过冬的西班牙士兵之苦。许多村民因此逃离屋舍，藏身在修道院的围墙后面寻求庇护。"修道院里住着上千人，所有房屋都挤得满满的，大家一个挨一个睡。时值隆冬，没有壁炉，没有床铺，常常三四天吃不上一口面包，同样饥肠辘辘的士兵总是来找我们索要面包。"弗里森艾格写道。从位于山下的邻村（那里的村民全都躲进了修道院）传来了令人不安的嘈杂之声。制造噪音的是在小村子里翻箱倒柜的1 500名西班牙士兵："埃尔林村民只听见村里发出的大呼小叫和打砸之声——西班牙士兵拆毁了他们的房屋以获取木柴点火。"

大约35名安代克斯修道院的修士、仆从和难民也领教了得罪高级军官的后果：两个西班牙上校因为修道院向他们的上级投诉西班牙士兵纵火而受到军队领导斥责，他们显然想要报复。"他们对我们的仇恨与日俱增。"弗里森艾格记录下了军官的刁难行为，"他们向我们索要那些明知我们既没有也不可能有的东西，比如蜂蜜、油、蛋、蜡烛等。"他们还向农民"索要所有奶牛生产的牛奶和黄油。哦！这是可怜的人们最后的，也几乎是唯一的粮食"。

1634年1月11日，一名上校的传令兵宣布，西班牙军队第二天将撤离。然而，"当1月12日这幸运的一天到来时，我们看见的不仅仅是希望破灭"，弗里森艾格抱怨，"而且迎接我们的是比到目前为止的日子更可怕的一天。"

"一大早，很多士兵拿走了我们的农民的孩子的米糊，以及少得可怜的面包。我们的法官和几个农民怒不可遏，想以暴制暴。"修士这样写道。对儿童食品的争夺迅速升级，以致"个别士兵受伤，虽然伤得很轻"。

"上校目睹了这场拳脚之争，怒气冲冲地跑过来，马上让人把我们的法官绑上，不由分说要把他绞死。"弗里森艾格接着写道，"愤怒的士兵在小酒馆里以同样的方式捉住了一个素不相识的男人——马赫特芬（邻村）一个无辜的面包师。"日记作者写道，"士兵很快把他和我们的法官一起带到马厩，把两个人的双手绑在背后，绑在一根柱子上，让他们等着被判死刑。"

修道院里两名领头的修士为此找到上校，为被捕者求情。"西班牙军官对请求和道歉置若罔闻。"弗里森艾格写道，"军官让他的翻译告诉我们，他将命令他的士兵杀死埃尔林的所有男女老少。"上校继续威胁我们，"最后他下令，这两个被捕的人要做好临终祷告和其他准备，等着被绞刑处死。说完这话他就打发求情的两位修士走开。"

这就是说情况更糟了，但修道院的教友们并不放弃。两个教士中的一个和另一个神职人员再次试图为被捕者求情，希望愤怒的上校收回成命，弗里森艾格写道。"他们双双跪倒在他脚下，以上帝和万圣的慈悲请求上校宽恕无辜的被捕者，放他们一条生路，不要让圣山（修道院）因绞刑架而蒙羞受辱。"两位修士不仅冒着生命危险在喜怒无常的上校面前请命，而且不惜忍辱屈尊以拯救他人的性命。

上校被说动了："他终于走向下跪求情者，把他们从地上搀扶起来，说教士不该跪倒在自己脚下。村子及其宗教是神圣的，因此被捕者将被释放。"但这位西班牙军官给这段听起来冰释前嫌的定论还加上了狂暴的最后一幕："可被捕的两个人从早上（西班牙军官）同意宽恕他们开始，一直被绑到下午茶时分，这期间他们不得不提心吊胆

古斯塔夫二世·阿道夫（1594—1632年），瑞典国王，三十年战争中的新教阵营统帅，人称"午夜雄狮"

阿尔布雷赫特·冯·华伦斯坦（1583—1634年），三十年战争中的天主教阵营统帅

约翰·冯·韦特（1590 或 1591—1652 年），农民的儿子，德国方面颇受欢迎的骑兵将军

黎塞留（1585—1642 年），枢机主教，毁誉参半的法国宰相

1634年讷德林根战役场景：长矛兵以长矛形成颇具杀伤力的"矛林"，保护火枪手装填火药并射击。骑兵则以剑和手枪作战，在尽可能短的距离内开枪。油画，（西班牙）米克尔·奥拉扎贝尔，2012 年

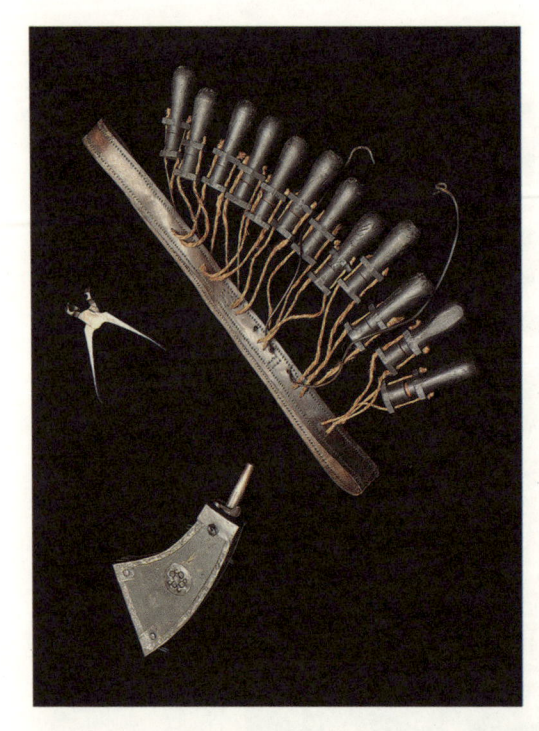

上：一名火枪手通常随身携带12个木质火药匣，每个火药匣里的火药正好够发射一枪

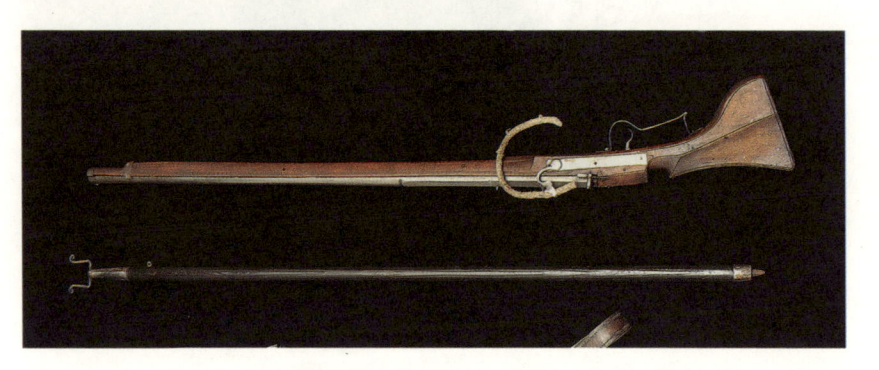

左：射手必须将枪管架在支撑叉上才能用沉重的火枪瞄准

1636年，在勃兰登堡死去的苏格兰雇佣兵的颅骨（参见本书第179—181页）

三十年战争中,士兵入侵一个村庄
油画,(荷兰)塞巴斯蒂安·弗兰克斯,1640年前后

毛鲁斯·弗里森艾格（1590—1655 年）的肖像。他完成了一本感人的日记。画面中，1650 年的他满面愁容

弗里森艾格是圣安代代克斯修道院的修士、神父，1640年起任该修道院院长

地忍受死亡的煎熬。"弗里森艾格的愤怒之情溢于言表。

这件事情过后也不安宁。西班牙士兵要走了修道院里农民的全部食品；他们的理由毫无疑问是正确的：他们正忍受着最严重的饥荒。"前一天夜里刚刚死去的士兵中，有两个饿死之前还咬了自己的手臂，把自己手指上的肉啃了下来。"弗里森艾格这样描述士兵们绝望的困境。这些士兵最终从修道院和农民那里获得了可以制作1600块面包的麦子。

没过多久，"又一场骚乱开始了"。弗里森艾格写道："一群饥饿的士兵闯进我们的麦尔豪斯（农庄），用暴力打开所有牲口棚的围栏，看见喜欢的就顺手牵羊。但他们特别想要的猪却逃到了地里。"

修士们因此向几位西班牙军官求助，这几位军官还真和上校一起赶到修道院的农庄，以阻止其士兵的劫掠活动。"在当时那种情况下，如果还有什么能让我们忍俊不禁的话，军官们的这次出场就太可笑了。"弗里森艾格的笔调里带着些许幽默，"那些大兵（普通士兵）在地里撵着猪跑，军官在地里撵着大兵跑，直跑得当官的破衣飞扬，当兵的乱发直竖。"

发生在上巴伐利亚的这场你追我赶的事件之后，上校动了真格："90个实施暴力的他的士兵，终于有两个人被抓了起来。"我们的修士这样写道。"（这两个人被）绑在麦尔豪斯农庄院子里的一根柱子上，被判枪决，"弗里森艾格写道，"这样我们尊贵的军官就显得不仅对农民严格执法，而且对自己的部下也铁面无私。"

这是上校这一天之内第二次作出死刑判决，这次被判死刑的是他自己的人。"但我们不得不替他们请求枪下留人，这么做或许是为了显示我们的诚意和友善。"弗里森艾格推测。因此修士们又成功地为被判死刑者讨了一条活路——这次是为抢劫的士兵，尽管修士们对这些人估计几乎不会有什么好感。

抢劫还在继续。动手的不仅仅是普通士兵,就在作出死刑判决又枪下留人的当天夜里,"我们的上校多次为他的士兵们索要了10头牲口。他对我们的抗议和农民的恳求与泪水置之不理,抽签决定带走哪些(动物),然后就把牲口从棚里拖走了",弗里森艾格难过地写道。恶性循环由此开始:"因为农民终于发现士兵确实就是要把他们的一切全都拿走,让他们活活饿死,所以他们就自己动手宰杀仅存的一些牲口,宁可用它们填饱自己的肚子,也不让牲口落到当兵的嘴里。"弗里森艾格得出结论认为,皇家-天主教联盟的将军阿尔德林根曾经预言:"要是这场战争过后还能在巴伐利亚找到一头牛的话,那就该把它披金戴银供起来。"看来这话还真应验了。

"1月14日这天终于给我们带来了些许欣喜。"不久之后,弗里森艾格如释重负地写道。驻扎在埃尔林的西班牙军队半数撤离,队伍跟着两个上校中的一个走了。修士没有提及这些不速之客去了哪儿——重要的是他们走了。

最初驻扎在埃尔林的1 500名士兵只剩下几百人还留在修道院旁的这个小村子里。这的确让人松了口气,但食品依旧严重匮乏。而且修道院这个35名僧侣供职的弹丸之地还挤着躲避西班牙军队的上千村民。这些难民目前的处境正如弗里森艾格描述的那样令人难以置信:"这期间许许多多人染病,也有些人病亡;修道院里几乎没有哪个房间,也没有哪个牲口棚里不躺着几个人。这并不奇怪,因为每一处住房和牲口棚都挤满了人,以至于常常是一两百人前胸贴后背挤在一起,只能蹲着,不能坐下,更不能躺下。人们感受到的是饥饿与痛苦,听到的是孩子们的号哭和父母的悲叹,闻到的是熏天臭气。"

三天后传来了令人解脱的消息:"(1634年1月)17日,我们的上校接到命令，军队第二天开拔。"这就是说，在代克希斯的两个上校中的第二个也遁形了，剩余的士兵也随他离去。他们的目的地是远离修道院的蒂罗尔。"18日上午九时开始撤军，军队如同一盘散沙。"我们的日记作者用刻薄的语气记录道。

弗里森艾格生动地描绘了"这些兵痞撤离之后"附近埃尔林村的景象。日记里的有关章节有力地说明了战争期间饥寒交迫的士兵军纪何其败坏："整个村子污秽不堪，遍地狼藉，目之所及令人不寒而栗，无法理解。房屋之中、街巷之内，到处都是破衣烂衫，吃剩的马头、马蹄和马的内脏，人的排泄物和多具死尸。房屋里保留完好的只有卧室、储藏室和厨房，其余房间没有屋顶、没有墙面、没有隔离墙、没有大梁，大多数只剩下四根柱子。花园里的篱笆、护栏和长势最好的果树全都被烧了。各种生活用品（板凳、箱子、床架、锅碗瓢盆），可以移动的物品（比如车辆和犁具），以及所有木制品，也都被付之一炬。两座教堂也惨不忍睹。门窗残破，放在屋里的一切物品和用得上的东西都被洗劫一空。至少一个星期前他们在圣母教堂放过一把火，在教区教堂至少放火烧过两次。教堂里的木制用品全都被投入火中。石头房子满是烟熏火燎的痕迹，遍地垃圾。墓地里人们留下的秽物多得令人无法体面地下脚，法衣室被士兵当作便溺之所。供奉我们亲爱的圣母玛利亚的教堂里躺着四具尚未埋葬的尸体，村民们把他们抬到教堂外北面，和已经在那里的其他几具尸体埋在一起。"西班牙士兵连他们死去的战友都顾不上掩埋。

修道院和村里既然是如此一副破落景象，期盼已久的西班牙军队的撤退并不意味着苦难结束也就不足为奇了。"先是失去了所有粮食和牲口，然后没有面包，没有牛奶，没有肉。那还怎么过冬呢？"弗里森艾格问道。

"因此家家户户都躺着病号，"修士写道，"死的人也很多。可不就是这样吗？缺医少药，没有营养品，没有面包，没有床，没有稻草，没有壁炉，没有木柴。而从去年11月到今年2月，天气始终极其寒冷，房屋四面透风，在风霜雨雪中经历了整个冬天。所有病号和健康的人都有一种生不如死的感觉。"

"整个2月我们没有经历什么兵荒马乱，但病号让我们更加焦头烂额。"弗里森艾格继续写道，"自从西班牙人（1634年1月18日）撤军之后到3月初，照料了七十多个病人，埋葬了四十多个死者。疾病主要表现为全身无力、痢疾（严重的细菌性腹泻）、匈牙利高烧（可能是伤寒）、异常发热和肿瘤。此外还有些人被发现冻死在路上和田间。更可怕的是，再也没有人想去探望病人，也没有人愿意掩埋死者。"

然后暂时的平静也不复存在了。"3月底，我们再度陷入极度恐慌之中。"弗里森艾格写道。瑞典军队又开始活动，巴伐利亚境内及其周边地区再度燃起了战火。

1634—1635年

从天堂到地狱

"春天，我们随着军团出发前往班贝格。"在哈根多夫笔下，他1634年随瑞典军队参与的远征是这样开始的。昔日的敌人现在成了他的战友，昔日的战友则成了敌人。

我们的日记作者只字未提这种情况是否导致他的内心出现冲突。他不觉得倒戈投敌在心理上难以接受，或许是因为他在新环境中很快就有了"宾至如归"的感觉：此时的瑞典军队主要由德国雇佣兵组成。

哈根多夫和他的新战友一道向南出发，首先进攻纽伦堡附近的罗滕贝格。"但他们用大炮挡住了我们的去路，我们不得不再次撤退。"他以简洁的幽默语言描述了这次失败的行动。

他们继续向南行军，来到已经被瑞典军队占领的奥格斯堡和相邻的小城弗里德贝格。1634年7月12日，士兵们在那里和另外一支瑞典军队会师。两支队伍整编为一支整整2万人的军队，向巴伐利亚选帝侯公国腹地进军。"向（慕尼黑附近的）弗赖辛进发，渡过伊萨尔河，来到兰茨胡特。"雇佣兵哈根多夫写道，"我们炮轰兰茨胡特，一鼓作气将其拿下。"

瑞典占领军彻底摧毁了下巴伐利亚的这座城市，根据兰茨胡特今天的历史记载，这座城市花了两百年时间才恢复元气。哈根多夫记录道："我们在这里待了8天，把城市洗劫一空。我的战利品是一个漂亮的姑娘、12个塔勒、足够的衣服和白色织物（纺织品）。"令人不寒而栗的是，日记作者对自己的恐怖行径只是轻描淡写，一笔带过：他把劫持少女——恐怕也是强奸少女的行径，与一系列抢劫钱财和衣物的行为极其自然地相提并论。

我们的雇佣兵的所作所为或许并非不同寻常：此时战争已经进行了16年，暴力已经成了士兵的家常便饭，早就习以为常。最后，哈根多夫又放走了他的受害者："我们出发时，我又把她放回了兰茨胡特。"他用这句话结束了这一插曲。

哈根多夫随着瑞典军队在巴伐利亚前进了一小段，直到一支敌军逼近。"皇家军队来了，把我们赶跑了。"他接着写道。瑞典军队曲折行军，向西躲避，到达今天巴登-符腾堡州的阿伦。

此间，皇家-天主教联盟军队从瑞典人手中收复了具有重要意义的帝国南部城市雷根斯堡和多瑙沃特。指挥军队和瑞典人作战的是皇帝斐迪南的儿子，他与父亲斐迪南同名，名号是"匈牙利国王"。8月18日，哈布斯堡王朝的军队开始围攻讷德林根——这座城市位于今巴伐利亚州和巴登-符腾堡州交界处。

瑞典军队立即调转方向，同样向讷德林根方向出发，为这座重要的天主教帝国城市解围，也就是要击退皇家-天主教联盟的围城部队。

但皇家-天主教联盟军队于1634年9月初获得了1.5万人的西班牙军队的增援。统率西班牙军队的是西班牙枢机主教亲王斐迪南，他是先行抵达的斐迪南的侄子。举世闻名的巴洛克画家彼得·保罗·鲁本斯于同年或次年在一幅油画中描绘了哈布斯堡王朝的两位斐迪南这次亲切会面的场景。这幅画作今天在维也纳的艺术史博物馆展出（鲁本斯与西班牙王室关系良好，甚至一度担任西班牙王室的外交官）。

兵合一处的皇家-天主教联盟-西班牙军队现在拥有3.3万兵力，比瑞典军队多大约8 000人。此外，他们还以讷德林根南部连绵的小山为掩体，可以说占据了地利。

尽管如此，瑞典军队指挥官还是决定马不停蹄地发起进攻，因为他们担心讷德林根很快会落入敌手。"1634年9月7日，我们从博普芬根附近的山头向讷德林根进军，进攻皇家军队。"哈根多夫写道。我们的日记作者在这个地方出了点儿小错，这在他的日记中绝无仅有：进攻在两天之前，即9月5日就已经开始了。其他记录都和历史学家的资料吻合。"第一天，我们在那里打退了他们。"雇佣兵继续写道。事实上，瑞典军队抵达讷德林根附近后，当天晚上就占领了几个山头高地。但名为阿尔布赫山的制高点还在天主教联盟军队手中，防守的天主教联盟军队连夜在山上挖了壕沟。

"第二天，战斗进行得相当激烈。"哈根多夫写道。9月6日早上五时许，大型强攻开始了。瑞典军队——主要是苏格兰和德国步兵从四面八方迅速冲上阿尔布赫山，赶跑了那里的皇家-天主教联盟军队的士兵。但之后就陷入了混乱：据说山上的一杆火药连发枪爆炸，进攻方看不清前方，一时间相互射击——这种事战役中时有发生。西班牙军队利用这一混乱局面组织反击，不到一个小时后，瑞典军队又退回了山脚下他们发起进攻时的位置。

一切从头开始：瑞典军队统帅古斯塔夫·霍恩[1]命令他的军队再次进攻，但又被打退了。他就再次下令进攻，再次被打退。再次进攻，再次被打退……据说霍恩的军队十余次进攻山头，每次都被血腥打退，就这样持续了几个小时。接近中午时分，他的军队损失惨重，幸存的将士筋疲力尽，无心恋战，霍恩最终不得不接受现实，下令撤退。

防守的天主教军队等的就是这一刻。他们拉开广阔的战线发起反攻，向霍恩的军队直扑下来。久经沙场的西班牙军队冲散了霍恩的队伍。此后，天主教军队又一举击溃了由萨克森-魏玛的伯纳德[2]率领的另一支瑞典军队。瑞典军队最终全线溃败，仓皇鼠窜，天主教骑兵杀入惊慌失措的败军之中，如入无人之境，削瓜切菜一般追杀败逃的敌军。西班牙士兵尤其心狠手辣，他们对遍地呻吟呜咽的伤兵一样大开杀戒。

"西班牙人让我们损失惨重，因为这一天整支瑞典军队都被打败了，不论步兵还是骑兵。"哈根多夫总结道，"西班牙人所到之处片甲不留，嘴里还骂骂咧咧的。"他引用了西班牙士兵说的一串词语，后面几个词很可能是骂人的话，意思是"混蛋、狗屁、蠢货、无赖"，发现哈根多夫日记的扬·彼得斯这样写道。彼得斯从哈根多夫的这些

---

[1] Gustav Horn（1592—1657 年），瑞典贵族、军官兼总督。
[2] Bernhard Herzog von Sachsen-Weimar（1604—1639 年），三十年战争期间在瑞典军中任将军，曾任弗兰肯大公。

咒骂（日记中其他地方均未出现这类词语）中推断出我们的这位雇佣兵对西班牙人没有什么好感，"尤其不喜欢他们的宗教狂热"。比如有人说西班牙士兵把火药撒在被打倒的瑞典士兵的衣服上，然后点燃，理由是必须用火折磨和焚烧这些异教徒。西班牙士兵的这种做法和普通的雇佣兵不同，后者以战争为职业，视敌方士兵为同一行会的会员。

讷德林根战役结束后也没有人统计过死亡人数，因此各方估算的数字相去甚远。估计8 000名左右瑞典将士阵亡，即大约每三名将士死亡一人；天主教联盟方面则损失了大约2 000人。倒霉的统帅霍恩和4 000名瑞典士兵被俘。其中也包括哈根多夫，他写道："这一次，万能的上帝格外眷顾我，为此我这辈子都得向亲爱的上帝致以最诚挚的谢意，因为我一根手指也没有受伤。除我之外，其他重新回到军团的人里没有任何一个不曾受伤。战役结束后，（此前一度）在巴伐利亚或天主教军队服役，后来（被瑞典军队）俘虏的士兵又回到了他们（原先）的军团。"

"一个小时后，我和我的伙计（勤务兵巴特尔特）一起回到了我曾经服役的连队，在施特劳宾和我一起被俘的上尉又授予我二级下士军衔。"哈根多夫继续写道。就这样，我们的雇佣兵又回到了皇家-天主教联盟军队的巴伐利亚军团，和在瑞典军队时的一级下士相比，他的军衔有所下降。两次改换阵营之后，哈根多夫总体上降了两级：从中士到一级下士，再到二级下士。这样一来，他被打回原形，又成了他一年前就已经担任的最低级的军士。

如果用今天的标准衡量，对哈根多夫的宽大处理简直令人吃惊——他显然没有因为曾为敌军作战而受到任何制裁。在大多数现代战争中，等待这位雇佣兵的将是军事法庭。当时人们显然更理解被俘士兵被迫更换阵营的行为。人们不指望一个受雇参战的士兵会在这种情况下英勇无畏地为了某件事或某个祖国而舍生取义。

阅读哈根多夫日记的人们也有这种感受：仿佛重新回到皇家-天主教联盟军队是世上再自然不过的事情一样。因为在简要地记录自己再次被任命为二级下士之后，他直截了当地写道："这事发生在1634年9月7日。我们从讷德林根出发，追击瑞典军队。"

这就是说，哈根多夫立即又投入了战斗——只是现在他不再追随瑞典军队和天主教军队作战，而是又跟着天主教军队打瑞典军队。这位雇佣兵对向自己曾经的战友开枪毫无顾忌。战争只是一份职业——一份有生命危险的职业，但这份职业有其规则。只有当这些规则受到破坏时，哈根多夫才表现出恼火或愤怒等感情。比如，当瑞典人不遵守协定强迫他改换阵营，或者当西班牙士兵过分残忍地对待瑞典士兵时。

讷德林根战役使战局出现了新的转机。一路高歌猛进的瑞典军队一败涂地，几乎全部从德国南部撤出，并且放弃驻守美因河南岸的所有地区。这些来自斯堪的纳维亚半岛的侵略军实际上又回到了1631年布赖滕费尔德战役后他们开始一路大捷的地方。他们重新回到了出发点，只不过这次少了光芒四射的国王古斯塔夫二世·阿道夫。

皇家-天主教联盟-西班牙军队大获全胜后，没有继续兵合一处，而是分道扬镳。西班牙军队向尼德兰出发，发动了一场旷日持久的战争，所到之处生灵涂炭。皇家-天主教联盟军队此时向西穿过今天的巴登-符腾堡地区，如哈根多夫所写，"向斯图加特、普福尔茨海姆进发"。他一路上遇到的瑞典驻守部队"全都乖乖投降"。

皇家-天主教联盟军队继续向莱茵河附近的杜尔拉赫（今属卡尔斯鲁厄市）行进。军队以惯常的方式洗劫了这座当时的新教诸侯国首府:"杜拉赫的酒不错,"哈根多夫心满意足地说,"全都成了战利品。我在这里又弄到了衬衫,我的伙计搞到了一匹马——一匹白马,抢来的。日子又滋润了。"

皇家-天主教联盟军队满载而归,返回同样被他们洗劫的普福尔茨海姆。"我在这儿也抢了个小姑娘,"哈根多夫写道,这是他一年之内第二次提到自己绑架少女作为战利品了,"但我又把她放了,因为她得回去给我取白色的衣服(纺织品)。"他又加上一句,并且耿耿于怀,"对此我一直觉得遗憾,因为这次没有女人。"这就是说,哈根多夫以他的妻子一年前去世为自己的行为开脱。历史学家扬·彼得斯对此作了简洁明了的注释:"以性饥渴为暴力之合法性。"

哈根多夫看来并不关心他的受害者的结局。"对于雇佣兵来说,女人大概和财物一样属于战利品。"历史学家马克·冯·穆勒在其有关哈根多夫生活的硕士论文中这样猜测,"日记的作者在这一点上也不例外。"

哈根多夫倒是再也没有提及他劫持又放走的那个姑娘。他看起来丝毫不受此事影响,继续记录道:"我们从这儿向莱茵兰-普法尔茨地区的海德堡出发。我们占领了海德堡——只占领了城市,但没有占领城堡。这事发生在1634年11月19日。"

"我们兵力太弱了。因此不得不又撤离海德堡城。"哈根多夫这样解释这次失败。"撤到了普福尔茨海姆",也就是撤回出发地。很快有新的军团赶来增援,部队再次发起冲锋,试图攻占坚固的城堡:"又到了海德堡,又拿下了这座城市,在里面待了14天。炮轰城堡,想把它炸毁。"为此,军队还在地底下挖坑道,直通敌方城墙。然后,"把24吨火药埋在城堡下方",哈根多夫写道,以使敌军的防御工事在轰然巨响中飞上天。"眼看着万事俱备",但出现了个小插曲,"这时法国军队来了，三万人马"。

　　法军的先头部队立即发起进攻，"还没等我们觉察就占领了壕沟，里面有7门大炮"。然后，或许指挥官不想让战事升级，因为法国人和巴伐利亚人根本还没有正式开战。"因此，法军指挥官让我们撤退。"哈根多夫说道，"他保留了所有火炮，却让我们带上全部家当撤退。"

　　正如我们的日记作者显然充满欣喜地补充说明的那样，撤退时的行李满满当当："我的伙计带走了一头漂亮的母牛。"哈根多夫的勤务兵巴特尔特在搞到大牲口作为战利品方面显然很有天分——不久前他可是已经弄到了一匹白马。母牛换来了不少钱："母牛在（小镇）巴特温普芬卖了11塔勒"，这比二级下士哈根多夫一个月的军饷还稍微多些。

　　军队从巴特温普芬又撤到了普福尔茨海姆。军队不断来回运动，每次大兵过境对当地百姓而言都不啻一场灾难。居民如惊弓之鸟一般，对皇家军队（我们的雇佣兵哈根多夫也是其中一员）和其他贪得无厌、在各地东游西荡的队伍避犹不及。许多在讷德林根战役之后失去家园的施瓦本居民聚集在法兰克福附近的一座难民营里，或者聚集在苏黎世，那里有700至800名德国难民暂时在救济所接受布施（吃饭），这个人数相当于当时苏黎世市人口总数的1/10。还有大量难民潮水般涌向斯特拉斯堡，逃难者"在寒冬里密密麻麻地躺在大街上，市民白天从他们身上跨过，夜间被饥病交加的人群的呻吟吵得无法入眠"，英国历史学家西塞莉·韦罗妮卡·韦奇伍德这样写道。市政府最终使用暴力把数以千计难民逐出了斯特拉斯堡。法兰克福附近的哈瑙等其他城市则从一开始根本就没有对汹涌的难民潮敞开大门。

　　大部分逃难者试图留在家乡，找个防守坚固的安全之处藏身——这和许多安代克斯修道院周边上巴伐利亚村民的做法类似。施瓦本地区的鞋匠汉斯·赫伯勒就记录了他本人、他的妻子和五个年幼的孩子在讷德林根战役后逃离他们所在的魏登施泰滕村的经过。瑞典军队失利的消息一传开,"我们没怎么犹豫",新教徒赫伯勒说道,"能跑的都跑了,以便当天就能赶到乌尔姆",乌尔姆离这里直线距离17公里,"因为敌人已经近在咫尺"。

"成千上万人"和赫伯勒一起逃亡,他们一家人不得不在城墙前面露宿了一夜,然后城门才向他们敞开。三个星期后,赫伯勒一家重返自己的村子,两天后他最年幼的孩子夭折了——孩子刚刚出生4个星期。1个月后,又有"许多皇家人马",也就是军队,"在当地来回游荡、抢劫——大家又不得不躲进城里",赫伯勒写道。全家因此再次逃往乌尔姆,1634年10月17日"夜里十一时到十二时之间",赫伯勒说道,"我的儿子托马斯死了",年仅3岁。"愿全能的上帝保佑他在末日审判时快乐地复活,幸福地永生。"这位37岁的鞋匠补充道——这和雇佣兵哈根多夫失去子女之后的做法类似。

这期间,8 000难民涌进了乌尔姆。城里食品匮乏,卫生条件极其恶劣,尽管如此,惶恐的难民还是待到了寒冬腊月。"哀鸿遍野,饿殍满地。我们挤在一起,困苦不堪。物价飞涨,饥荒严重,然后出现了可怕的疾病:黑死病。死者成百上千。"赫伯勒以其偶尔简洁的语言记录下了这一切。死者中还有这个鞋匠的其他至亲:"我的继母"1634年12月10日死于黑死病,12月11日"我的姐姐贝尔伯尔"病故,赫伯勒写道,"紧接着",12月12日"我的妹妹多萝特娅也死了",12月28日"另一个姐姐乌尔雪去世"。赫伯勒最后写道:"愿全能的上帝保佑她们全都在末日审判时快乐地复活,幸福地永生。"

1635年1月8日,赫伯勒一家幸存的成员重返家园,但日子依旧不太平。饥荒不断,家园残败,不断有人去世:1635年1月20日,他的哥哥巴尔特勒去世；4月12日，他67岁的父亲"相当自然地驾鹤西去"，赫伯勒特别强调了一下；9月4日"我的妹妹德琳纳"，9月17日"我的第一个孩子、刚刚7岁零15天的卡特莱纳"，10月2日"我最心爱的儿子、才5岁40周零5天"的约翰内斯相继离世。

就这样，赫伯勒在一年之内失去了五个孩子中的四个、五个兄弟姐妹、父亲和继母。他继续在无穷无尽的恐惧中生活，颠沛流离：战争期间他总共30次拖家带口逃往乌尔姆。但赫伯勒和比他小6岁的妻子安娜·邦策尔挺过了这一切。他本人1677年才以近80岁高龄辞世，他的妻子比他活得还要长久，去世时间不详。两口子相濡以沫49年，他们的10个孩子中只有两个活得比他们的父亲长。

军队南征北战导致百姓生活艰辛，损失惨重——正如上文所述，当一支军队长期驻扎在某个居民点附近时，灾难更加深重。哈根多夫服役的巴伐利亚军队在来来回回、南征北战之后，于1634年底在已经多次遭受侵扰的普福尔茨海姆落脚。"我们的部队在这里安扎了冬季营寨。"雇佣兵写道，"这个冬天我们也有足够的酒，免费的。这是1634年12月25日。"

哈根多夫没有提及百姓的痛苦，而是记录了一件令人欣喜的私事："这一年，也就是1635年1月23日，我和马丁·布赫勒林的女儿、贤惠的安娜·玛利亚·布赫勒林结了婚。亲爱的上帝保佑我们长命百岁。我在普福尔茨海姆办了婚礼，花了45古尔登。"——这相当于我们的雇佣兵4个月的军饷。"（新娘的）父亲出了10古尔登。"

历史学家扬·彼得斯查阅当年的教会登记资料发现，新娘安娜·玛利亚·布赫勒林和哈根多夫一样来自位于今天萨克森-安哈尔特的采尔布斯特。因此，彼得斯得出结论，认为雇佣兵估计是在家乡认识了新娘的父亲，这意味着这场婚姻可能是在原有关系的基础上结成的。哈根多夫的妻子很可能婚前就已经在家眷队伍中随军迁徙，她的父亲很可能也在家眷之中，或者属于战斗人员。

1635年初，哈根多夫结束了1633年前妻去世之后开始的孤家寡人的生活。他强抢民女的时光也随之结束了——他笔下此后的战争岁月里再也没有出现类似行径。他记录的两次劫持妇女的行为恰好在他的两段婚姻之间相对较为短暂的时期，这很容易让人怀疑性需求是其强抢民女的动机之一。

婚礼之后，这对新人在平静中度过了几周蜜月时光：新婚夫妇在普福尔茨海姆又停留了3个月。然后，军队又开拔了。哈根多夫写道："4月25日，随着大部队向符腾堡地区的蒂宾根出发。这里有一所高级学校。"这指的是大学。

然后军队又横穿符腾堡，向菲林根、内卡河畔罗滕堡和位于弗赖堡与博登湖之间的勒芬根挺进。"经历了一场大雷雨，但有3个士兵不当回事，恶毒地诅咒和发誓。"雇佣兵写道。老天爷的报应随之而来："3个人都遭到雷劈。两个当场毙命，另一个又活了3天，然后也死了。"

走啊走，一直穿过德国西南部："然后去了多瑙埃兴根。多瑙河从这里的城堡附近发源。"哈根多夫提供的地理信息今天仍然适用：多瑙埃兴根城堡公园的源泉被象征性看作多瑙河这条横贯十国、汇入黑海的大河的发源地。

"然后去了黑森林的诺伊施塔特，"雇佣兵记录道，"之后到了'天国'，然后'下地狱'。因为那儿有一家叫'天国'的小酒馆——从那里步行一小时就进入山谷。这个山谷人称'地狱之中'。"

一家叫作"天国"的小酒馆，一个叫作"地狱"的山谷——日记作者显然很喜欢以其干巴巴的幽默做这种文字游戏。"这里是一片荒野之地，到处是山峰、深谷和森林。人们大多以畜牧为生。水流清澈甘冽，水中鳟鱼肥美。"他兴致盎然地写道，"从'地狱'途径弗赖堡向布赖萨赫出发，又到了一马平川的地方，那里叫阿尔萨斯。布赖萨赫有座极其坚固的城堡，是通往莱茵河的咽喉"——这条大河即将成为一个巨大的战场。

因为此时军事冲突进入了一个新的阶段，即所谓"瑞典-法国战争"，这场战争是三十年战争的第四幕，也是最后一幕——此前三幕分别是1618至1623年的波希米亚-普法尔茨战争、1625至1629年的丹麦-下萨克森战争和1630至1635年的瑞典战争。

最后这一幕大体上反映了哈根多夫不经意间作出的预言式描述：从天国通往地狱之路。因为战争的第四阶段和此前的两个阶段一样，都是从百姓能够期待重新拥有久违的和平时开始的——就仿佛身处人间天国——最后却又坠入战争的地狱之中。

1635年5月30日，天主教皇帝斐迪南和他帝国内最强有力的新教对手、萨克森选帝侯约翰·格奥尔格一世签订了一份受到普遍欢迎的和平协议。这份所谓《布拉格和约》建立在一份1634年11月24日就已经议定、名为《皮尔纳声明》的"临时和约"的基础之上。在这份"临时和约"里，参与战争的皇家-天主教联盟一方和新教萨克森一方约定共同组建一支军队。

萨克森选帝侯约翰·格奥尔格一世由此在这场战争中第二次改旗易帜。在战争的第一阶段，即波希米亚-普法尔茨战争中，他帮助皇帝斐迪南镇压了波希米亚的叛乱。但1629年，皇帝斐迪南颁布了《归还教产敕令》，命令新教徒归还1552年后取得的所有天主教教会财产——这一要求适用的地区很广。因此，约翰·格奥尔格一世在战争的第三阶段，即瑞典战争中，勉为其难地站到了信奉新教的瑞典国王古斯塔夫二世·阿道夫一边。如今，瑞典军队在讷德林根战役中一败涂地之后，他又回到了皇帝斐迪南的阵营。这就是说，他终于不再装得像个纯粹的天主教徒，而是见风使舵的实用主义政治家——这对他来说再容易不过了。

和异教徒达成妥协，这让虔诚的斐迪南的良知倍感不安。因此他把自己的和平建议摆在一个由24名神学家组成的委员会面前。这些专家对是否应该对新教徒作出让步各持己见。其中7人持反对意见，但大多数人则表示同意。此后，皇帝斐迪南才为了和平大计，宣布停止实施《归还教产敕令》40年。同时，他还宣布，以1627年11月12日为德国宗教的教派分离基准日：这一天信奉天主教或新教的，以后也应继续信奉天主教或新教。这是一种经过深思熟虑的妥协，它把德国南部和西南部的广大地区划给了天主教徒，新教徒则获得了德国北部和中部地区。

此外，《布拉格和约》还邀请除加尔文宗信徒之外的所有德国诸侯加入这份协议。加入协议者即可保证获得完全赦免。"条件极其宽厚诱人"，历史学家韦奇伍德这样评价这份"到目前为止双方中的一方提出的（至少表面上看起来）最好的和平协议"。由此，几乎所有德国诸侯和自由的帝国城市都接二连三地批准了《布拉格和约》。

德国天主教徒和新教徒之间旷日持久的内战到此为止实际上就结束了。除此之外，曾经的对手相互作出保证，将各自的军队组成一支由皇帝统一指挥的联军。他们宣称自己的目标是把敌人的军队从帝国土地上驱逐出去。

这么做的结果是引发了一场德意志爱国主义浪潮，这种情绪在当时的传单上体现得淋漓尽致。历史学家乔治·施密特指出："人们反复强调要'对德意志帝国忠贞不贰'，强调'德意志的血统和气质'。"

此外，人们还试图将刚刚被唤醒的民族情绪用于军事目的：德国雇佣兵占大多数的瑞典军队中，流传着皇帝斐迪南的一封信，信中呼吁所有德国人参加帝国的联军。谁要是继续为敌人效力，就将被查抄财产、判处死刑。萨克森选帝侯同时承诺为投诚的德国雇佣兵提供金钱、良好的住处，并予以大赦。这种胡萝卜加大棒的政策加上爱国主义在小范围内起了作用，但未能从根本上削弱瑞典军队。

使和平的希望最终破灭的是法国。到目前为止，法国在这场战争中一直深藏不露，其活动很大程度上局限于为瑞典军队在德国的活动提供财政支持。但现在法国人开始采取军事行动了。

就在《布拉格和约》签订的当月，法国正式对西班牙宣战——从而也间接向与西班牙国王结成紧密同盟的德国皇帝宣战，因为德国和西班牙同属哈布斯堡王朝。

现在法国公开对阵皇帝的军队，即对抗几乎所有德国诸侯的军队，因为他们通过签订《布拉格和约》把军队交由皇帝指挥。"萨克森签订了和约，"法国宰相黎塞留大主教指出了这一点，"但是对我们而言，这只不过意味着我们得试图维持局面。"在黎塞留看来，法国的基本原则就是要让德国不得安宁。

这样一来，战火重燃，只是战争的性质发生了转变：宗教战争转变成了民族战争。战争的一方是新教的瑞典、天主教的法国和加尔文宗的尼德兰，另一方是天主教的西班牙和几乎整个德国。

中欧由此走上了从天国坠入地狱的道路：1635年始于《布拉格和约》的和平希望演变为三十年战争中持续时间最长、最惨无人道的一章。"德国内战最终成了一场欧洲的世界大战。"历史学家彼得·恩隆德这样评论，"对于其他国家的元首来说，德国只不过是一个战场，一个自己的军队可以纵横驰骋、追杀敌军的地方，无须过分顾忌这片土地和土地上的人民。"这位瑞典学者这样写道,"一出惨绝人寰的悲剧现出雏形。"与此同时,三十年战争中这最后的恐怖一幕中也露出了一道真正的希望的曙光,它最终战胜了黑暗,实现了和平。

* * *

1634年春季到1635年《布拉格和约》签订这段时间给上巴伐利亚安代克斯修道院及其所辖埃尔林村的居民主要带来了三样东西:恐惧、劳作与黑死病。

1634年4月初,从西边又来了一支敌军。"每天都能看见因洪恩将军指挥的瑞典军队驻扎而饱受蹂躏的施瓦本地区火光冲天。"毛鲁斯·弗里森艾格写道——他从安代克斯修道院所在的小山上能够看到足足20公里外巴伐利亚和施瓦本地区的界河莱希河。"我们听到的都是种种暴行,是一无所有的村民被剜目、割鼻、砍掉手脚的事。"

"与此同时,饥荒和物资匮乏也越发严重。"弗里森艾格写道。安营扎寨过冬的西班牙军队几乎吃光了农民的全部粮食,宰杀了他们的牲口,带走了大多数马匹,摧毁了埃尔林村,把屋舍夷为平地,能烧的全都付之一炬。"因此有些人被活活饿死,有些人丢下房屋和家当背井离乡到异乡谋生,尤其是到奥地利乞讨为生,"修士这样写道,"年轻人则应征入伍。"

战争的苦难导致了人们各自逃命,以至于今天人们很难说出三十年战争期间究竟死了多少人。比如,如果一个地区的人口减少了2/3——很多地区都是如此——这并不意味着2/3的人口死亡。其中一部分背井离乡,一部分参军入伍。这些人各占多少,通常只能大致估算。

"5月,我们这里相当平静。"弗里森艾格补充道。但之后的6月,

"我们也得到了坏报纸（消息），说洪恩将军在奥格斯堡渡过莱希河，进入了巴伐利亚"。这消息说明瑞典军队已经到达巴伐利亚，并且离得不远。"我们看见的多处火光很快证实了这一消息的真实性。"瑞典军队在巴伐利亚一路烧杀劫掠，人们又开始成群地逃离。

安代克斯修道院里的人也没有久留——我们的修士特别强调，他是接到上级的命令才离开修道院的："6月27日，我们收到一封来自慕尼黑的信，我们的高级教士（修道院长）提醒全体人员迅速出逃。"他写道，"于是我们按照高级教士的要求，当天晚上七时出发前往慕尼黑，就想趁着夜色动身，以确保路上安全。"

事实证明出逃是正确的。7月初，瑞典将军洪恩用"火与剑"摧毁了奥格斯堡附近的巴伐利亚小城艾夏赫，弗里森艾格写道，"不分男女老幼，一律屠杀，以至于城里只保留下了主教教堂和个别房屋，只有少数人侥幸逃生"。

洪恩的军队与从北边前往巴伐利亚的另一支瑞典军队兵合一处，当时哈根多夫还在这支部队为瑞典服役。哈根多夫记录下了他如何随同会合后的部队继续向慕尼黑附近的弗赖辛和兰茨胡特进发，弗里森艾格也在日记里作了相应的记录："洪恩向弗赖辛和兰茨胡特进兵，每到一处就带来恐慌和苦难，我们侥幸躲过一劫。"

安代克斯及其所辖的埃尔林村的居民因此躲过了瑞典军队的侵扰——但没能躲过更教人痛苦的饥饿："此间埃尔林人以菌类、红菇和野草为食，缺盐少油——什么都缺。"

然后，瑞典军队的威胁稍稍解除，"8月5日和6日，敌人又撤回莱希河对岸"，弗里森艾格松了一口气说道，因为一支皇家-天主教联盟军队成功地把瑞典人赶出了巴伐利亚——哈根多夫在他的日记里也承认了这一点："皇家军队过来把我们赶跑了。"这时弗里森艾格又回到了圣山安代克斯的修道院里，他补充道："我们在圣山看见40多处火光，瑞典人逃跑时沿途烧毁了城堡和村庄。"

1634年8月18日一大早，24个西班牙盟军士兵骑马来到修道院前。"他们在门口要求放他们进入修道院；我们隔着窗户和他们说话，他们就朝窗户开枪，用斧子野蛮地劈开了入口处的两道门，砸开了整个修道院里所有的门、箱子和柜子，连教堂也不放过。"弗里森艾格的愤怒之情溢于言表，"他们劈开了教堂的门，闯进法衣室和存放圣人遗骨的小房间，把供品全都劈得粉碎，砸开了诸侯的墓穴。"安代克斯的居民逃离修道院，躲在周围——整整三个小时他们就这么听着西班牙士兵打砸抢。"其他所有东西都被残暴地砸碎了，扔得到处都是。"修士抱怨道。他还愤愤不平地补充："这么做的是我们的朋友，是我们的援军！就是敌军也不过如此，没准还比这好呢！"

8月底，这支不受欢迎的盟军离开巴伐利亚去了施瓦本。"西班牙军队撤离之后，选帝侯下令所有法院立即上报各地的受损情况，"弗里森艾格写道，"因为据说西班牙国王有意赔偿损失。"这是个美好的承诺，修道院照章行事，把损失和支出列出了清单。清单包括"20磅日常照明用的蜡烛"（10古尔登）、"43头牛"（430古尔登）和"38匹被抢走的马"（950古尔登），以及"被烧毁的米尔费尔德城堡"（4 000古尔登）。总计10 081古尔登——但没有看到日记里其他地方提到这些损失得到赔偿。

但农民毕竟终于可以不再提心吊胆，可以不受干扰地重返故土。"现在大家全力以赴准备收割庄稼。"弗里森艾格写道。但这是"一项期盼已久却又非常可怜的工作"，"衣不蔽体、饿得瘦骨嶙峋的农民没有了马匹和车辆"，修士写道，"不得不在割倒庄稼后用各种方法千辛万苦地把它们拖回家——到家后还不晓得该如何保存。因为有的人没有屋子可以储粮,有的人屋子没有屋顶。"整个埃尔林村在西班牙驻军待了一个冬天之后名副其实地被破坏和焚烧得"支离破碎"。

"不幸还不止于此。"弗里森艾格绝望地补充。"人们还没有真正开始重新生活",另一波命运的打击又来了:"最恐怖的战争和旷日持久的饥荒之后,黑死病来了。"

这场黑死病比之前所有的瘟疫都严重,以至于"这一年仅埃尔林村就有超过两百人惨死"。作为村里的神父,弗里森艾格肯定对受害者颇为熟悉。"之前,年景好的时候,村子里的教徒数量总是超过500人。但今年底只剩190人,87对夫妇中幸存的只有20对。"日记的作者只能艰难地以文字表现这些赤裸裸的数字后面人们所承受的苦难:"不论是写到还是想起这一时期的苦难,人们都不可能不毛骨悚然、错愕不已。"但修士用一则逸事形象地描述了这种恐怖景象:"在科尔斯拉赫(附近的一个小村子),有8具或者更多尸体在一座房子里躺了超过6个星期,其中几具尸体已经被狗吃了一半。"

安代克斯修道院躲过了黑死病,弗里森艾格补充道:"尽管修道院的教堂始终开放,埃尔林村民在里面举行圣礼仪式,做好了死亡的准备,但是神父不再到病人和濒死者家中,也不必去参加葬礼,以免把瘟疫带回修道院。"也就是说,修士们让染病者也来修道院,但他们自己不去染疫的村子里——这种妥协方案今天看来颇为古怪,但当时奏效了。

"直到10月8日,由于黑死病看似在各地都蔓延开来,埃尔林村才被隔离(设为隔离区),慕尼黑发布的最高指令禁止村民进入修道院和教堂。"弗里森艾格写道。修道院的神职人员为此"最后又聆听了许多埃尔林村民的忏悔,但很谨慎地在隔离出的区域聆听,并和忏悔者保持一定距离"。

被禁令限制出行的村民充分利用了这一规定，从弗里森艾格的文字可以看出这一点："因为强盗已经多次抢走村里的马匹，埃尔林人就把稻草扎成十字架摆在路上，作为疫区（传染区域）和"放逐之地"的标志——就这样赢得了一段略为平静的时光。"

这期间，黑死病不断蔓延，在距离安代克斯35公里远的首府慕尼黑，疫情尤其严重。修道院的僧侣们很快得到了第一手消息。"10月23日，我们的上级、慕尼黑修道院的院长回到修道院，他告诉我们，每天夜里都从城里运出好几车尸体，一周之内有500人或更多的人死于黑死病。"弗里森艾格说。他们的院长是偷着从首府慕尼黑跑出来的。"因为慕尼黑已经被隔离，任何人不得出入，因此他在临近夜晚时分佯装绕城散步，趁人不备，在寂静的夜色中离开了慕尼黑。"弗里森艾格写道。途径一个村庄时，这位54岁的院长"在稻草上稍作休息，第二天天气好得不能再好，他欣喜若狂地回到家里，我们也喜出望外"。

修道院院长成功地回到家里看来是个好兆头，因为此后疫情就消退了。弗里森艾格写道："11月情况稍有好转。1日到18日埃尔林还有22人染病身亡，此后就不但没有人去世和染病，而且患者到12月1日也都彻底痊愈（康复）了。"

从此以后，生活出人意料地迅速恢复了正常。"12月6日，圣尼古拉节这天，埃尔林村民首次获准自由参加修道院教堂里的礼拜活动。"修士写道，"圣托马斯节（12月21日）那天，教区礼拜再度在村里举办——人们的欢乐可想而知，但人们的痛苦也不难想见：子女悼念父母，父母追忆子女，朋友怀想故人。"

黑死病在慕尼黑又持续了些日子，于1635年2月结束。死亡人数比弗里森艾格在其日记里记录的少：1634年11月疫情最严重时，一周之内死亡213人。1634至1635年的这场瘟疫可能总共夺走了超过7 000名慕尼黑人的性命——这意味着全城约两万人口中1/3死亡。这是慕尼黑经历的最严重的疫灾。

死亡的浪潮猝不及防地席卷了这片土地，又悄无声息地离去——带来的只是人口大量死亡。当时的人们碰上这种事情和遇上不可抗力有什么区别呢？这主要是因为他们在那个年代对细菌和病毒还一无所知。"人们以各种方式亵渎上帝，因此上帝也以各种方式报复这些人。"弗里森艾格推测道。今天，人们可能会对这种对疾病的解释哑然失笑，但只要想象一下，如果今天暴发一场瘟疫，夺走慕尼黑1/3居民的性命，也就是目前的140万人口中约50万死亡，而且疫情不断蔓延，我们这些看似受过启蒙的现代人将如何歇斯底里地作出反应？这样一种死亡浪潮将给社会带来什么后果？如果连俗世的医生都束手无策，有多少人会突然笃信宗教或变得神秘兮兮，转而向上天寻求帮助？

好在安代克斯和埃尔林的人显然没有找替罪羊。修士的日记里没有任何迹象表明当地有人对女巫提出控诉，或者哪怕只是怀疑某人是女巫。此外，在弗里森艾格有关三十年战争的整本日记里，根本就没有出现诸如"女巫"或"灾难巫术"等概念。这再次明确说明惨无人道的"女巫妄想"并非普遍现象，而只出现在极少数地区。正如上文所述，当时绝对有可能出现这样一种情况，即一个地方堆起的柴火熊熊燃烧，而在其他诸侯治下的邻村则没有人受到"女巫审判"。

1634年和1935年交替之际，安代克斯周边的幸存者挺过了最可怕的一场劫难：瘟疫和士兵都已离去，谷仓里至少又储存了一些收获的粮食。但生活依旧艰难。"埃尔林虽然再也没有人饿死，但人们的生活总体上还极其困苦。"弗里森艾格抱怨道，"除了粮食不足外，各种有营养的牲口和禽类也很缺。修道院里有4头牛，村子里顶多有5头或6头。另外不仅这里，整个地区都找不到羊、猪、鹅和鸡。"

"除了饥荒，1月还来了一场非同寻常的寒潮，以至于节日礼拜活动时参加人数几乎不到四五十人，这部分是由于天气太冷，部分是由于许多家庭外出乞讨。"这就是修士笔下1635年寒冷的开局。村民人数一度达到500人的埃尔林村一片死寂。

此后几个月平安无事，只是时不时从高层传来重要指示："4月2日，埃尔林教区接到任务，要求平整墓地，用绿色草皮把墓地全部覆盖起来，因为大量坟墓令人恐惧，恶心的臭味让人担心会引发新的传染病。"日记作者这样写道。瘟疫肆虐期间，"许多死者被草草掩埋"。

春天，地里的农活又忙开了，但由于粮食匮乏，种子也很稀缺，所以耕种面积很小。"有些地方根本没有播种，其他地方只播撒了少量种子。"弗里森艾格写道，"修道院的地全都种上了，还种了一部分共有田地——如果不是各地都缺种子的话，本来还可以播种更多的。"

一场新的寒潮又加大了春耕的难度——这还不是最后一场寒潮。欧洲当时正处于所谓"小冰期"，即16至19世纪气候相对比较寒冷的时期。当时的平均气温比往常低1摄氏度——这听起来微不足道，但有时后果严重：小冰期冬季寒冷，夏季凉爽、潮湿，这导致常年歉收，从而引发多场饥荒。出现小冰期最重要的原因是太阳活动减少及火山喷发，火山喷发形成的火山灰和气体云像纱幕一样笼罩着大气层。

比如，从16和17世纪荷兰的风景画就能明显看出这一寒冷时期的影响：在这些作品中，人们一眼就能看出当时荷兰的河流和湖泊常常冻得结结实实。弗里森艾格的日记也证实了那是一个寒冷的时期。"圣灵降临节和整个5月底都很萧条。"修士1635年抱怨道。因为周边的居民"踏着冰雪来到教堂，而丰收的希望被冰雪掩埋了"。

但有一件事给人们带来了新的希望：1635年5月《布拉格和约》签订之后，战争的结束看起来指日可待。弗里森艾格也在他的日记里记载了这件令人欢欣鼓舞的事。"就在这时，皇帝和萨克森选帝侯，以及愿意签约的新教诸侯，签订了《布拉格和约》并且结盟。"他写道。各方约定，"萨克森应协助对瑞典及其追随者作战，并把敌人全部逐出神圣罗马帝国（德国）"。但正如我们所知道的那样，这个希望是个骗局，我们的修士当时就已经心存疑虑。他用一句即兴的简短祷告结束了这段有关德国天主教徒与新教徒之间和平协约的文字："上帝保佑这是真的！"

1635—1636年
兵临巴黎城下

手枪子弹击中了这位身高将近1.80米的苏格兰人的右上臂，击穿了骨头，碎片飞散开来。尽管手臂疼痛难忍，但对于这个大约22岁的战士来说，1636年10月4日在勃兰登堡维特施托克展开的这场战役并未结束。这个年轻的步兵又陷入了肉搏，他要和一个手持长柄斧的对手杀个你死我活。这个受伤的苏格兰人没能躲开长柄斧。锋利的斧刃沿着他的右侧颅骨劈下，天灵盖被一分为二，脑浆迸裂。苏格兰士兵当场失去知觉，仰面倒地。

另一个敌人把一柄匕首用力扎进已经失去知觉的苏格兰士兵的咽喉，匕首的尖端把气管和喉管刺为两截，扎进了第二节颈椎，一截骨头被捅了出来。这个年轻人当即身亡。尽管如此，他又被击打或踩踏了一下，下颚断裂成三块。

战役结束后，这名苏格兰士兵和其他124名阵亡将士一起被埋进一个"万人坑"，在里面长眠了370年，直到2007年3月，一位挖掘机司机在那里挖沙，忽然在挖斗里发现了头颅和其他骨骼。人类学家和考古学家很快断定，这些令人毛骨悚然的出土物品具有重要的研究价值。虽然这个墓穴的大约1/3毁于开采作业，但科研人员还是抢救出了88具尸骸，并对其进行了深入研究。借助最先进的分析方法，他们获得了独一无二的研究成果，从中窥探到了那个时代士兵们的生生死死。

上面提到的那位阵亡战士就是个典型的例子。斧劈的痕迹和留在他骨骼内的铅弹告诉我们这个士兵阵亡之前受了怎样的伤。此外，正如研究人员为在勃兰登堡州立考古博物馆举办、名为"1636——他们的最后一战"的大型展览制作的说明书中所写的那样，他的遗骸也向我们透露了他的生活环境。

对牙齿珐琅质的同位素分析显示，死者来自苏格兰。他长期缺乏维生素D，这导致其骨骼萎缩，引发疼痛，以至于胫骨变形。这个士兵常年用弯曲变形的双腿奔跑，活动量大，以至于骨膜发炎。"这很可能是鞋子不合脚导致的，比如靴子边缘反复摩擦小腿。"人类学家贝蒂娜·容克劳斯对士兵的骨骼样本进行分析后得出了这样的结论。这个雇佣兵走路时可能一瘸一拐，因为他足部左上方的踝关节里有一块软骨脱落。"关节疾病是短时间内操练、行军或战斗时过度疲劳引发的，导致剧痛。"容克劳斯解释说。总体上看，这个士兵年龄在21到24岁之间，积劳成疾："这个男人还年轻，但是髋关节和肩关节已经中度退化，这是身体负担过重的结果。"

除上述病症外，这个士兵还罹患传染病：上颌骨骨骼变形说明口腔黏膜发炎，上颌窦变形是上呼吸道慢性炎症的表现。"军营里恶劣的生活条件使这个年轻人的免疫力下降。"这位人类学家总结。长期睡在又湿又冷的陋室里、不断吸入炉火和篝火的烟气显然让他的身体为此付出了代价。

这位苏格兰士兵生命和受难的故事，他的同伴大体也不例外。比如，不仅他本人，"万人坑"里 1/3 的士兵都患有慢性上颌窦炎和口腔黏膜炎。此外，龋齿也是普遍现象。"在维特施托克阵亡的雇佣兵中，半数患有龋齿，有些人的牙齿甚至已经蛀到了根管开口处。"容克劳斯写道。其后果是牙齿剧痛，颌骨严重发炎、化脓。

阵亡将士自然伤痕累累——已经愈合的伤口来自之前的战斗，尚未愈合的伤口显然就来自他们牺牲的那场战役。热兵器导致的伤痕特别常见：研究人员在 19 具骨架上共发现了 24 颗铅弹——其中 5 个士兵每人身中两弹。此外，研究人员还发现了 8 处子弹贯穿伤，比如一个颅骨上有一处几乎呈圆形的小孔。这个小孔是手枪子弹留下的：一个骑兵显然直接从脑后开枪射击，中弹者当场死亡。"万人坑"中发现的大多数子弹都是从骑兵的手枪里射出的，射击距离不超过 15 米。子弹变形的程度证明了这一点。

勃兰登堡大屠杀是三十年战争中伤亡最为惨重的战役之一，这场战役也使战局发生了新的转变。彼得·哈根多夫侥幸没有参战。他随着巴伐利亚军团于 1635 至 1636 年穿过德国另一端，即西南部边界，进入了邻国法国。

从"天国"小酒馆进入在黑森林地区的"地狱"山谷后，哈根多夫于 1635 年春天向西行进：他和巴伐利亚军队一起渡过莱茵河，进入阿尔萨斯，来到位于莱茵河西岸整整 15 公里处的科尔马。"我们在最好的收获季节来到了田地里。"日记作者这样写道。士兵和他们的家属抓住了这个机会："我们让科尔马居民把城市周围的庄稼全都收割、运走、拿去酿酒,累得精疲力竭。他们从城里拼命朝我们放炮。我的妻子险些被炸死,因为她和我的伙计(勤务兵)也参加了收割。"

然后队伍继续向西,往当时还不属于法国,而是属于神圣罗马帝国的洛林进发。巴伐利亚军队在法国边境秋毫无犯,1635年8月向北来到朗贝维莱,10月与一支同样进入该区域的天主教军队会师。法军立即作出了反应:仅仅一周之后,一支人数更多的法国军队集结而来。

敌对双方对峙长达数周。瘟疫、潮湿和饥饿使双方士兵迅速减员。尽管处境令人绝望,哈根多夫依旧不失幽默。"这里真是干燥,马匹常常站在没过肚子的水里。"他写道,他还补充说,"在这里,面包和肉又成了最紧俏的东西。"

"我在这儿搞到了两匹马,还找到了我的老伙计",也就是勤勤恳恳的勤务兵巴特尔特,哈根多夫记录道。他还记录下了自己和新任妻子安娜·玛利亚·布赫勒林生下第一个孩子的事:"11月11日,我的妻子生了个孩子。很快就受洗了。他的名字叫于尔格·马丁,活了24小时。上帝保佑他快乐地复活。†1"

我们这位雇佣兵的第五个孩子就这样夭折了,历史学家扬·彼得斯推测这可能是因为孩子的母亲在军营里食不果腹、身体虚弱的缘故。哈根多夫又从头开始给他死去的孩子编号——"†1",但就像提及其他死亡事件时一样,他在日记里没有流露出丝毫悲伤,而是在敷衍了事地写下"快乐地复活"之类话语后继续记录战争事件。

"因为敌人发现自己什么也得不到,所以他们又回到巴黎,把我们留在壕沟和树林里。"哈根多夫这样语带嘲讽地说,"11月13日,我们也随大部队出发了。"皇家-天主教联盟军队再次兵分两路,巴伐利亚军队在约翰·冯·韦特[1]率领下向北穿过普法尔茨,雇佣兵哈根多夫特别注意到了这个地区的独特之处:"酿酒的葡萄长得非常好。"

冬季临近,粮食匮乏问题越发突出,哈根多夫形象地描绘了这一情况:"这次军队里的饥荒严重到了这种地步:马厩里没有哪匹马能保证不被宰杀。他们把刀扎进马的胸膛,然后离开。马匹最终失血而死。然后,他们把马吃了。"

1635年12月29日,军队最终在摩泽尔河附近、距莱茵河西岸大约16公里的村庄安扎下固定营寨。忍饥挨饿的士兵休息了将近两个月,然后继续向莱茵河畔的布赖西希出发,寻找更好的落脚点。"我们要在这里安营扎寨,但这里还是连个鬼影都见不到。"哈根多夫骂道。当地的百姓显然及时得到了警报,带着全部家当溜之大吉——还真管用,因为这些不速之客立即又动身离开,在特里尔附近一直待到1636年3月30日。

紧接着,巴伐利亚军队行军来到直线距离足足120公里外、位于今比利时境内的列日。"1636年4月10日,我们用五个步兵团和七个骑兵团包围了这座城市。"哈根多夫写道。城门紧闭,但城市周围的环境令这个雇佣兵颇为兴奋:"真是个美丽的地方。所有的山上都种满了果树,花园美不胜收,里面什么果子都有。这地方牲口也多,谷物长势喜人。"哈根多夫和他的战友享受着这个风景如画的地方赐给他们的一切:"300座教堂和修道院、18座城市、1 800个村庄。我们抢劫了其中大多数地方,甚至洗劫一空。"

列日教区的老百姓绝望地反抗入侵者——巴伐利亚军队很快打死了数以百计敢于反抗的农民。但哈根多夫在他的日记中对此只字未提。

---

1 Johann von Werth(1591—1652年),三十年战争期间德国骑兵上将。

1636年6月底，巴伐利亚军队停止了对列日的围困，离开了这个被劫掠的地区。但依然饥肠辘辘的军队继续向沙勒蒙要塞出发，这个要塞位于今天法国和比利时边境，当时还不属于法国。"在这里，我和12个战友接到团部命令，去给部队找鱼吃。"哈根多夫写道，"我在林子里遇到了绵羊，我们赶着绵羊走。我们把绵羊赶到平地上的时候，它们开始咩咩叫。这下整个羊群的羊全都从树林里跑了出来，2 000只羊聚集在一起，把我吓坏了。但我们回到了军营，整个营地都有了足够的羊。我和我的人分到了两头羊，宰了吃肉。"

　　哈根多夫对"智捕绵羊"的描写比对某些大型战役的描述更加详尽——这或许说明他对这次意外收获何其自豪和高兴。对于羊群的主人来说，这当然意味着一场灾难，对我们的雇佣兵则相反，他一举终结了军营里的饥荒——至少一段时间内大家饿不着了。可想而知，他因此赢得了多少赞誉。人们也能想象到几天之后他仍然在享用这些战利品，因为他补充写道："我们从这里出发，在树林里走了两天两夜。我美美地享用我的羊肉，因为我把它放在马背上带着走。"

　　"7月4日，我们到达法国边界。"哈根多夫继续写道。这下巴伐利亚军队和皇家军队一起越过了这条红线：大约1.2万名士兵开始入侵德国的强大邻国——几乎与其他皇家和西班牙军队同时行动。他们的目的是从各个方向发起大型进攻，迫使法国投降。

　　哈根多夫和他的战友前往法国的路上遇到的第一个障碍是一座城堡。"里面有7个农民，他们和整支军队对抗。"这位雇佣兵这样描述这几个平民英雄般的反抗事迹，"因此，我们把城堡点燃，连同这些农民一起烧了。"

　　令人吃惊的是，哈根多夫提到巴伐利亚士兵对农民反抗作出的反应时用语何其简洁，甚至可以说只是一笔带过。通常适用于职业军人的关于何种情况下"胜之不武"的规则在士兵和农民之间并不存在：如果后者表现出视死如归的勇气，在士兵看来这乏善可陈，他们认为可以不择手段对付这些抵抗者——哪怕把他们活活烧死。

这件事并没有起到杀一儆百的效果：拿下城堡后，巴伐利亚侵略军马上向一个村子进军，遭到了顽强抵抗，不得不同时动用 2 500 名士兵向前推进。"我也在队伍中。"哈根多夫写道，"农民在教堂的院子里激烈反抗，我们没有火炮根本不行。"但是，我们没有炮。"我们又撤了回来，因为里面有 1 000 名农民。我们就把村子点着烧了。"

很快，皇家-巴伐利亚侵略军在离法国边境不远处和他们的盟军——大约 2 万名西班牙士兵会师。他们来自当时处于西班牙统治之下、因此被称作"西属尼德兰"的尼德兰南部地区。这一地区就是后来的比利时。

3.2 万人马的西班牙-皇家-巴伐利亚军队 1636 年 7 月迅速深入法国。路上的法国守军缴械投降了，哈根多夫写道："我们到了科尔比，这是个坚固的要塞。"科尔比位于巴黎北部约 115 公里。

"我们在要塞前和敌军发生了小规模冲突，有些人留在了那里（阵亡了），有男人，有女人。"雇佣兵这样描述对科尔比的包围行动，"因为要塞里有一门火炮，我们管它叫'母狗'。有一次，他们一大早开炮，把我帐篷旁的小屋里还在睡大觉的一对男女炸飞了。"

小屋里这对男女的死，说明士兵和家眷里每个人随时都可能被炮弹击中。这种持续的威胁使围城部队进一步加紧了攻势："8 月 16 日（实际上应为 8 月 15 日）他们投降了，因为我们发起了猛攻，往要塞里扔火把。他们带着家当撤退了，2 000 人。"

从科尔比出发前往巴黎，一路畅通无阻。骑兵将军约翰·冯·韦特率领的一个巴伐利亚军团向前推进到了法国首都附近。"我们在这里骑着马寻找战利品，我也一样，在巴黎城前待了十个小时。"哈根多夫写道。他从一个高地上能够看到这个巨大的目标："我们已经看到了巴黎在那儿，像一片森林。"

恐慌席卷了法国宫廷和整个首都。许多市民向南逃跑，能带的家当全都带上了，以至于他们的大小车辆阻塞了道路。群众组织暴动，愤怒的人群聚集在黎塞留大主教的府邸前，要求处死黎塞留。他们认为，50岁的黎塞留作为国王路易十三治下一手遮天的宰相，使国家陷入万劫不复。传单煽动人们起来反对这个"恶贯满盈的大主教"。

恰恰是那位性格古怪、说话磕巴、一向被视为愚不可及的路易十三，在这种群情激愤的情况下没有丧失理智。这位34岁的国王没有听从黎塞留的建议逃离巴黎，找个安全的地方躲起来——因为这会影响士气、动摇民心。他把自己的警卫部队和由农民与市民组成的民兵组织起来。这些群体响应号召拿起武器。比如，行会组织召集了未婚的满师徒工和学徒，其中包括1 500名鞋匠和3 000名屠夫。几天之内，数千人汇集在一起，黎塞留再次证明了自己作为政治家和组织者的非凡能力。路易十三自任这支人民军队的统帅，万不得已时愿为保卫人民而舍生取义。

这样一来，双方的力量对比就发生了改变——这主要是因为西班牙-皇家-巴伐利亚军队的入侵行动在南部也停滞不前：另外一支穿过阿尔萨斯的皇家军队被一支为法国服役的雇佣兵部队阻截，被迫撤退。哈根多夫所在的处于北部的侵略军这时面对的是比自己强大的法国军队，同样也被迫撤退。我们的雇佣兵写道："9月19日，我们向杜朗出发。"这个地方位于之前占领的科尔比北部30公里处。

法国军队紧随而来，开始围困科尔比，但直到11月14日才重新夺回要塞。侵略军因此有充足的时间从容撤离法国。

沿途如何搞到足够的粮食显然是个大问题。哈根多夫记录了法国北部皮卡第的农民如何成功地把他们的牲口藏到安全的地方："教堂全都壁垒森严，拱门从教堂的院子通往地下。紧急情况下他们把牲口都赶到地下。他们住在教堂的墓地里，确保安全。"中心地区严防死守，在地下给牛马鸡鸭准备了藏身之处——对劫匪来说这看起来不妙。

民众学会了躲避兵灾，因为他们住在西属尼德兰边界附近，法国和西班牙这两个势不两立的大国在那里相互厮杀。哈根多夫在军队向东——从法国杜朗向足足 50 公里开外西属尼德兰地盘上（但今属法国）的埃库尔圣康坦撤退的路上也注意到了村民们如何挖空心思在村子里设置安全防御系统。"这个国家教堂的塔楼很高"，塔尖上绑着带有很长绳索的大篮子，哈根多夫写道。"塔楼上的哨兵一旦发现有人来，就把篮子放下。人们据此采取行动。人畜都往教堂里跑，村里空无一人。"这是一种急中生智的预警系统，简单但有效，正如日记作者所述："因为德国人和西班牙人一直在争夺这个地方，因此总是有各路军队光顾这里。"

此外，农民在这里也有拱顶地窖，可以和牲口一起藏身其中。哈根多夫的妻子安娜·玛利亚·布赫勒林把一个水桶放入一口深井时发现了这件事。"有一次我妻子想去打水，铜质水桶的绳索被地下的农民割断了。"哈根多夫写道。因为"和牲口一起躲在地下的人和地上的人一样，很容易就能汲到水"。

对于这两口子来说，比损失一个铜质水桶更糟糕的是，同样在埃库尔圣康坦，他们失去了一个家庭成员。"我妻子的母亲在这里死于鼠疫。1636 年 9 月 30 日我把她埋了。上帝保佑她快乐地复活。"哈根多夫写道。日记里的这段话说明雇佣兵的岳父母也随军征战，也就是说，哈根多夫可能是在军队里认识他的第二任妻子的。

哈根多夫的岳母病故四天之后，在遥远的勃兰登堡爆发了本章开头提到的维特施托克战役。足有2.2万人的皇家和萨克森选帝侯的军队根据1635年的《布拉格和约》再度结盟，对阵大约2万人的瑞典军队。斯堪的纳维亚人[1]此时处境尴尬：他们在德国北部被打退，有效占据的地区只有梅克伦堡和波莫瑞，在波罗的海沿岸的供给基地眼看已经受到威胁。他们在这场战争中的最终失利看起来为期不远了。

因此，瑞典军队统帅约翰·巴纳[2]（他和许多同时代的人一样嗜酒如命，同时又是个雄才大略、能力非凡的战略家）试图在维特施托克打个翻身仗。在1636年10月4日双方打得天昏地暗的那场决定性战役中，皇家-萨克森军队阵亡5 000至8 000人，瑞典军队损失约1 000人，其中包括本节开始部分提到的在"万人坑"中发现的那些士兵。战斗当天并未明显决出胜负，夜幕降临后，双方在战场上安营扎寨。

然而当天夜里，皇家-萨克森军队的指挥部考虑到伤亡惨重，决定不再继续战斗，开始打扫战场。这样一来，瑞典军队按照当时的定义取得了胜利——但一开始他们并不知晓。第二天早上，他们先是干等敌军出现，然后发现战场上除了数以千计死伤官兵之外，还有敌军留下的全部火炮和弹药车辆。这是求之不得的战利品，但更令瑞典人欢欣鼓舞的是他们重新赢得了军事荣誉。这场战役成功地为1634年的讷德林根战役报仇雪恨，瑞典军队又处于攻势——和不断击退西班牙-皇家-巴伐利亚联军的法国盟军一样。战局再次翻转，旷日持久的战争的结束再次遥遥无期。

哈根多夫在他的日记里对维特施托克战役只字未提。勃兰登堡北

---

[1] 指瑞典军队。

[2] Johan Banér（1596—1641年），三十年战争期间瑞典陆军元帅。

部的战事对他来说可能过于遥远。这位雇佣兵更愿意多写几句他当时所处的埃库尔圣康坦。"这座城市里有72座教堂和大型修道院，18座小型修道院。"他作了这样的说明。"广场上有一座小教堂，那里有根蜡烛日夜燃烧。他们说已经烧了300年了。但同一根蜡烛还没烧完。这话谁爱信谁信，我是不信。"哈根多夫在这件事上表现出他现实而实用主义的世界观；在那个笃信神迹、大多数人相信巫术与魔法、从来不曾对"女巫审判"提出质疑的时代，他的怀疑精神也显得与众不同。

"11月26日，我们从埃库尔圣康坦向康布雷出发。"康布雷位于西属尼德兰东南部（位于今法国北部）。"1636年11月28日，我在这里被任命为连长。"对于哈根多夫来说，这是他军旅生涯的一次飞跃：一个整编连队有300人，作为连长，他相当于拥有上尉军衔。上尉每个月的正式军饷大约150古尔登，比这个雇佣兵之前作为二级下士得到的军饷足足多出12倍——如果他能拿到军饷的话。历史学家扬·彼得斯在评论哈根多夫的军旅生涯时认为"这应该是他获得的最高军衔了"。"但在军团减员的情况下，这个军衔意义不那么大。"这位雇佣兵估计也就指挥300人中的一小部分。

巴伐利亚军队继续撤退："向亚琛撤退，那里靠近尼德兰的地方有个漂亮的要塞；然后向黑根拉特（黑根拉特位于今比利时的德语区）撤退"，然后继续向今天莱茵兰-普法尔茨州境内的克吕塞拉特撤退。"这里是我们的冬季营地"，哈根多夫写道，"1637年1月18日"，他所在连队驻扎在13公里外的费尔登茨。这个地方是1636年哈根多夫漫长征途的终点，这段征程至少长达1 450公里，最终来到巴黎城下——这是这位雇佣兵唯一的法国之旅，此后他在战争中再也没有往西走到那么远的地方。但这并没有让他格外兴奋，因此他没有在日记里对这段旅程浓墨重彩地加以描述。哈根多夫始终保持其理智而简洁的写作风格，因此对这次远征的最后一站费尔登茨他也是一笔带过："在这里喝酒喝了个够。"

* * *

1635 年 5 月《布拉格和约》签订之后，上巴伐利亚的安代克斯修道院度过了一段平静的时光。这一年再也没有军队来到这里，战争只在其他地方进行。正如毛鲁斯·弗里森艾格在他的日记里所写的那样，敌人成了盟友："8 月初我们收到了令人欣慰的报纸（消息），说纽伦堡、乌尔姆、梅明根和其他帝国城市向皇帝投降。"也就是说，它们都加入了《布拉格和约》。"这些诸侯国是否真心实意这么做，有待时间考验。到目前为止，他们中的大多数给我们带来了苦难。"这位安代克斯修道院的修士心存疑虑地补充：自由的新教城市和瑞典人结成了同盟。

疾病是对这件事的惩罚，弗里森艾格字里行间流露出这种意思。"整个秋天瘟疫再度肆虐。"他写道，"疫情在那些从大熊星座方向（北方）招来敌人，导致他们自己，也导致我们灭亡的帝国城市尤其严重。原本有 8 万居民的奥格斯堡因为疫情被宣布自生自灭（因黑死病而被隔离）后，人口不足 1.8 万，乌尔姆的情况也是如此。"

安代克斯本身没有遭受瘟疫，至少居民平安无事："马群也染上了瘟疫。我们只有一匹马死亡，却是最好最漂亮的那匹——不过这匹马在庆祝圣诞节的时候让军队饱餐了一顿。"

当时，给安代克斯居民造成最大困扰的是小动物。"收成本来就少，因此种类繁多、颜色各异、数量巨大的老鼠带来的损失就显得更大了。"弗里森艾格抱怨道。即便寒冬腊月，这种困扰依然存在。"大雪纷飞的时候老鼠还多得不得了。人们光在一个狐狸洞里就发现了一大群老鼠。"他写道。"因此最高层下令禁止捕捉狐狸，因为西班牙士兵和罗马人（此处指意大利雇佣兵）把猫都给吃光了，狐狸肯定干了猫的活儿。"这就是说当时人们就知道保护有益的野生动物——用生物手段防治病虫害并非现代发明。

第二年，也就是1636年，安代克斯也没有遭受兵灾之苦，而此时巴伐利亚周边战火即将燃起。据弗里森艾格记载，"那段时间各地都有关于可怕的阵雨和瘟疫的消息，施瓦本地区因为皇家军队，也就是己方军队的行为而遭受前所未有的战争苦难"。德国正在加速成为一片废墟，有些地方甚至成为荒无人烟的不毛之地。

1636年，一个英国代表团前往神圣罗马帝国执行外交任务，他们的所见所闻为上述情况提供了有力的证明。"从科隆到法兰克福，所有的城市、村庄和城堡全都成了废墟，被洗劫一空，或者化为焦土。"英国王室大使的礼宾威廉·克朗在他详细的报告里这样写道。继续前往纽伦堡的路上，因为天色将晚，这个小小的外交使团有一次不得不在下弗兰肯一个叫诺伊基兴的小村子歇脚。"我们在那里找到一座正在燃烧的房子，除此之外整个村里一个人也没有。"克朗写道，"我们整个晚上来回走动，手里端着马枪，因为我们听见周围的树林里有人开枪。"第二天早上，这些英国人来到村里的教堂，"发现那里被洗劫一空，圣像和祭坛都被破坏。在墓地，我们看见一具被人从坟里刨出来的尸体"。这座"鬼村"里世界末日般的景象还远不止于此："我们走进很多房屋，发现全都空无一人。我们就离开了这个多灾多难的村庄，后来听说村里的住户因为黑死病逃走了，村民自己把房子点燃，以免过客被传染。"

继续往前走，"我们穿过了诺伊施塔特，这原本是座美丽的城市，但遭到抢劫后被残忍地付之一炬。我们在这儿看见几个衣衫褴褛的儿童坐在自己家门口,饿得奄奄一息。阁下(英国大使)下令把钱和肉给他们的父母送去。我们从这里前往埃姆斯基兴,那是个贫穷的村子,我们在那里吃了自带的干粮,因为找不到其他吃的。用餐之后,我们还走过了许多被洗劫和烧毁的村庄。"代表团一行又去了纽伦堡、林茨、布拉格、雷根斯堡和科布伦茨,所到之处都记录下了令人难以置信的残败景象,直至1636年末他们幸运地重返英国。

当时年仅20岁的诗人安德烈亚斯·格吕菲乌斯[1]在他的著名诗作《祖国的泪水(1636年)》中记录下了这种种绝望:

从今往后我们惨遭蹂躏,无以复加!
成群结队的无耻之徒,伴着急促的号角,
沾满鲜血的刀剑、轰鸣的卡图威(火炮)
把一切汗水、辛劳与财富吞噬。

塔楼陷入火海,教堂上下颠倒。
市政厅一片残破,坚固的楼房也成了废墟,
处女惨遭凌辱,而我们只能旁观。
烈火、瘟疫和死亡蹂躏我们的心脏和灵魂。

新鲜的血液时时刻刻流过战壕和城市。
三个六年已然过去,我们的河流
几乎被尸首堵塞,缓缓向前流淌。

---

1 Andreas Gryphius(1616—1664年),德国巴洛克时期最杰出的诗人和戏剧家之一。

> 而我对这比死亡更教人气恼的一切依旧保持沉默，
> 比瘟疫、烈火和饥荒更令人愤怒的是
> 许多高贵的灵魂也被出卖。

尽管安宁的日子持续了相对比较长的时间，但安代克斯及其所辖的埃尔林村依旧是一幅残败景象。"被烧毁的房屋仍都倒在灰烬里，还不到考虑重建的时候。"弗里森艾格1636年秋天这样写道。"不过牲口存栏的数量倒是越来越多。埃尔林村到这时已经有了17匹马和26头牛。"

我们的修士非常清楚，这小小的繁荣始终受到威胁。因此，与雇佣兵哈根多夫不同，他的日记里提到了维特施托克战役，安代克斯的居民战后两个月才得知这场战役的结果：12月14日，他们得到消息，"总指挥巴纳与萨克森和皇家军队血腥交战，伤亡惨重，之后直奔我们这里而来，一切都面临血光之灾"，弗里森艾格写道。"全靠运气，他只到马格德堡就被击退了。"巴纳发现自己面对的军事反抗力量越来越强大，新年一过，他就在易北河畔萨克森地区的托尔高安扎下了冬季营寨。

安代克斯因此暂时躲过了这些不速之客。1636年，安代克斯迎来了一次著名的访问活动：63岁的选帝侯马克西米利安和他的第二任妻子、皇帝斐迪南年仅26岁的女儿玛利亚·安娜来访。

马克西米利安一年前娶了玛利亚·安娜，这一方面是出于政治原因，另一方面是为了在其没有留下一儿半女的前妻去世之后传宗接代。果不其然，"选帝侯和他至高无上的选帝侯夫人大驾光临安代克斯"，弗里森艾格好不欢喜，"以祈求将来顺利产下子嗣"。为了确保万无一失，这对新婚夫妇短时间内多次造访安代克斯——终于得偿所愿。"10月13日,玛利亚在极大的欢欣中诞下第一个王子斐迪南。"修士显然心满意足地记录下了这件事。小王子平安地度过了童年,1651年继承了父亲的王位,和平统治巴伐利亚数十年,直至1679年去世。

第 4 章
第二代

1637—1639 年

英雄与"毁军能手"

　　1637 年 2 月 15 日，斐迪南二世静静地倚靠在床头，祥和地面对守在身边的妻子和儿女微笑，在卧榻上与世长辞。传说如此——这其中几分符合事实，几分是哈布斯堡王朝的宣传，今天已经无可考证。

　　随着斐迪南二世去世，一个虔诚的君主退出了历史舞台：他本人对战争毫无兴趣，却把为天主教而战视为自己神圣的使命。他因此无意之中成了使波希米亚的一场暴乱升级为欧洲至少到 20 世纪为止最可怕的战争的罪魁祸首。

　　斐迪南的死意味着一场代际更迭的结束：蒂利，长期以来是他那个时代战功最为卓著的统帅；华伦斯坦，可能是世界历史上的头号战争狂人；瑞典的古斯塔夫二世·阿道夫，魅力十足的"午夜雄狮"——他们和斐迪南二世一样左右着战争的前几个阶段，这几个阶段还是信仰之争。在这场战争进入其颇具讽刺意味的最后一个阶段之前，他们全都驾鹤西去；在这最后一个阶段，主导战争的各方甚至没有试图为发动这场旷日持久的战争找到意识形态上的托词。

只有少数几个战争初期有影响力的领袖人物尚且健在，其中包括巴伐利亚选帝侯马克西米利安和萨克森选帝侯约翰·格奥尔格。但三十年战争的灵魂人物都已不在人世，新一代将领和统治者登上舞台，继续这场"战争中的战争"。第二代中虽然没有出现像第一代那样的著名人物，但他们同样魅力四射，引人注目。

新任皇帝斐迪南三世虽然和他的父亲一样是个虔诚的天主教徒，但明显更加务实。这位28岁的皇帝生性更自由、更感性，这也体现在他的个人兴趣中。众所周知，老皇帝唯一的休闲活动是打猎，他的儿子则热衷于艺术、哲学和自然科学。斐迪南三世在自己的实验室里做实验，战后他请奥托·冯·居里克向他演示轰动一时的真空实验，即把两个半球内的空气抽掉之后用马匹也无法把它们分开。此外，他还会作诗，被视为颇具天赋的作曲家。

斐迪南三世不仅是个文艺爱好者，与他的父亲不同，他还御驾亲征。他最大的一次胜利是1634年的讷德林根大捷，这次战役中，他对阵瑞典军队取得了压倒性胜利。但战争的幸运之神很快又离开了这位皇帝——其原因也在于斐迪南三世在选任军队最高指挥官时犯了严重的个人决断错误。

1637年继任皇位后，他命令当时的皇家军队最高指挥官留任。此人就是52岁的马蒂亚斯·加拉斯，他在此后几年获得了"毁军能手"的绰号。加拉斯1633至1634年担任华伦斯坦的副手，他是向皇室密告华伦斯坦叛国投敌的一小撮军官中的一员。华伦斯坦被杀之后，斐迪南二世奖赏了这个告密者，晋升他为皇家军队实际上的最高统帅，还封赏他大片土地。

就这样，加拉斯虽然年事已高，但也跻身三十年战争新一代将领之列。但他在平步青云进入最高军事领导层之后霉运连连，以至于美国教育学家劳伦斯·约翰斯顿·彼得[1]1969年在其阐述的现代"彼得原理"中，将加拉斯作为一个早期的经典范例。彼得原理认为，在某个等级制度中，每个人一直上升到他无法胜任的等级。加拉斯的例子或许说明，"他这个昔日担任华伦斯坦副手、却又不具备华伦斯坦那样的天才领导艺术的人没有能力独立担任统帅之职"，华伦斯坦的传记作者赫尔曼·哈尔维希这样认为。

问题不在于加拉斯在大型战役中失利——他知道如何走出失败的阴影。更糟糕的是，他总是把军队带入遍地废墟的地区，在那里坚持到部队由于饥饿、疾病和逃兵而比真枪实弹地打仗更严重地大量减员。1637年和1638年出征的情况就是典型的例证。

此外，加拉斯的倒霉之处还在于，这两年里他的对手约翰·巴纳是三十年战争的第二代军事将领中最果敢决绝且最善于深思熟虑的代表之一。国王古斯塔夫二世·阿道夫1632年去世及瑞典1634年兵败讷德林根之后，巴纳升任瑞典驻德国军队的最高指挥官。1636年10月，时年40岁的巴纳在勃兰登堡的维特施托克获胜，此后向爱尔福特和萨克森进军。

"身材矮小，鼻头通红，头发稀疏"，这是瑞典历史学家彼得·恩隆德笔下伤痕累累的巴纳。"他对德国平民的痛苦无动于衷，常常放任自己的军队扰民。"和他那个时代的许多高级军官一样，巴纳也嗜酒如命。"他的重要对手，皇家军队元帅加拉斯同样也是臭名昭著的酒鬼。"恩隆德写道，"但两个人的区别在于，巴纳即便酩酊大醉，通常也不辱使命，但加拉斯完全清醒的时候就已经力有不逮。"

1637年6月，加拉斯率领3万到4.5万人的军队对阵只带着1.4

---

[1] Laurence J. Peter（1919—1990年），美国教育学家和管理学家。

万人向北逃跑式撤退的巴纳。巴纳在这次强行军中损失了大约 4 000 人：他的许多士兵只能衣衫褴褛、赤足蹒跚前行，但这支瑞典军队还是到达了他们位于波罗的海沿岸防守坚固的据点。

瑞典人在那里严防死守，直至 1638 年 7 月援军抵达：1.4 万名刚刚应征入伍的瑞典和芬兰新兵从海路赶来，此外还有 3 艘船满载军装和 18 万塔勒现金。这下巴纳又有资本转守为攻了。

1638 年 8 月，这位瑞典统帅进兵了。他迅速占领了波莫瑞，突袭了位于波莫瑞西部的梅克伦堡，穿过今天的下萨克森，又经过萨克森，于 1639 年 5 月进入波希米亚，也就是踏上了哈布斯堡王朝的领土。瑞典人就这样出其不意、成功地重返故地。燃烧在德国最东北地区、看似几乎已经熄灭的战火在德国内部又重新燃起。

面对巴纳的入侵，加拉斯几乎无力反抗：他的皇家军队只剩下可怜的一点人马。加拉斯的士兵 1637 年把瑞典人追到了满目疮痍的波莫瑞和梅克伦堡，并且在那里过冬——将士大量死亡，因为他们在那片被摧毁的土地上找不到充足的粮食，也找不到还能使用的营地。从此以后，加拉斯得了个"毁军能手"的绰号。1639 年 11 月，他辞任最高指挥官职务，但后来又出人意料地重新出山。

对于皇家军队而言，遗憾的是在东北部作战的加拉斯并不是第二代将领中极不走运的唯一代表。在第二大战场，即德意志西南部的莱茵地区指挥皇家军队，身份高贵的意大利贵族费德里科·萨维利[1]也绝非"等闲之辈"。本节即将详细描述那里的事件和人物。

萨维利的盟友是在莱茵地区指挥巴伐利亚军队的约翰·冯·韦特

---

[1] 意大利文作 Federigo Duca di Savelli，德文作 Friedrich Herzog von Savelli（1590 或 1591—1649 年），罗马诸侯，三十年战争期间任皇家军队统帅，并多次出任教皇特使和皇帝特使。

(也称"扬·冯·韦特")——他是第二代将领中最受欢迎的人物之一。韦特深受欢迎的原因之一是他几乎不可思议地平步青云：1590年或1591年，他出生在杜塞尔多夫附近的一个农民家庭。韦特没有上过学，一辈子都是文盲；1610年他加入西班牙军队，成为一名普通的雇佣兵。此后几年间他晋升为军官，1630年初他先是转投科隆军队，而后效力于巴伐利亚军队。韦特多次战胜瑞典军队，由于战功卓著，他被晋升为指挥官，并跻身贵族之列——尽管他出身平凡，而当时的等级制度异常森严。

英勇无畏、平步青云的韦特在民间深受欢迎，成为逸闻趣事的素材，比如有关"扬与格丽特"的传说。故事说的是身为农奴的年轻人扬·冯·韦特爱上了美丽的科隆女仆格丽特。他向格丽特求婚，但对方看不上他；心灰意冷的韦特投身军门，多年以后，已是将军的他在前呼后拥下衣锦还乡回到科隆，与头发花白、摆摊贩卖水果的格丽特重逢。韦特翻身下马，用科隆方言对她说道："格丽特，当初你要是嫁给我多好！"她回答："扬，要是我当初知道（你会飞黄腾达）的话！"这段阴差阳错的爱情故事至今仍然广为流传：历史悠久的科隆嘉年华[1]协会"扬·冯·韦特骑士团"每年都在"女性狂欢节"[2]为数以千计的观众演出《扬与格丽特》。

真实的韦特声名鹊起主要是因为他对取得1634年讷德林根战役的胜利作出了重要贡献，1636年他又率军（彼得·哈根多夫也在其中）兵临巴黎城下。这次奇袭行动之后，韦特和他的人马驻守在摩泽尔河

---

[1] 即狂欢节，德国莱茵地区称嘉年华，每年11月11日开始，至次年2月、3月结束。
[2] Weiberfastnacht：德国传统狂欢节的一部分，在玫瑰星期一（复活节前的48天）前一周的周四举行，是一次专为女性设置的狂欢。在这一天，女性可以上街庆祝，还可剪掉男性身上佩戴的领带。

畔的冬季营地里，我们的雇佣兵哈根多夫1637年春季才开始记录这一年的战事。"5月5日，我们和大部队一起前往科布伦茨。"他在日记里这样写道，"5月13日，一艘载着120名将士的船在莱茵河沉没。五人逃生，其余全部溺亡。"

1637年夏天，韦特的军队"沿着莱茵河逆流而上，来到斯特拉斯堡东南部的奥芬堡"，哈根多夫写道。莱茵河另一侧即西岸来了一支法国军队。指挥这支军队的是32岁的萨克森-魏玛的伯纳德，他是个教科书式的雇佣兵将领：傲慢得不可一世，争强好胜，极其贪恋财富和土地，但也是个英勇的战士和魅力十足的将领。和韦特一样，伯纳德也是第二代将领中著名的代表人物之一。

1625年起，伯纳德在德国为丹麦国王效力；1631年起，他在瑞典国王古斯塔夫二世·阿道夫帐下听令——这位虔诚的新教徒总是和天主教皇帝作战。1635年，他和法国签订了一份协议：伯纳德每年从法国获得一笔数量可观的资金，负责用这笔钱供养一支1.8万人的军队。1637年夏天，他率军横渡莱茵河，正如上文所述，他在那里与巴伐利亚指挥官韦特及其军队（哈根多夫也在其中）遭遇。1637年8月11日，双方在莱茵河谷交战。"我们中好些人留在了那里。"哈根多夫写道。"留在那里"是"阵亡"的委婉表达。

接下来的几周时间里，双方军队相互对峙，多次交火，但一直到1637年的战争季结束时都没有发生大型战役。"我们转移到了村子里。这儿有个村子叫'猴子谷'。那里酿酒的葡萄长势喜人，真能吸引猴子和小丑。"哈根多夫以他特有的幽默写道。12月9日，他和战友一起来到黑森林，最终在那里安扎下了冬季营地。部队在那里休整了两个半月，直到1638年才又来到莱茵河畔，并在那里参加了一系列战斗和包围行动，英国历史学家彼得·威尔逊称之为"史诗般的战斗"。

战争季开始得很早，早得异乎寻常。萨克森-魏玛的伯纳德1638年1月就离开了他的冬季营地，当时还是隆冬时节。这位雇佣兵将领的可用之兵不过6 000人，他率领这些人马来到莱茵费尔登。今天这个地方分属两个城市，即莱茵河南岸属于瑞士的莱茵费尔登和莱茵河北岸属于德国的莱茵费尔登。2月初，伯纳德包围了这座防守坚固的城市。

他的对手、巴伐利亚军队的约翰·冯·韦特此时正在奥格斯堡和慕尼黑接受手术，准备将一年前战斗中负伤时留在颈部的一颗子弹彻底取出。可当韦特得知莱茵地区被包围时，这位久经沙场的勇士立即回到莱茵河畔指挥军队，为这个举足轻重的要塞解围。

继续在韦特军队中服役的哈根多夫因此也不得不离开他位于黑森林的冬季营地。"1638年2月25日，我们又出发了。"雇佣兵写道。他先是随着军队走了整整一天，来到军队的聚集地点，然后又随着队伍赶往莱茵河。"此后一切都很平静，从早到晚都没有战斗和冲突。"哈根多夫这样记录这次冬季穿越德国中部山区的强行军，"整整三天三夜，直到抵达莱茵地区"，军队在这段时间里大约走了110公里。"因为伯纳德公爵围得相当紧"，雇佣兵这样解释——事实上，伯纳德的军队已经通过在地下安放炸药把莱茵地区的部分防御城墙炸飞了。

但巴伐利亚军队出其不意地出现了，同时出现的还有萨维利率领的皇家军队，总计约七千人马。"当月29日"——实际上应该是28日，哈根多夫提供的日期到目前为止推迟了一天——"我们发起进攻，下午五时把他们也赶出了莱茵地区。"这位雇佣兵一如既往地以寥寥数语记录下对阵伯纳德取得的胜利。伯纳德损失了大约150人，丢下了至少3门火炮，向莱茵河上游撤退至28公里外的劳芬堡。

皇家-巴伐利亚军队放弃追击伯纳德的残兵败将——三天强行军

之后紧接着又打了一仗,他们也已经精疲力竭再无余勇了。胜利的队伍大张旗鼓地进入莱茵费尔登并在那里过夜。第二天,皇家军队指挥官萨维利把军队分散到莱茵费尔登周边的村落,因为他认为用这种方式能够更好地为军队提供给养。萨维利认为危险总算解除了。他因此被视为加拉斯之外又一个无能的将领。

因为敌军并没有那么简单就销声匿迹。伯纳德于1638年3月2日率军从撤退的劳芬堡出发,先是沿着两天前败逃的路线往回走了一段。然后他的人马夜间稍事休息。第二天一大早,尚在黑暗之中,离日出还早得很,他们就以战斗队形向刚刚取胜、还蒙在鼓里的对手进军。伯纳德的士兵沿途还有一份特别的收获:他们3天前逃跑时留下的3门火炮——获胜的敌军谁也没把这些火炮当回事。"这是个不可饶恕的错误。"历史作家威廉·加特利这样评论道。萨维利至少得让人把这些火炮带回要塞才是。

早上七时,皇家-巴伐利亚军队的哨兵才发现正在逼近的敌军。"敌军一大早就来到我们之前对阵的战场,而我们毫无觉察。"哈根多夫骂道。最高指挥官韦特和萨维利匆忙试图让队伍躲进战壕。然而,"还没等我们的人(军队)集合完毕,就已经有人中弹身亡了",我们的雇佣兵说。萨维利和其他许多人想要溜之大吉,无奈莱茵河挡住了去路,只有少数人通过附近的桥过了河。这时,韦特把他的精锐部队集结到身边,以视死如归的气概迎击进攻者。但他和他的人马被敌军团团包围,被迫投降——萨维利本人也被从一处灌木丛里揪出来,成了俘虏。

伯纳德把一场苦涩的失败变成了一次辉煌的胜利——方法就是杀个回马枪,重返折戟沉沙之处。这位新教雇佣兵首领以敢于冒险、善出奇兵著称,这次行动也是其杰作之一。哈根多夫总结道:"这一天敌军又把我们打败了，约翰·冯·韦特被俘，幸存的将士全部被俘。"后面这句话，哈根多夫夸大其词了：皇家-巴伐利亚士兵中大约半数逃脱。但500人阵亡，3 000人被俘。

事后，萨克森-魏玛的伯纳德大排筵宴，款待被俘的皇家-巴伐利亚军官，以庆祝自己的胜利。席间，他全程目睹了韦特和萨维利如何相互指责、推诿战败的责任。后来，他把韦特引渡给法国；法国政府对敌军军官极尽礼遇。这位1636年险些兵抵巴黎的巴伐利亚骑兵将军应黎塞留大主教的邀请赴宴，受到国王路易十三亲自接见，后来他在保证不逃跑后甚至获准到巴黎附近的树林里狩猎。但直到4年之后，即1642年，法国人才在交换战俘时将韦特释放。

哈根多夫没有被俘，他藏身在城市的要塞城墙后面，又躲过一劫。他写道："我们和我们300人的步兵中队一起来到莱茵费尔登。我们在那里待到3月24日（1638年）"，也就是又待了3个星期，"我们守着这座城市这么长时间。但没有援军替我们解围，也没有火药和子弹可用；我们不得不弃城。"

"他（伯纳德）3月24日让我们撤退，但只有军官才能撤退。"哈根多夫写道——他已经担任上尉16个月，属于军官。就这样，他幸运地躲过了再次被迫改换阵营的命运：士官及普通士兵和战场上被俘的士兵一样，被迫加入了伯纳德的军队。

萨克森-魏玛的伯纳德由此一下子把自己的军队增加了3 000多人。此外，法国的黎塞留大主教还给他的这位战功赫赫的雇佣兵将领派去了4 500名士兵。这样一来，伯纳德就拥有了一支不比德国南部任何军队逊色的强大军队。这位善于决断的新教徒迅速抓住这一机会：他先是兵进弗赖堡，然后向西行军20公里，来到位于今天德法边界的布赖萨赫。

布赖萨赫不是个普通的地方，它是莱茵河畔最重要的要塞：几代皇帝为这座坐落于莱茵河畔一座小山上的城市提供了强大的防御措施，并将其扩建为帝国要塞。其军事意义之重大也体现在强大的驻军上：3 000人的卫戍部队和152门火炮保卫这座堡垒，它不仅被视为通往莱茵河的咽喉要地，同时也是进入德意志帝国的门户。

试图通过强攻占领这座坚固的要塞是毫无希望的冒险之举。萨克森-魏玛的伯纳德如果要拿下这个具有重要战略意义且事关德意志帝国颜面的地方，那就必须将其守军活活饿死。他从1638年6月起围困这座城市。

皇家-巴伐利亚军队领导层并没有坐视不管。8月他们就派出一支足足1.6万人的援军，试图为布赖萨赫解围。这支援军的两位最高指挥官，一位是在军队里一步步晋升上来的约翰·冯·戈岑[1]，另一位就是对莱茵费尔登的败仗负有责任的萨维利。这时他已经从萨克森-魏玛的伯纳德的战俘营逃脱。他的妻子借着给他送饭的机会帮他脱身，这情节惊险得足以直接拍成电影。帮他逃跑的妻子结局并不美妙：她和7个据说是同伙的人一起被处死。"伯纳德其实应该好好庆祝才是，因为萨维利对任何一支军队来说都是一种负担，而帮不上任何忙。"历史学家彼得·威尔逊这样评论道。

萨维利在首次试图为布赖萨赫解围时确实再度露怯了：1638年8月9日，他操之过急地下令进攻，最后以撤军和逃跑收场。

萨维利被召回维也纳，凭借他良好的人脉侥幸逃过了军事法庭的审判。戈岑还留在德国西南部，招兵买马重整旗鼓。新招募的士兵中

---

[1] Johann von Götzen 或 Johann von Götz（1599—1645年），三十年战争期间的德国将军。

有个叫汉斯·雅各布·克里斯托弗尔·冯·格里美尔斯豪森[1]的16岁青年。30年后，他在小说《西木卜里奇西木斯奇遇记》[2]中讲述了自己的战争经历。

彼得·哈根多夫在德国南部经历了一段短暂的"奥德赛之旅"[3]后又遇到了原来那支军队。他和其他几个在莱茵费尔登投降的军官在获胜的敌军护送下回到了足足60公里外的弗赖堡。我们的雇佣兵从那里出发，途中至少休息了15站，前往位于奥格斯堡和纽伦堡之间的埃林根。"整个部队的行李车队（辎重）都在这里。"他写道，并且动情地补充，"我又回到了我最亲爱的人身边，身体健康。这要感谢亲爱的上帝，愿他继续保佑我。1638年4月11日。"

读者能够感觉到哈根多夫重新回到妻子身边的喜悦。言语中毫无敷衍之意，他在日记里首次用"亲爱的"形容他人。雇佣兵和他的第二任妻子安娜·玛利亚·布赫勒林之间显然产生了深厚的感情，或许确实产生了爱情。这在下文中也将体现在他们夫妇身处困境时的相互扶持上——这远远超越了纯粹相互利用的关系。

这对重逢的夫妇来到雷根斯堡北部的一个会合点，被打散的将士在那里集合后继续向德国西南部行进。"符腾堡地区广阔而富饶，怎么赞美都不为过。"我们的雇佣兵如痴如醉，"在那里我们又回到了队伍。"哈根多夫被编入戈岑旗下新建的巴伐利亚军队。他很可能不得不就此告别他的上尉军衔：哈根多夫虽然从未提到自己被降级，但从

---

[1] Hans Jakob Christoffel von Grimmelshausen（1622—1676年），德国小说家。
[2] 一般译作《痴儿西木传》，是有关三十年战争的最著名的文学作品。小说中，一个被农户收养的孤儿，十岁时为躲避战争逃进一座森林，遇到一个隐士，为其取名"西木卜里奇西木斯"，意为"纯朴无知"。本书中与此书有关的引文大多出自李淑、潘再平译《痴儿西木传》，人民文学出版社1984年第一版。
[3] 典出希腊神话，比喻充满艰辛的长途跋涉。

他的日记可以看出，他最迟到第二年年末时还只是个士官。

到了1638年10月，这支军队扩编到了1万多人，指挥官戈岑感觉是时候尝试展开第二次解围行动了。"10月24日来到布赖萨赫，"哈根多夫写道，"我们进攻敌军，伯纳德公爵。他围困了布赖萨赫，所以我们去给这座城市解围。"

但伯纳德的军队在此期间已经在布赖萨赫城前挖满了壕沟，皇家-巴伐利亚军队无法接近敌人的战地防御工事，最终被伯纳德的人马发起的反攻击退。"所以我们不得不再次撤退，充满屈辱，备受嘲笑。"哈根多夫抱怨道。

这时帝国要塞布赖萨赫已经不能指望外部救援了。尽管如此，布赖萨赫城里的指挥官依然坚持死守，被围困的城堡要塞里饥荒日益严重。有关布赖萨赫城里惨状的描述广为流传。比如施瓦本鞋匠汉斯·赫伯勒就记录下了有关情况。他在日记里摘录了当时的传单上对布赖萨赫的描写。"城里几乎所有的猫狗都被吃光了。"赫伯勒写道，"11月24日，牢房（监狱）里关押的一个士兵死亡，检察执法官（承担警察职责的士官）正想下令把他埋葬，其他犯人把尸体抢走，切块吃了。"据说还出现了其他类似事件："另有七个瑞典士兵在牢房里被吃了。"

根据记载，监狱并不是唯一一处饥饿的人群成为食人族的地方。"墓里的两个死人被人开膛破肚，内脏被掏出吃掉。"赫伯勒写道。有些绝望的人还不满足于食用死者，比如有几个士兵答应一个男孩说要给他一块面包，把他骗进军营里。"可他进来以后，士兵们就把他大卸八块吃了。"赫伯勒的记载显示，1638年12月10日，8个市民的孩子全都消失得无影无踪，"估计是被吃了"，此外还有数量不明的"乞丐的孩子也不知所踪"。

今天，人们已经无法证实这些有关"食人族"的描述。有些历史学家认为其真实可信，有些则不以为然。发生战争的各地都有人吃人的记录，有些相似得令人生疑，也就是说可能是互相抄袭的。研究表明，这些恐怖描写中许多只起修辞作用，目的是让当时的读者真真切切地感受到战争的恐怖程度何其不可思议。

但这并不排除确实出现过个别人吃人的情况。相反，"三十年战争期间万不得已的情况下出现过食人的野蛮现象；新近的研究资料对此不再持怀疑态度"，耶拿大学的历史学家安德烈亚斯·克林格这样写道。"甚至司法档案也有相关记录。1639年夏初，图林根地区的赫尔德隆根有个老人把自己70岁的老伴儿捅死后，把她身体的一部分吃了。"这个多次受到兵灾之扰的地区当时饥荒极其严重，67人活活饿死。"凶手在许多天粒米未进之后，认为他的妻子和自己本人都挨不过这一关了。显然在万般无奈之下，他杀死了自己的妻子，以使自己能够活下去。但他自知难逃死罪，于是自首。"克林格根据司法档案总结出了上述情况。负责审理此案的莱比锡法院认定犯罪事实成立，但鉴于凶手有悔过之心，认为"在如此严重的饥荒中人们容易丧失理智或'感情用事'"，克林格写道。"法官没有采用'常规处罚'（这很可能意味着凶手要被处以痛苦的车裂之刑）。老人被用剑处死"——当时这被认为是最轻也最有尊严的一种死刑执行方式。

布赖萨赫的军民忍饥挨饿，直到1638年12月17日。然后，卫戍部队司令官投降了，他献出了这座要塞城市，换取军队自行撤退。不论有关食人的记录是否属实，下面这些赤裸裸的数字就已经告诉人们当时布赖萨赫的情况何其骇人听闻：卫戍部队最初的3 000人中，只有450人幸存。400名虚弱不堪的士兵尚能在鼓乐声中自行举着旗，从要塞里跟跟跄跄地走出来；其余50人只能被抬出来，用船运走。平民的幸存比例更低：4 000 名居民中，只有 150 人挨过了饥饿和瘟疫。30 名战俘也饿死在狱中——伯纳德得知自己将士的命运后大发雷霆。

仅仅 7 个月后，即 1639 年 7 月 18 日，萨克森-魏玛的伯纳德估计死于某种瘟疫，卒年 34 岁。他的指挥权转交到了他的将军手中。这些将军大肆敛财后又把最高指挥权转交给了法国王室。就这样，法国兵不血刃获得了一支久经沙场的军队，外加对布赖萨赫及莱茵河畔其他地区的统治权。

在此期间，彼得·哈根多夫绕了一大圈，穿过今天的巴登-符腾堡到达德国和瑞士边界。他的倒霉的最高指挥官戈岑于 1638 年 12 月在那里被捕后送到军事法庭受审。对他涉嫌叛国罪一案的审理直到 1641 年才结束，最后他被判无罪。

戈岑的军队此时继续行军，在悲伤中度过了 1638 年的圣诞节。"用多瑙河水（替代酒）庆祝圣诞，一口面包也没吃到。"我们的雇佣兵抱怨道。12 月 30 日，他在拉芬斯堡和乌尔姆之间安下了冬季营地。"在一个村子里找到了个好住处。"现在他满意地总结道，"1639 年我的长官（军官）和我都很开心。"

"我的妻子 2 月 18 日生了个小儿子，"哈根多夫在日记里继续写道，"名字叫奎林鲁斯，活了六天就死了。†2。愿上帝保佑他快乐地复活。"哈根多夫和他的第二任妻子安娜·玛利亚·布赫勒林的第二个孩子也在出生后不到一周就夭折了。这是日记作者的第六个孩子，没有一个哪怕能活到两岁生日。

哈根多夫一如既往地没有在这场新的个人悲剧上多费笔墨。他倒是对另一样损失颇有微词：他的军队"失去了帕彭海姆这个名号"。这个名号存在了许多年，即便 1632 年帕彭海姆在吕岑之战阵亡后也不曾变更。哈根多夫本人 1627 年起在这个军团服役（不算中间 10 个月在瑞典军队服役而中断的时间）。现在，这些骄傲的帕彭海姆人有了个新首领，他不再向帕彭海姆这个响当当的名字宣誓效忠。"1639年3月17日，君特在布赖萨赫被任命为我们的司令官。"哈根多夫写道，军团在这里"被称作君特军团"。

三十年战争的第一代重要将领几乎全都去世之后，对他们的最后的回忆现在也消失殆尽了。但战争仍在近乎无休无止地继续着，尽管战争形式并非一成不变；因为战争在整体和细节上都出现了出人意料的转变。我们的两位主人公哈根多夫和弗里森艾格也经历了使他们的人生发生转变的决定性转折。

* * *

对于毛鲁斯·弗里森艾格而言，1637年初到1639年中这段时光比较平静，他的日记里只提到了远离安代克斯的战事。比如1937年8月他这样写道："收成之后，萨克森-魏玛的伯纳德将军又渡过了莱茵河，威胁要把他的宿敌巴伐利亚洗劫一空，彻底毁灭。这可把我们吓坏了。""好在无畏的英雄约翰·冯·韦特（他已经成了我们的第二保护神）和他交锋，损失了大量人马后又把他赶回了莱茵河对岸。"

弗里森艾格不吝以诸如"无畏的英雄""我们的第二保护神"之类非同寻常的溢美之词褒扬约翰·冯·韦特，这再次说明这位骑兵将军何其深受爱戴。或许弗里森艾格这个普通面包师的儿子很容易把自己和韦特这个平步青云的农民的儿子联系起来。

"可惜只有一个约翰·冯·韦特，"修士再次感叹道——他说这话是因为1637年底出现了一个显而易见的困难，"当时，非常麻烦的是佣人和临时工的工资太高。"他抱怨说，"原先只要8或10古尔登就能雇到的人,现在除了要求提供普通服装外,还敢要 20 或 30 古尔登。这是因为人口太少,荒芜的田地太多的缘故。"战争导致的人口减少使人们明显感觉到劳动力短缺,工资也随之上涨——这是从前的市场经济的例子。但弗里森艾格抱怨说,即便提高报酬也"常常根本找不到"劳动力。

就这样,我们的修士 1638 年虽然为收获而欣喜("鉴于播种甚少,能收获就算幸运了"),但"就是能干活的人少了太多,因此总有很多田地不得不撂荒"。

1639 年,弗里森艾格显然如释重负地记录下了令人害怕的天主教敌人的死讯。"7 月 18 日,法国-瑞典将军萨克森-魏玛的伯纳德在对天主教神职人员和百姓犯下真正惨无人道的罪行后不久,在诺因伯格死于鼠疫。真是上帝的惩罚!这会给我们带来希望。"他小小地庆祝了一下——很快再次开始咒骂自己的军队:"惩罚过后,我们的将军大人根本不往前走了,就地安营扎寨。好在至少没有听到打败仗、撤退、最好的地方被割让和哪些地区惨遭踩躏的消息。"

1639—1640 年
冬季临近

起初,他试图行善积德。然后,他打开了地狱之门。

瑞典统帅约翰·巴纳 1639 年是以解放者的姿态进军波希米亚的。现在,他就在这个 1618 年奋起反抗其哈布斯堡王朝统治者、后来的皇帝斐迪南二世的国家。在这里不是可以指望波希米亚人在反抗皇帝压迫的斗争中支持瑞典人吗?可是巴纳的希望落空了:布拉格掷出窗外事件发生后21年来，波希米亚成了另外一个国家。哈布斯堡王朝以血腥手段实施"再天主教化政策"之后，民众中的明显多数改信天主教，站在了皇帝一边。但保留新教信仰的教徒对帮助瑞典侵略者也没有什么兴趣。经历了21年战争后，人们实在太清楚每支军队都意味着一场灾难——不论什么军队。因此波希米亚在瑞典人到来之前成群结队地逃离，躲避瑞典军队。巴纳下令一律禁止抢劫，但无济于事。

这位瑞典统帅还试图占领布拉格，但他既没有足够的兵力，也没有合适的火炮。这样他就只得撤退。但43岁的巴纳不甘心就这么撤军。1639年10月，巴纳转变了自己的角色：由解放者成了毁灭者。他遵循的是既简单又残忍的逻辑：如果他无法占领这个国家，那就把它夷为平地，这样敌人也得不到它。

巴纳的士兵成群结队地在波希米亚横冲直撞，尽其所能烧杀劫掠。英国历史学教授彼得·威尔逊认为，在这场毁灭性的战争中，巴纳的这次行动是"到目前为止最严重的一场破坏"。无数村庄陷入火海——仅巴纳的小舅子亚当·冯·富尔据说就烧毁了800个波希米亚村庄。

"对瑞典军队造成的苦难的回忆一直延续到今天。"瑞典历史学家彼得·恩隆德这样评价自己国家这黑暗的一页。虽然瑞典军队中大多数士兵是德国雇佣兵，但老百姓也把他们当成瑞典人。这也体现在进入集体记忆的习语和诗歌中。比如德国的儿童直到上个世纪[1]还在学唱下面这首歌谣：

祈祷吧，孩子，祈祷吧！
瑞典人明天就来，

---

[1] 指20世纪。

>奥克森谢尔纳[1]明天就来,
>
>他会教孩子们祈祷。
>
>祈祷吧,孩子,祈祷吧!

恩隆德补充说:"鲜为人知的是,捷克的儿童也唱类似的歌谣:'瑞典人来抓你了'或'快跑,瑞典人来了,他已经在角落'。在波希米亚,这场战争后来被称作'瑞典时代','瑞典人'成了骂人的话,用于指称盗贼和劫匪或极其粗鲁之人。"

在德国,"老瑞典人!"这种说法更多具有肯定意味——这个习惯用语出现在三十年战争之后,当时勃兰登堡和普鲁士军队聘请久经沙场的瑞典士兵担任教官。相反,"瑞典饮料"这个词则是个广为人知且臭名昭著的说法,指的是粪便和污水的混合物,当时抢劫的士兵将其灌入平民口中,逼迫他们说出自己的家当藏在哪儿。

汉斯·雅各布·克里斯托弗尔·冯·格里美尔斯豪森在他的小说《西木卜里奇西木斯奇遇记》里描写了这种折磨人的方法。上文提到过,格里美尔斯豪森亲自参加了三十年战争。小说中大概被引用得最多的一段话里,格里美尔斯豪森以一个孩子的视角描写了骑马的士兵如何侵扰一户农庄:"那雇工,他们把他捆起来,放倒在地,往他嘴里塞进一大块木头,灌了他满满一大桶臭粪水;他们管这叫瑞典饮料。他们就这样强迫他领着一队人出去,到处抓人、拉牲口。"

小说中,瑞典士兵把捉住的农民全都赶到院子里:"这时他们就开始取出枪上的燧石,把农民们的大拇指夹在枪上,代替燧石击发;还把一个抓来的农民塞进了烤面包炉,在他背后点起了火,尽管他什

---

[1] 奥克森谢尔纳指时任瑞典首相阿克塞尔·奥克森谢尔纳。

么也没有供认出来。他们就这样折磨这些可怜的人，好像要烧死老巫婆一样。他们又用一根棍子绕在另一个人的头上，用一根短棍把它拧紧，于是，血便从他的嘴里、鼻子里和耳朵里喷出来。总而言之，每个人都用他自己的发明创造来折磨农民。因此，每个农民也遭受了自己特殊的痛苦。"最后终于轮到户主了："他们把他挪到一堆火的旁边，捆绑住他的手脚，使他动弹不得，然后用湿的盐摩擦他的脚底板，再让我家的老山羊把这些盐舔掉，致使他奇痒难忍，笑不可支。"格里美尔斯豪森以第一人称叙述道。"至于那些被抓起来的妇女、使女和姑娘们，我没什么特别可说的，因为这些当兵的不让我看见他们是怎样摆弄她们的。我所知道的，只是从那些角落里不时传出可怜的叫喊声。"

这种戏剧性的表述长期以来被视作简要记录瑞典士兵为非作歹的典型方式的历史证据，也可能反映了格里美尔斯豪森作为士兵的亲身经历。今天人们对此作出评价时比原来更加谨慎。人们知道，小说作者写的不仅是自己的亲身经历，而且也从其他渠道引用了资料——可能东拼西凑一些耸人听闻的情节。到最后，格里美尔斯豪森的《西木卜里奇西木斯奇遇记》和历史事实之间的关系可能就类似一部优秀的好莱坞战争片与现实之间的关系，比如电影《现代启示录》[1]和越南战争之间的关系——很多东西表现得很真实，但电影毕竟是虚构的。

真正看得见摸得着的是巴纳毁灭性征战的后果。"和平到来的时候，波希米亚仍然几乎是一片废墟。"历史学家彼得·恩隆德总结道，"战前，这个欣欣向荣的国家有738座城市、3.4万个小村庄，大约

---

[1] *Apocalypse Now*，美国导演弗朗西斯·科波拉导演的一部电影，1979年上映，根据波兰裔英国作家约瑟夫·康拉德的中篇小说《黑暗之心》改编。

300 万人口；一切结束后只剩下 230 个城市、6 000 个村庄和 80 万人口。"——也就是说，只剩下将近 1/3 的城市、不足 1/5 的村庄和略多于 1/4 的人口。

1640 年 3 月，巴纳离开了饱受蹂躏的波希米亚，向西北撤退至萨克森和爱尔福特。援军也赶往那里，其中包括法国派来的已故的萨克森-魏玛的伯纳德的雇佣兵部队。最后这支军队总计大约 3.2 万人——这些人马足以直接和皇家军队直接抗衡。巴纳转守为攻，很快就将与彼得·哈根多夫所在的部队遭遇。

雇佣兵哈根多夫度过了相对而言风平浪静的 1639 年。这年夏天，他得到了一头驴，"因为这次我没有马匹，也没有勤务兵了"，哈根多夫记录道。他的聪明伶俐的勤务兵巴特尔特走丢了，或许是一年前莱茵费尔登战役之后失散的。1639 年夏末，他们还和法国在莱茵河畔短暂交战，但战局并未发生决定性转变。

1640 年 1 月 30 日，哈根多夫来到英戈尔施塔特的冬季营地，但只待了不久：18 天后，他就不得不再次动身向维尔茨堡出发，那是"一座美丽的城市"，那里的"酒比井水多"。我们的雇佣兵特别注意到了一种机械设备："维尔茨堡的桥下有一台漂亮的八挡碾磨机，只有四台水车，但带有传动装置。这个碾磨机非常强大，磨的面够整个村子的人吃，因为美因河被拦了起来，整段河水都会流过碾磨机。真是台漂亮的碾磨机，看着就开心。"

日记里其他地方也有类似的对碾磨机的描述。发现哈根多夫日记并对其做了详细评论的历史学家扬·彼得斯这样评价这位雇佣兵："他一再表现出对碾磨机的浓厚兴趣，这一点引人注意。他陶醉于碾磨机的精美，对机器的技术了如指掌，并且精心记录下了碾磨机的独特之处。"彼得斯得出结论认为，由此可以推测哈根多夫是磨坊主的儿子。"因此他属于较高的社会阶层，这就能解释他何以接受过良好的学校教育。"这种结论听起来很有说服力，但除非有其他资料能够佐证，否则就只能是推测。

哈根多夫随着巴伐利亚军队从维尔茨堡出发，顺流而下前往美因河畔格明登。"2月22日我和下士于尔格·本干了一仗。用手臂把他伤得够呛。"他简要写道。事后，我们的这位雇佣兵似乎成功地逃避了处罚。

3个星期后，哈根多夫称赞他的上尉是个"真诚的人"，自己"可以每天和他在同一张桌子上用餐"。这个记录证实了哈根多夫本人失去上尉军衔显然已经有一段时间了，只能屈居低位。但他知道如何与自己的上级相处。

然后军队又到了今天图林根的南部，巴伐利亚军队在那里和皇家军队会合。会合后的军队在萨勒河畔诺伊施塔特（今属巴伐利亚，邻近巴伐利亚与图林根边界）驻扎。哈根多夫记录下了军队驻扎期间一件特别的事："我妻子的父亲在这里举办了婚礼。"这是他第二次提及岳父马丁·布赫勒林，此时他和布赫勒林的女儿安娜·玛利亚·布赫勒林结婚已经5年。这就是说，哈根多夫和他的妻子及岳父5年之后依然在同一支部队里，或者说又到了同一支部队。世事无常，这位雇佣兵也只能听天由命，但这家人依旧不离不弃，真诚守望。

7月，皇家-巴伐利亚军队向今天图林根西部的瓦哈出发。临近月底，"来了一股巨大的寒流，我们险些冻死在营地里"，哈根多夫抱怨道。情况越来越糟："这次路上冻死了三个人，一个骑兵、一个妇女和一个男孩儿。这事发生在1640年8月7日。"——当时还是夏天！上文已经提到的小冰期再次展现出它可怕的一面；从16世纪持续到19世纪的这段时期，气候寒冷得异乎寻常，17世纪前后尤其寒冷。

1640年人们肯定感觉像是没有夏天，而冬天不断临近。

哈根多夫还遇到了一个问题。他写道，妻子安娜·玛利亚·布赫勒林7月25日遗失了包括两枚金戒指在内的几乎全部金银细软。"这下子我一无所有了，就只剩下4塔勒"——如果发了军饷的话，这就是一个普通士兵一个月的军饷。雇佣兵没有透露这些钱是怎么丢的。他显然怪罪了安娜·玛利亚·布赫勒林，但至少也对她的某些做法给予了肯定："我的妻子在英戈尔施塔特买了一匹马，不然就全都没有了。现在我至少还有匹马。"

用今天的眼光看，人们会觉得奇怪：哈根多夫写的是"我还有"，而不是"我们还有"，看着好像这笔家庭财产只属于他一个人。而这符合当时的父权制社会思维模式：女人完全处于其配偶或父亲的保护和控制之下，因为人们认为她们身体上和心理上都处于弱势。与此相应，妇女参与诉讼的能力和行为能力都受到限制，原则上必须由男性监护人代理。妇女虽然可以拥有财产，但这些财产原则上由男人支配。同时，男人有义务保证妇女过上与其阶级地位相匹配的生活。

和上述情况看似相互矛盾的是，这对夫妇的几乎全部家当都存在安娜·玛利亚·布赫勒林那里，而且她显然常常自己办理诸如购买马匹之类的大事。这大概是因为实用主义战胜了性别规范：把家产放在后方的妻子那里当然比他随身带上前线更安全。

这时哈根多夫几乎一直身处前线。部队继续向西北运动，"这次我接到命令，充当先头部队，和龙骑兵一起打前锋"，这就是说，随着骑马的步兵部队作为前锋。1640年8月21日，雇佣兵到达位于今黑森州北部的城市弗里茨拉尔。"我们在这里开始构筑防御工事"，就是挖壕沟、堆壁垒，建起野战工事。

皇家-巴伐利亚军队准备迎战瑞典军队时，哈根多夫两口子也开始为自己做准备了:"我和我妻子打了一整袋大麦和黑麦。这袋麦子后来可派上了用场",哈根多夫自豪地写道。"因为指挥瑞典军队的巴纳8月31日来到我们这里,随行的车队很多。"考虑到皇家-巴伐利亚军营周围的工事重重,巴纳放弃了强攻。两支军队对峙了几个星期,都试图切断对方的粮草供给。"与此同时,我们的情况很糟糕。"哈根多夫这样评价这场折磨人的"饥饿战","各种豆子是我们最好的食品了。"

但雇佣兵和他的妻子安娜·玛利亚·布赫勒林还有一袋粮食——用它做成了最好的食品。"我们用两块磨盘搞了一盘磨,在地上挖了个烤炉,烤出了面包。"这位心灵手巧的谋生高手写道,"我自己和妻子有足够的面包吃。还卖了一些。"这对脑子灵光的夫妇趁着军营里闹饥荒,通过面包生意赚得钵满盆满。哈根多夫发现这主要是因为食品价格暴涨,"但是士兵手里有的是钱"。

"军营附近有一口碳酸矿泉",也就是出矿泉水的泉,哈根多夫补充道。这口人人眼馋的泉显然处于无主之地,皇家-巴伐利亚军队的士兵和瑞典士兵都能到那里取水。双方在这里超越了阵营进行合作,这点值得一提:双方轮流使用这口泉。"夜里敌人在那里站岗,白天我们的人设岗,因为我们可以炮轰那口泉。"哈根多夫写道。历史学家扬·彼得斯把这种情况称作"敌对双方在做极其没有意义的事情[1]时作出的'公平'且有意义的约定"。

哈根多夫还叙述了另外一件非同寻常的事:正当士兵们在军营里玩掷骰子游戏,大声"咒骂和赌誓"时,游戏桌旁来了个"带着步枪"的男子。"这人开口说道:哦,我主耶稣,这桌子上玩游戏的都

---

[1] 指战争。

是些什么人啊！说完他立刻消失了，"哈根多夫写道，"留下一股恶臭。"这个小故事再次说明当时人们何其相信魔鬼真实存在。哈根多夫显然也对此深信不疑，尽管他绝不幼稚地相信神迹，比如他对一支据说连续燃烧了几百年的蜡烛就持怀疑态度。

对峙 3 个星期后，皇家-巴伐利亚军队于 1640 年 9 月 20 日和 23 日得到了新来的共 24 个军团的增援。现在这支军队强大到巴纳不敢对其发动野战进攻的地步了。撤军结束饥饿局面的条件已经成熟。"1640 年 9 月 26 日，我们开拔，以全面战斗队形撤退，辎重（家眷）在中部和前部。这样敌人没有捉住我们中的任何一个。"哈根多夫高兴地说。

皇家-巴伐利亚军队先是向北进军，10 月底抵达位于今天北莱茵-威斯特法伦的马斯贝格。"这次非常寒冷，牲口和人都有冻死的。"哈根多夫记录道。

极其寒冷、阴雨连绵的夏天过后，迎来了霜冻的秋季。士兵们身着湿透的衣服，不避风雨地忍受着持续的冬季一般的气温。征途漫漫，不知何时是个尽头，交战双方这一年来都未能取得决定性胜利。"只是无谓地牺牲性命。"历史学家彼得·恩隆德这样总结这场悲剧，"巴纳深知这一点。他心情沮丧、疲惫不堪，发现 1640 年的征战是古斯塔夫二世·阿道夫死后他经历的最糟糕的一次。"

哈根多夫和皇家-巴伐利亚军队一起南进，于 1641 年 1 月 15 日随部队进入英戈尔施塔特的冬季营地——这里正是他一年前过冬的地方。忍受了 1640 年战争季的风霜雨雪，行军 1 350 公里之后，这支队伍又回到了出征的地点，就好像他们得到了"请重新回到起点"的命令一样。

* * *

1639年，毛鲁斯·弗里森艾格在上巴伐利亚的安代克斯修道院日复一日地忍受了"无穷无尽的凄风冷雨"。年底，他听说了瑞典军队在波希米亚的破坏行径："巴纳将军率领的瑞典军队这个秋天在波希米亚惨无人道地烧杀劫掠、肆意践踏，以至人们将此事称作'波希米亚第三次在敌人的战火中重生'。"修士这样写道，"因此，这一年我们也只能在不安、惶恐和与往年一样心惊胆战的期盼中度过。"

和哈根多夫一样，弗里森艾格也经历了又湿又冷的1640年夏天。"6月8日开始下雨，几乎下了整整一个月，洪水滔天，最年长的人也从来没有见过这么大的水。"他写道。附近阿默湖畔的好几个村子"全都被水淹没"。地里成熟的庄稼饱受"连绵雨水"之苦，更遭"数量多得不可思议的野猪之患"。

1640年8月23日发生了一起改变修士命运的死亡事件：六十岁的安代克斯修道院院长米夏埃尔·艾恩斯林"心脏病突发倒地不起"，弗里森艾格写道。"他去世的日子离他被选为修道院院长那天恰好三十年。"

整整一个月后，安代克斯修道院的二十七位修士选出了他们的新院长。"9月28日选举，第二天是新任院长的就职仪式——毛鲁斯·弗里森艾格神父，就是德不配位的鄙人。"日记作者这样写道。就这样，他登上了一个显赫的位子：五十岁的面包师的儿子弗里森艾格现在成了安代克斯修道院及其所辖领地（包括埃尔林村，其村民隶属于修道院）在宗教和世俗上的主人。由于责任重大，修士不无忧虑地自问："我要怎样弥补修道院的损失，以及我备受爱戴，也受到最高层赞美的前任的尊严呢？"

1641 年
穿越冰雪

1640 年岁末，瑞典统帅巴纳计划发起一场大胆的进攻，这可能使战局发生全新转变。44 岁的巴纳屯兵爱尔福特，当时帝国议会正在爱尔福特以南 230 公里的雷根斯堡开会，与会的是德国诸侯、帝国城市和其他邦国的君主，其中许多人本人并未出席，而是派特使前往。皇帝斐迪南三世召集了 27 年来的首次帝国议会，为的是让最后的持异见者与他同仇敌忾，对付法国和瑞典侵略者。斐迪南三世出席会议，从而成了巴纳计划的目标：如果能拿下雷根斯堡，控制住与会的皇帝和众多特使，瑞典就将获得使敌人俯首称臣的最大砝码。

这个突袭计划要想取得成功，关键在于速度。巴纳放弃使用装备沉重、行动迟缓的炮兵，命令他的队伍急行军，穿越深厚的积雪，并且寄希望于河流上冻。这样他就能迅速渡河，这在当时的小冰期往往比今天更有可能。瑞典的队伍迅速前进，穿过拜罗伊特，于 1641 年 1 月 12 日抵达上普法尔茨的奥尔巴赫，距离雷根斯堡 83 公里。

但此时巴纳得到了坏消息：骑兵在路上俘获了皇家军队的火枪手，报告说敌人已经知道了巴纳的计划，并且已经集结了自己的部队。怎么办？巴纳不想冒险与皇家军队正面交战。于是他下令停止前进，等待侦察部队的报告。就这么等啊等，等啊等，漫长的 6 天过去了，才真相大白：骑兵获得的是假情报。敌军并不知情，但这时他们已经警觉了。

尽管如此，巴纳还是继续向雷根斯堡急行军。这使他突然身处一场双重竞赛：一是要和从他们的冬季营地里被惊醒的皇家军队竞赛，二是要和天气竞赛。因为已经开始解冻，而雷根斯堡对于巴纳而言位于还封冻着的多瑙河的对岸。

瑞典军队的三个骑兵团先行出发，他们成功地在雷根斯堡以东35公里处神不知鬼不觉地穿过了多瑙河的冰面。后来他们进入雷根斯堡市里时遇到了一支大型的皇家狩猎队伍。但皇帝本人不在其中——他临时取消了这次狩猎郊游活动。瑞典士兵就这样错过了可能活捉皇帝的最佳机会，只能满足于把皇帝的马匹和猎鹰作为战利品。然后他们又返回多瑙河对岸，河面上的冰层很快融化了。

当巴纳和主力部队来到河边时，已经无法渡河。这位统帅沮丧不已，下令向多瑙河对岸开炮——但这纯属作秀，因为瑞典军队只带了轻型火炮，朝雷根斯堡的山墙发射了500发炮弹。皇帝斐迪南三世在炮火中临危不惧，拒绝弃城逃跑。这进一步提升了他在臣民中的威望。

巴纳只得撤军，来到邻近今天巴伐利亚和捷克边界的卡姆。偷袭雷根斯堡失败了，斐迪南三世感觉现在是时候消灭瑞典远征军了。他下令集结皇家和巴伐利亚军队，发起反攻。

就这样，彼得·哈根多夫1641年2月2日就不得不离开他位于英戈尔施塔特的冬季营地。他和他的部队绕了个大弯来到下巴伐利亚的施特劳宾。在这里，他获得了一项新任务，担任"军团法庭陪审员"，也就是说，在法庭审理起诉士兵的案件时担任陪审员。哈根多夫因为这项工作的缘故留在了施特劳宾，而军团3月又出发了，向北与瑞典统帅巴纳相向而行。"因此我妻子跟着大家（军队）走了，我却留在了施特劳宾。"他写道，"我们的军队把敌人打退到了波希米亚，我妻子一直跟着队伍，因为她认为我可能会追上来。"

这显然是个误会，也让人痛苦地联想到1633年那场误会。当时哈根多夫接到命令，前往施特劳宾，他的第一任妻子安娜·斯塔德琳对此一无所知，因此跟着其他队伍走了，在寻找丈夫的过程中死于慕尼黑。或许对这次痛失亲人的回忆给我们的雇佣兵注入了动力:"因此必须追上她。"

巴纳和他的军队没日没夜、马不停蹄地向北强行军,穿过沼泽和泥泞,逃避2.2万人的皇家-巴伐利亚军队的追击。数以千计的将士落入追兵之手、因病掉队或开了小差。但瑞典军队的主力经过波希米亚逃到了萨克森。

彼得·哈根多夫追赶着军队和他的妻子"一直到波希米亚的施拉根瓦尔德",这个地方今天捷克语叫"上斯拉夫科夫",与施特劳宾直线距离141公里。"我在那里遇到了部队和我的妻子,她挺着个大肚子。"他如释重负地说。

从波希米亚出发,雇佣兵和他即将分娩的夫人随着军队向西来到上弗兰肯。"我的上尉在那里给了我一张通行证",也就是离开自己队伍的许可。这对夫妇就这样向南前往施特劳宾的大本营,但中途不得不停下来休息。"4月9日,我妻子生下一个小女儿,在这儿受了洗礼。"哈根多夫写道,"她名叫芭芭拉,上帝保佑她长命百岁。"

这对夫妇和新生的婴儿只作了短暂停留。孩子出生3天后,他们就继续出发了。"12日前往瓦尔德萨森、卡姆和多瑙河畔的施特劳宾",直线距离143公里,在当时的行军条件下,这对于母婴都是场折磨。哈根多夫肯定盼着到了大本营好好照顾他的家庭,但他的希望落空了:"我到达施特劳宾时,上校已经走了,去了英戈尔施塔特。因此,我的营地也不在了。"

哈根多夫挈妇将雏,去往施特劳宾以西85公里外的英戈尔施塔特寻找军团上校君特。大约走到半路,安娜·玛利亚·布赫勒林终于累倒了。"我妻子在帕林病倒了,腿疼难忍,以至我无法继续带她走,"雇佣兵写道,"不得不把她留在帕林的法官那里。他是我的老熟人"——这或许是因为哈根多夫在施特劳宾担任过法庭陪审员的缘故，"我一路追寻上校，来到了英戈尔施塔特。"

哈根多夫离开他心爱的妻女时肯定心情沉重，这也体现在这位平素一贯惜墨如金的日记作者又两次提到这件事，而且每次都强调他很快就回来了："妻子和孩子、马匹留了下来。14天后我又去了一趟，把她接上。"他在日记里写道，不久之后再次提及，"4月16日我把她们留在那里，4月30日又把她们接上了。"

"她和原来一样，不怎么能走路。"雇佣兵回程中不无担心地发现，"但我让她骑在马上。一路上就像约瑟在埃及行走。"他这么写是以《新约》中耶稣一家逃往埃及自比，这个故事常常被形象地描写为约瑟牵着一头驴，上面坐着玛利亚和她的儿子耶稣。

哈根多夫把他病重的妻子带到了英戈尔施塔特"白啤酒酒馆"旁自己的营地里。"她没法儿继续走，我就背着她走。"哈根多夫记录下了妻子的身体状况，这种状况可能也使安娜·玛利亚·布赫勒林无法充分照顾她的婴儿，"1641年5月19日，我女儿在英戈尔施塔特夭折。†3愿亲爱的上帝保佑她快乐地复活。芭芭拉。"这对夫妇的第三个孩子只活了40天。安娜·玛利亚·布赫勒林还能活多久，尚且是未知数。我们的雇佣兵会像1633年那样再次失去整个家庭吗？

尽管遭受了命运的打击，但哈根多夫并没有听天由命。现在他或许比之前任何时候都更加英勇地战斗——不是为了杀敌，而是为了拯救他妻子的性命。在这件事上他又发挥了自己令人叹服的组织能力，像原先在帕林一样为他的安娜·玛利亚找到了一个良好的疗养场所。雇佣兵为此不惜血本。"24日，我不得不把马卖了，值24古尔登（16塔勒），因为我需要这笔钱。"哈根多夫写道，"5月26日，我因为妻子（的病情）找到死刑执行官（刽子手），请他帮忙，他收下了她。

钱就花在这上面了,因为她病得像个残疾人。她拄着拐杖走了7个星期。但刽子手的妻子用浴疗法让她7个星期后痊愈了。"死刑执行官兼职做理疗师,当时这很普遍——刽子手应当精通解剖学、外科学和创伤护理,以免在实施酷刑时导致致命的创伤,也能在行刑后为受刑人包扎伤口,也就是要治好他们的伤口、烫伤、关节错位和骨折等,使受刑人能够出庭受审。

瑞典将领巴纳的健康状况也每况愈下,冬季行军期间,他的病情进一步恶化了。医生也无力回天:1641年5月20日,巴纳死于长年酗酒导致的发烧或肝硬化,殁年44岁。备受摧残的波希米亚人为他的死欢呼雀跃,举办了一场具有嘲讽意味的安魂弥撒,祝愿这位瑞典将领下地狱。

* * *

新当选的安代克斯修道院院长毛鲁斯·弗里森艾格在日记里记录了巴纳的冬季征战。"1641年很快就因为战事纷起而不得安宁。1月天气极其寒冷时,瑞典暴君巴纳就进入了上普法尔茨。他用火与剑摧毁了好几个村子,怒气冲冲地到了雷根斯堡。"我们的修道院院长写道。接着,他说道:"狩猎归来被俘的队伍里少了几个人,皇帝和皇后都不在其中。巴纳留下了马匹,把猎鹰退了回去,他语带嘲讽地说他打仗需要的是马而不是鹰。"

"1月24日我收到选帝侯的来信和命令,让我收拾宝物,把它们带往慕尼黑。"日记作者继续写道。这是为了防备瑞典人继续深入巴伐利亚南部而采取的安全措施:由珍贵的圣人遗物组成的修道院宝物无论如何不能落入敌手。"我们吓得不轻,因为我们还不晓得发生了什么,也不晓得将要发生什么！"弗里森艾格写道，"大雪和肆虐的风暴"使我们延迟到 1641 年 2 月 13 日才把宝物运走，修道院院长补充道。"过了几天，我才带着三具神圣的身体（圣人遗物组成的宝物中最重要的部分）上路了。我们为此不知流了多少眼泪，简直难以言表。"

今天人们几乎无法想象当时人们对圣人遗物迷信到何种程度。比如安代克斯修道院的宝物中就包括基督荆冠上的一节树枝、十字架上的一块木头、一条汗巾和抹大拉的玛利亚[1]的腰带等——人们认为这些无比神圣的原物可以保佑他们免遭疾病和痛苦，并免受多年炼狱之火。圣人遗物的交易活动一度十分频繁，交易对象从挪亚方舟的部件到装着圣母玛利亚母乳的小奶瓶。至少有 13 个村庄自豪地宣称他们拥有耶稣接受割礼时割下的那截包皮。有关收藏品数量巨大：萨克森选帝侯、"英明的弗里德里希"到 1520 年为止收集了至少 18 970 件圣人遗物和残片，按照当时的计算方法，拥有这些圣物意味着可以免受 1 902 202 年又 270 天的炼狱之火。

弗里森艾格把圣物带到了安全的地方，此时巴伐利亚政府机构刚刚推出战时动员令，号召大家保卫家园。各级地方政府不仅要为骑兵部队提供马匹，"而且同样非常严格地要求他们上报当地所有猎人和射手的名单，并让他们前往慕尼黑；到了慕尼黑，他们的名字被登记在册，然后又放回家，此后一旦征召就得随叫随到"，修道院院长记录道。

弗里森艾格得知巴纳的死讯后，欣喜之情溢于言表："这样我们又从恐慌中复活过来，欢欢喜喜地庆祝了复活节。"

---

1 Maria Magdalena，《新约圣经》中追随耶稣的女信徒。

1641—1643 年
告别与重逢

哈根多夫把自己身患重病的妻子托付给英戈尔施塔特的刽子手照料之后,又在妻子身边陪伴了将近一个月。然后,他所在的军团迎来了新的长官。"1641 年 6 月 24 日,约翰·冯·温特沙伊德被任命为我们的上校。"雇佣兵写道。新的长官立即下令开拔,他的士兵带上全部家当向北出发,迎击瑞典人。哈根多夫也不得不随行,他不知道妻子安娜·玛利亚能否痊愈,"但我的妻子留下来养病",他一如既往地一笔带过。又过了很长时间,这对夫妇才得以重逢。

温特沙伊德的军团理论上应该有 3 000 人,实际上只有 1 000 人左右。他们进入今天的萨克森-安哈尔特,1641 年 8 月初在那里和大部队会合。"这次利奥波德大公",皇帝斐迪南三世的一个哥哥,"作为统帅指挥全部军队,即皇家军队和巴伐利亚军队",哈根多夫写道。会师后的部队向西进发,在今天下萨克森境内的沃尔登贝格停下。士兵在那里找到庄稼已经成熟的田地,在地里当起了农夫。"我们在这儿停下来收割庄稼,但这对农民没有什么帮助。"哈根多夫以他干巴巴的幽默记录道。

军队接着又向不伦瑞克附近的沃尔芬比特尔和今天下萨克森南部的艾恩贝克行进。"但我们炮轰了艾恩贝克,火力恐怖,整个城市陷入火海。(10 月) 24 日,这个城市投降了,条件是守军带着全部家当自行撤退。"日记作者这样写道。这是那个时代许多围城战例的典型过程。城市不断易主——被摧毁得越来越严重。即便围城一方无法拿下城市,无功而返,城市的建筑和居民也深受其苦。比如,一周之后,皇家-巴伐利亚军队来到哥廷根。"11 月 1 日,我们住在村子里,在周围构筑地下和地面工事,架好火炮,然后开火,对城里狂轰滥炸。但没有达到目的。又遇上了一场巨大的寒流。在这里一直待到了11月17日。"哈根多夫写道。他本人在围困艾恩贝克无功而返之前就已经去了"图灵根的米尔豪森"。雇佣兵写道:"我在这儿被派去照顾病号和伤员。"1641年11月12日起,他负责照顾正在康复的伤病员,"整个冬天",他强调。

哈根多夫负责照顾58个士兵,而部队的大部分人马继续向今天的萨克森-安哈尔特行军。"这段时间我待在原地。我的帮手(普通士兵)每天分到一磅肉、两磅面包和一升啤酒。我本人得到了双份。"他在日记里写道。

一份历史文献证实了这些数据。历史学家马克·冯·穆勒查阅了米尔豪森市立档案馆的资料,在档案中发现了一则1641年12月27日的记录,内容是1641年11月13日照顾温特沙伊德军团病号的情况。其中的信息和我们的雇佣兵提供的信息基本一致,获得膳食者的姓名写着"彼得·哈根多夫"。这位历史学家于2004年证实了一种一直以来建立在教会记录基础上的猜测,即这本雇佣兵日记的作者是彼得·哈根多夫。作者本人没有在日记里提到自己的名字。

雇佣兵哈根多夫在米尔豪森照料伤病员,直到1642年春季。"我照顾的人中死了7个。"他写道。也就是说51个士兵还活着,4月7日被巴伐利亚军队接走。哈根多夫前往黑森,1642年5月11日又回到了部队。此后,他经过吉森,5月30日前往法兰克福。"美因河上有座石桥,"他在那里写道,"桥下还有最漂亮的碾磨机,看着它们是一种享受。"

然后,他穿过韦斯特森林。"那是个荒凉的地方。"哈根多夫写道。他于1642年6月12日到达今天的莱茵-普法尔茨。"这地方甚至可以说糟糕透顶,尽是林地和荒地。"他很不喜欢这片中部山区,"我们在这儿得到了补给(军队的储备),狗都懒得吃。"

"在这里,晚上我多喝了两杯,第二天早上被部队落下了一箭之遥,因为头痛。"哈根多夫在他的日记里承认了这件事。醉酒的后果是"三个农民躲在树篱里,冲出来把我暴打了一顿,把我的大衣、背包和所有东西都拿走了"。这就是说,这个专业劫匪自己被洗劫了——洗劫他的那些人本来是他的受害者。由于饮酒过度而精神疲惫的哈根多夫,显然因为脱离大部队的保护独自行军而容易成为目标,可以认为他当时处在大部队看不见也听不着的地方,也就是说不仅仅落后"一箭之遥"。遭受袭击居然捡了条命,被抢者本人也觉得这是个奇迹:"上帝安排好了,让他们一下子扔下我跑开,像是有人在后面追他们似的,尽管他们身后并没有人。我被打得浑身像是散了架,外套也没了,背包也丢了,回到部队。"哈根多夫的战友对此没有表现出多少同情心,他们"只把我嘲笑了一番"。

这是雇佣兵唯一一次因为遭受袭击而抱怨。唉声叹气或怨天尤人显然不是他的风格。正如历史学家、研究哈根多夫的专家扬·彼得斯一针见血指出的那样:"哈根多夫在对待'失去'方面冷酷无情——'失去'这个词在这里有双重意思。"哈根多夫既冷酷无情,同时又被磨炼得心如止水,杀人越货时毫无同情之心,但在面对死亡的威胁、忍受强行军的痛苦和饥饿、潮湿、炎热、寒冷、疾病,以及诸如丧子之痛等命运打击时,又淡定得不可理喻。

这次遇袭之后,我们的雇佣兵列出了 1642 年 6 月他所到之处:先去了波恩,然后来到莱茵河畔的科隆和忠斯(Zons),他和部队在那里与法军遭遇。"他们(敌军)发现我们后就继续往诺伊斯去了。他们在沼泽地上构建工事。(我们)在那里保持战斗队形三天三夜,以为他们要打我们。"但法国人拒不出战，双方陷入僵局。"因此我们在忠斯也构建了防御工事，对峙了一整个夏天。"哈根多夫继续写道，"我们在忠斯的营地扎在莱茵河畔。上帝在这儿进一步造访了我，给我身上带来了溃疡"——我们没有更多关于他疾病的信息。雇佣兵倒是简明扼要地提到了双方僵持不下的后果："我们把科隆地区全都毁了，我们和敌人一起干的。"

值得一提的是，哈根多夫发现了一起受到严厉处罚的兽奸事件。"9月9日，一个士兵和一匹马一起被烧死在军营前，因为他和马做了淫乱的勾当。"他在日记里记录道。

1642年10月19日，日记作者最终和他的战友们一起离开了位于忠斯的营地。皇家-巴伐利亚军队向迪尔多夫出发，也就是6月韦斯特森林里哈根多夫被三个农民袭击并洗劫一空的那个地方。

"我进了大本营，想看看还能不能找到8个星期前拿走我东西的那3个家伙。"这位雇佣兵于1642年11月初写道——根据他提供的日期信息，他不是8个星期前，而是将近5个月前遇袭。哈根多夫还真找到了其中一个凶手！但他并未私设公堂，而是选择了法律途径："我碰到了其中一个，马上把他送到检察执法官那里，送进了监狱，执法官说他必须把东西还给我，否则就得在监狱里待着。"

这件事迅即惊动了最高层。"很快得知此事的（军队最高指挥官）把总检察官兼执法官（最高警察专员）、审计长（军事法庭负责人）、总军需官（负责安置军队的军官）和所有哨兵都叫来，要让那个农民被判绞刑——要是他不满足我的要求的话。"送上绞架的威胁马上让被告服服帖帖："因此，这位大老爷"——哈根多夫这样戏谑地称呼这个农民，"给了我12帝国塔勒，给了总检察官兼执法官1塔勒，给了军事法庭庭长1塔勒，典狱长（监狱负责人）1个'头币'

（Kopfstück，相当于20个十字币，90个十字币相当于1塔勒）。于是，我又开心了。"

我们的雇佣兵选择走法律途径算是走对了。凶手显然得到了宽大处理：哈根多夫的日记没有提到监禁或身体刑罚，只提到了罚金——今天的法庭要是审理这样一起抢劫案可能判罚得更重。

这个案子表明，三十年战争的最后几年也并非一切都混乱无序，并不是谁拳头硬谁说了算。许多负责人在日常生活和军事行动中都尽力维持法律和秩序。在这个案子中，甚至巴伐利亚军队的最高指挥官和有关的最高级军官都亲自过问。

与之相反，许多历史著作给读者这样一种印象，即战争的最后阶段盛行毫无意义的暴力——这就把事情处理得过于简单了。不过这是有传统的。比如历史学家西塞莉·韦罗妮卡·韦奇伍德女士1838年就在其被广为引用的权威著作《三十年战争》中这样描写17世纪40年代："整个德国到处是衣衫褴褛、三五成群的散兵游勇，他们对军事统帅的战事漠不关心，对战略规划一无所知，他们日思夜想的只是找到果腹之物，逃避真枪实弹的战争。"这位英国学者这样评论道："这是战争最后十年战局不甚明朗导致的。"这种简单的表述一直到今天都广受引用，用于在历史著作中三言两语地描述战争最后1/3的时间。英国历史学家彼得·威尔逊猜测，之所以如此，可能是因为许多描述这场战争的作者写到这里时已经精疲力竭。

威尔逊在其2009年出版的全面论述三十年战争的著作里得出了另外一个结论："这场战争虽说造成了灾难性的破坏，但它有章可循、依规行事。"行军打仗并非一团混乱，而是遵循清晰可辨的政治和军事目标。

但是，德国受到严重破坏对作战的方式和方法产生了影响。1635

年之后，供养庞大的军队越发困难。因此，17 世纪 40 年代，军队不得不精兵减员，以求更加灵活机动。"军队的总兵力削减了至少 1/3，"威尔逊说，"而且军队的组成发生了明显变化：1635 年之前野战部队中 1/4 到 1/3 是骑兵，后来原则上半数以上士兵都骑马作战。"军方以此应对后勤供给问题，以保障在被破坏的地区还能找到足够的粮食。和步行相比，军队骑马可以到广阔得多的地区寻找粮草，有了马匹也可以运送更多储备。

我们的雇佣兵也一度拥有坐骑。但 1641 年中之后他就靠双脚行军了，因为他把马匹卖了，这样才有钱请人在英戈尔施塔特照料病重的妻子。现在，1642 年将要结束时，哈根多夫又快来到他被迫离开的地方。他随着队伍从位于今天莱茵-普法尔茨的迪尔多夫前往施瓦本的蒙海姆。当时是 1642 年 12 月，那里距离英戈尔施塔特仅 43 公里。

我们的雇佣兵成功地暂时离开部队，来到他的妻子安娜·玛利亚·布赫勒林身边。"我在这儿又把妻子从英戈尔施塔特接上了。她又精神焕发、身体健康了，但是花了很多钱。"哈根多夫这么说的时候看不出有什么浪漫——这时他毕竟已经有一年半时间没见到他的妻子了。

"12 月 19 日我又回到部队，到了雷根斯堡。"哈根多夫继续写道。当天夜里他的部队就开拔了，但我们的雇佣兵不用跟着出发。"我就又和病号一起留了下来，不得不把他们转移到营地。我们的冬季营地在奥格斯堡。"他写道。也就是说，哈根多夫和一年前一样负责照料康复中的伤病员，他因此和妻子一起度过了一个平静的冬天。

雇佣兵由此躲过了 1642 年发生在帝国东部和瑞典人的激烈战争。巴纳去世几个月后，38 岁的伦纳特·托尔斯滕松[1] 于 1641 年 5 月在德

---

1 Lennart Torstensson（1603—1651 年），瑞典贵族、元帅、军事工程学家。

国东部接过了瑞典军队的最高指挥权。托尔斯滕松是个久经沙场的军官，曾在古斯塔夫二世·阿道夫国王麾下指挥过炮兵部队，尽管身体欠佳，他仍然证明了自己是个称职的元帅：托尔斯滕松的关节患有严重的风湿，大部分时间都只能躺在担架上。只有少数时候他能骑马，他的双手因为痛风而变形，以至于无法亲自握住缰绳。

今天还有很多人听他的名字感觉耳熟，因为他的名字和一部经典儿童文学作品中的名字托尔斯滕·托尔斯滕松（Torsten Torstenson）大同小异[1]：在1966年出版的引人入胜的奥得弗雷德·普鲁士勒[2]作品《小幽灵》中，瑞典将军托尔斯滕松率军围困了小城奥伊伦堡，直到小幽灵当夜悄悄降临，给他带来了巨大的恐惧并且命令他撤军。325年后，奥伊伦堡用一部以不幸收场的历史舞台剧庆祝这次奇迹般的救赎：实际上毫无危害的小幽灵出场，愤怒地驱逐主角，因为他认为主角是重返的托尔斯滕·托尔斯滕松。

现实中的伦纳特·托尔斯滕松于1642年兵抵莱比锡，11月11日和皇家军队展开激战——战场就在布赖滕费尔德附近；1631年瑞典国王古斯塔夫二世·阿道夫正是在这个地方给了蒂利率领的皇家军队毁灭性的打击。布赖滕费尔德的第二场战役也以瑞典军队胜利告终，但交战双方都损失惨重。皇家军队撤退，其最高指挥官、皇帝斐迪南三世的哥哥利奥波德·威廉在波希米亚把败军的整个军团送上了军事法庭，控告他们贪生怕死：利奥波德·威廉下令把高级军官斩首，对下级士官处以绞刑，将士兵减员，即从每十个士兵中挑一个枪毙。他把剩余的士兵分散到其他兵团中。获胜的托尔斯滕松此时正率领军队前

---

1 Torstenson 的拼写与上文提及的瑞典元帅 Torstensson 的拼写只差一个字母 s。
2 Otfried Preußler：（1923—2013 年），德国儿童文学作家，主要作品有《小水精》《万亚历险记》《山妖传》《鬼磨坊》等。

往附近的莱比锡，围困了这座城市。莱比锡于 1642 年 12 月 7 日投降，落入瑞典之手，直到 1650 年。

哈根多夫没有提及此事。1643 年 2 月 13 日，他和妻子，以及 62 名士兵从奥格斯堡附近的冬季营地出发，向西进入施瓦本地区的霍亨索伦，2 月 21 日又回到了他的部队。

此后几个月，这位雇佣兵在今天的巴登-符腾堡来来去去，偶尔靠近法国军队，但春季并无战事。最重大的一件事是高层换将。"1643 年 5 月 18 日，弗朗茨·冯·莫西[1]被任命为我们的统帅，约翰·冯·韦特任陆军元帅。"哈根多夫写道。

莫西 1638 年起在巴伐利亚军队服役，很快就证明了自己是皇家-巴伐利亚军队最出色的统帅。历史学家彼得·威尔逊就称赞道："他是个优秀的将军，在所有三个兵种之间游刃有余，而且料敌如神。"莫西军队中的骑兵部队则由颇受欢迎的骑兵将军约翰·冯·韦特指挥；1642 年，他在被俘四年之后获释，与瑞典将军古斯塔夫·洪恩交换。

巴伐利亚军队拥有莫西和韦特这两位杰出的统帅，而与其结盟的皇家军队则始终缺乏良将。布赖滕费尔德战役失利后，皇帝斐迪南三世需要一位新的最高统帅，因为现任最高统帅、他的哥哥利奥波德·威廉显然力不从心。除了任命马蒂亚斯·加拉斯为新的最高指挥官，斐迪南三世找不到更适合的人选；马蒂亚斯·加拉斯正是刚刚把好几支自己的军队毁于一旦的酒鬼。1639 年，加拉斯因此失宠，交出了帅印。为什么此时偏偏是他又被任命接手这个最高职位，这始终是个谜。不管怎样，他很快就要在东部和北部征伐瑞典的托尔斯滕松时

---

[1] Franz Freiherr von Mercy（1597—1645 年），三十年战争期间的德国元帅。

再次证明自己无愧于"毁军能手"的绰号。

彼得·哈根多夫1643年侥幸还在德国西南部的另外一个战场。在那里,莫西率领的巴伐利亚军队还在侦察法国军队。整个夏天双方发生了一些冲突,但没有发生重大战争。7月,我们的雇佣兵又买了一匹马,"花了4塔勒又25个十字币"。8月,他来到了位于斯图加特和卡尔斯鲁厄之间的普福尔茨海姆。

"我的妻子在这里生了个儿子。"哈根多夫写道,"他于(8月)6日晚8时至9时之间出生。"这时离他和夫人重逢仅8个月,但哈根多夫没觉得这有什么不对劲——或许孩子早产了。哈根多夫只是说:"1643年8月8日在普福尔茨海姆的田地里受洗,"也就是在城外的军营里,"他的名字叫梅尔歇特·克里斯托夫。他的教父是梅尔歇特·博特(为伤兵做手术的军医)、克里斯托夫·伊塞尔(检察官兼执法官)和贝嫩格尔·狄德林(中士的妻子)。上帝保佑他长命百岁。"

这一次,这几句急匆匆的祈祷没有马上失灵。哈根多夫的第八个孩子,也是他和安娜·玛利亚·布赫勒林共同生育的第四个孩子,后来终于成了他的孩子中第一个活过婴儿期的。我们的雇佣兵无法预料,他这个老兵很快就要开始作为一家之主的崭新生活了。但在此之前,他还有几场仗要打。

* * *

对于安代克斯修道院里及其周边的居民来说,在巴纳率领的军队被一支皇家-巴伐利亚军队追赶,从雷根斯堡撤退到萨克森后,1641年这一年过得相对无忧无虑。除了雇佣兵彼得·哈根多夫外,还有一位安代克斯居民也临时在这支皇家-巴伐利亚军队服役:他是个车夫,安代克斯修道院接到命令，必须在 1641 年 1 月 22 日把他和两匹马送到部队，让他在行军途中为部队运输粮食和物资。

"车夫 4 月 9 日来了，"我们的修道院院长毛鲁斯·弗里森艾格写道，"没带马，半死不活地步行回来的，他说由于缺乏粮食和草料，病倒、饿死了许多马和人。"修道院不得不给这个车夫补充营养："给他吃了 14 天比较好的食物。"不管怎么说，安代克斯修道院获得了损失马匹的经济补偿。

此外，1641 年 4 月，安代克斯居民"喜出望外，普天同庆"地从慕尼黑迎回了圣物——这是来自瑞典的威胁暂时解除的明确信号。生活又步入了正轨，弗里森艾格抱怨起天气——这一年的天气也显示出典型的小冰期现象。"刚刚过去的春天冷得非常像冬天，现在一进入夏天又风狂雨骤。"他在季节交替之际写道，"一场可怕的阵雨横扫了从乌尔姆到施特劳宾的地区，把一切全都摧毁了。"此外野猪成灾：它们显然在一些荒无人烟的地区疯狂繁殖，"数量多得不可思议，给田地造成了无以复加的巨大损失，使农民疲惫不堪"。

这年夏天还给人带来一个惊喜。"8 月 18 日我们这里开始收割，考虑到春季酷寒、夏季潮湿和野猪成灾等因素，收成比人们所能预料的好。"弗里森艾格非常高兴，"这一年我们平静地度过了余下的日子。"

"1642 年的第一场灾难又是成群结队导致各个村子的大小道路都不安全的狼。"修道院院长接着写道。这可能是野猪成灾的后果，对于野兽来说这意味着大量的食物，从而也能繁育大量后代——人口比较少的地方大自然就会无拘无束地发展。比如当第一批来自欧洲、定居北美的移民带来瘟疫，致使印第安人的数量锐减时，北美也曾出现过类似情况：在那个人口数量很少，即只有少数印第安人和少数欧洲人在那里生活的时期出现了许多野牛群，西部电影里经常有这样的画面。此前和此后或许都没有这么多野牛。

1642年中出现了一场异乎寻常的寒潮——"6月11日，我们成熟的庄稼被霜雪覆盖"——年底又传来皇家军队在布赖滕费尔德再度败给瑞典人的坏消息："我们的军队前些日子刚刚在莱比锡惨败，元气大伤，现在大家又普遍恐慌，都希望敌人不要乘虚而入，像10年前那样突然逼近，打我们个措手不及。"

"我们的选帝侯又开始尽其所能做好一切准备：他重新武装自己的军队，组建民兵，召集猎人和射手。"弗里森艾格提到了旨在保护巴伐利亚免受瑞典军队再次入侵的有关招募雇佣兵和义务兵的征兵令。

"1月2日，我接到最高层的命令，把征用（没收）的两匹马送往慕尼黑，作为炮车的挽马。"1643年，弗里森艾格提到了一份要求为巴伐利亚军队再次准备挽畜的官方指令。"我自己也忐忑不安，就怕让我为此找车夫。上次那个车夫死活也不肯再去了，他说宁可去替土耳其人打仗也不愿再到那些畜生那里去，大家都这么说。"

弗里森艾格显然不想就这么命令谁去参军，尽管他是修道院院长，同时也是统治安代克斯的世俗长官。相反，他试图动之以情、晓之以理，争取有人自愿前往。这在当时那种情况下显然颇为困难：如果雇农说他宁可去给土耳其人打仗的话，那么这虽然只是种习惯性的说法，但很有说服力——土耳其人在基督教时代的欧洲简直就是敌人的化身——魔鬼般凶残、屠戮儿童、凌辱妇女。但弗里森艾格最终以其温和的统治方式取得了成果。"终于有个年轻的已婚男人挺身而出，我很喜欢他，给了他7古尔登作为差旅费。"我们的修道院院长最后说道。读者从字里行间可以听到他长舒了一口气。

对于这个小伙子来说，这次不虚此行。当月，1643年1月19日，他就又"步行回到我们这里"，弗里森艾格说，"他告诉我们，他带去的马和其他修道院的马很受重视,做了记号以后交给了别人;但雇农全都给遣回家去了。"

整个春天和夏天巴伐利亚平安无事,修道院院长难得心满意足地总结道:"今年的收成可能好得出人意料,草料的数量比老人们预想的多。"

1643—1645 年
莫西的妙计

1643 年 11 月 24 日,1.5 万名皇家-巴伐利亚士兵悄然向图特林根行进时,大雪纷飞,天地一片沉寂。在这座当时属于符腾堡地区的城市里及其周边地区,数量相当的法军士兵在这里安扎下了冬季营寨。由于法国人似乎没有感觉到任何不祥之兆,他们索性把火炮就放在城墙外的一块墓地上。

对于下午三时左右穿过周围森林里的树木、侦察这座城市的巴伐利亚先头部队来说,这无异于一个邀请。或许来一次大胆的进攻就能拿下敌人的整个炮兵部队?法国人在他们的营地里还浑然不觉。

到目前为止,巴伐利亚军队统帅弗朗茨·冯·莫西偷袭法军在德国的大本营的计划进展顺利。莫西的队伍及其盟军此前"匆忙集结",彼得·哈根多夫在距离法国大本营足足 100 公里的普福尔茨海姆写道。这支皇家-巴伐利亚军队于是"日夜兼程,悄然挺进",我们的雇佣兵写道——他本人因为又要照料伤员,所以留在了普福尔茨海姆。

骑兵将军约翰·冯·韦特派出大约 1 500 名骑兵和 600 名火枪手组成先头部队,第一批抵达图特林根。傍晚时分,韦特的人马冲出树林，突袭了墓地上的几个哨兵，把他们砍翻在地，然后又出其不意地使炮兵束手就擒。

与此同时，皇家-巴伐利亚军队的部分人马袭击了城市周围营地里的法国人。一些法军立马投降，其他人奋起反抗，部分地区发生了激烈战斗。法军的整个骑兵部队作鸟兽散，留下步兵孤军奋战。

当天夜里，法军的司令部还留在图特林根。第二天早上，即1643年11月25日，法军最高指挥官约西亚斯·兰曹发现已经突围无望。他和他的部下不得不无条件投降。周围其他残存的法军部队纷纷效仿。

莫西和他的皇家-巴伐利亚军队取得的辉煌战果逐渐显现出来：整整1.5万人的法国军队中只有不到4 500人逃出，连1/3都不到。4 000人阵亡，大约7 000人被俘，其中包括8名将军和9名上校，总共足有260名军官。法国步兵几乎全军覆没，许多军团根本就不复存在了。战利品包括560匹炮车的挽马、珍贵的银质餐具和足够给一支军队开一个月军饷的现金。图特林根战役就此成为蒂利时代以来巴伐利亚统帅取得的最大胜利——严格地说，这不是一场传统的战役，而是一次大规模的突袭行动。

事后，法国政府试图低调收场。当时的法国政府刚组成不久，两位掌控国家的人物不久前相继去世：大主教黎塞留于1642年12月去世，国王路易十三于1643年5月撒手人寰。他们的接班人是来自意大利的大主教儒勒·马扎然[1]和后来的"太阳王"路易十四，后者曾下令兴建凡尔赛宫，是最著名的专制制度代表人物。但路易十四1643

---

[1] Jules Mazarin（1602—1661年），法国外交家、政治家，法王路易十四时期的枢密院首席大臣，为路易十四的霸业奠定了初步基础。

年继位时年仅4岁，因此由他的母亲奥地利的安娜[1]摄政，直到他长大成人。

王太后安娜是哈布斯堡王室成员。她是西班牙国王费利佩四世的姐姐，也是皇帝斐迪南三世的大姨子。也就是说，这位新任法国摄政王与当时和法国交战的敌人是至亲。

但马德里和维也纳对发生政治转变的一切希望全都落空了。安娜从一开始就不容置疑地表现出她的立场：她站在法国王室一边。她和她的宰相马扎然继续坚定不移地推行其前任路易十三和黎塞留对抗哈布斯堡王朝的政策。战争仍在继续，势头丝毫不减，法国先是胜利在望：1643年5月19日，安娜开始摄政之后仅5天，法军就在法国北部罗克鲁瓦附近大败西班牙军队。西班牙军队的优势从此荡然无存。法国新的两大联合执政者安娜和马扎然向国内所有对他们持怀疑态度的人表明了自己的立场。

半年之后，图特林根的惨败与这幅美好的画面格格不入。"法国宫廷成功地低调收拾了这场败局，以至于这场战役在大多数有关战争的历史介绍中几乎不曾出现，这是一次重大挫折。"牛津大学历史学家彼得·威尔逊总结道，"法国损失了一支具有丰富作战经验的部队，在莱茵河畔又回到了5年前的状态。"

彼得·哈根多夫1643年12月19日从普福尔茨海姆出发。他在普福尔茨海姆照料的32名伤病员"死了7个"，他记录道。这位雇佣兵动身去找他的部队，此时部队已经驻扎在今天巴登-符腾堡和巴伐利亚边界的丁克尔斯比尔。1644年2月3日至4月19日，他驻扎在那里，

---

[1] Anna von Österreich（1601—1666年），全名安娜·玛丽亚·莫莉西娅·德·哈布斯堡，法国国王路易十三的妻子，路易十四的母亲，17世纪欧洲最著名的女性之一。

并且又买了一匹马,这可能和他的许多战友一样:对马匹的需求量很大,因为马匹比士兵死得更快。每次征战之后,总体上大约半数骑兵无马可骑。

部队从丁克尔斯比尔横跨施瓦本,来到博登湖畔被法军占领的于伯林根。"5月6日到达这里。"哈根多夫写道。他是莫西麾下整整1.9万名围困图特林根的巴伐利亚士兵中的一员。法军以投降换取自行撤军。"这事发生在5月12日。他们乘4艘船撤往布赖萨赫。"

拿下了于伯林根,巴伐利亚军队就把一年前被法军占领的最后一块土地也收复了。他们先是大肆庆祝了一番:"我们在这儿得到了'军酒'(军队储备的葡萄酒),喝得酩酊大醉。"雇佣兵欢呼道,"5月14日出发。"巴伐利亚军队继续向西,往莱茵河方向出发,沿途拿下了几个村子,1644年6月底"来到弗赖堡",哈根多夫写道。

城里的法军卫戍部队在巴伐利亚军队炮轰和强攻之下坚持了一个月。1644年7月28日,城里的法军投降,次日体面地撤退——"带上全部家当,一路旌旗招展,点燃导火索,子弹上膛,鼓乐齐鸣,每个士兵都全副武装"。这些都是在投降协议里白纸黑字写好的。

这是那个时代许多围城行动的典型结局。历史学家威尔逊研究后得出结论,他发现三十年战争的最后十年里,守城部队投降的速度比之前更快,因此战争后期较少出现屠杀守军的现象。从这一点看,随着战局的发展,战争倒是不像原来那么残酷了。

1.65万人的巴伐利亚军队在弗赖堡前面的一座小山上挖下战壕,严阵以待8月初抵达的法国军队的两万名士兵。"没日没夜地和敌人厮杀。"哈根多夫写道。事实上,弗赖堡战役被认为是三十年战争史上最激烈、伤亡最惨重的战役之一。

法军最高统帅路易二世·德·波旁，即孔代亲王[1]，于1644年8月3日下令对巴伐利亚阵地发起进攻：进攻的法军向山上发起冲锋，在没有掩护的情况下步履维艰地跨越栅栏、带尖刺的木条及设置的其他障碍，巴伐利亚军队则安全地藏身在壕沟里，以极其强大的交叉火力压制法军。直到第三天，即8月5日晚上，22岁的孔代才在经受了惨重的损失之后停止冲锋。"敌人留下（阵亡）了大约6 000人，我方损失120人。"哈根多夫写道，法军的阵亡人数与其他数据来源相符，巴伐利亚军队的阵亡数字与实际相比则太少。

巴伐利亚军队统帅莫西称己方伤亡1 100人，其中大多数是受伤。无论如何，巴伐利亚方面的死亡人数比法国方面少得多，后者几乎损失了1/3的士兵。对此负有责任的孔代据说无动于衷。有传言说他曾表示："巴黎一晚上丧命的人都比这场战役死的还多。"

人数锐减的法军撤退了，孔代下令自己周围所有卫戍部队的士兵集结。这样，他很快就又有了五千人马。1644年8月9日，撤军仅仅4天之后，他重整旗鼓再次出兵。这次不是正面进攻，而是遍地开花，四面包抄，试图夺取巴伐利亚军队的后方阵地。

得知消息后，巴伐利亚将军莫西带着他现在人数上处于劣势的队伍向东逃跑。哈根多夫写道："我们连夜里都在行军。"黑暗中长途跋涉，第二天又打了几仗之后，巴伐利亚军队逃脱了法军的包围。"但我们的辎重全都顾不上了，都被敌人拿走了。"哈根多夫不无遗憾地说。巴伐利亚军队成功脱身，但官兵士气低落，因为他们经历了这场三十年战争中最为持久的战役，历经苦战取得胜利，最终却不得不败退。

---

1 Louis d'Enghien, Prinz von Condé（1621—1686年），法国军人和政治家，孔代家族最著名的代表人物（第四代孔代亲王，外号"大孔代"），17世纪欧洲最杰出的统帅之一。

这一年剩下的几个月时间，巴伐利亚军队先是横穿施瓦本，然后向美因河畔的法兰克福进发，最后到达今天巴登-符腾堡的东北部，于1645年1月9日进驻冬季营地。

法国军队则相反，他们在弗赖堡战役后向北来到莱茵河上游坚固的菲利普斯堡，包围3个星期后于1644年9月12日拿下了这个要塞。仅仅5天后，法军占领了未做丝毫反抗的美因茨。这样一来，他们几乎出其不意地占领了莱茵河上游的北部地区，取得了一处可以随时深入德国腹地的进攻门户。法国在战争进行到1645年时突然有了个辉煌的开端。

之所以这么说，也因为1644年在德意志帝国北部和东部的战局发生了在法国看来可喜可贺的转变。一开始情况看起来并非如此，因为法国的盟军瑞典人在1643年和1644年交替之际完全出乎意料地从德国消失了。

瑞典统帅伦纳特·托尔斯滕松带着军队神不知鬼不觉地向北进军丹麦，试图突袭这个老对头，以闪电战的方式将其消灭。1644年1月，托尔斯滕松就占领了整个日德兰半岛，即今天丹麦的大陆部分。此后，瑞典人又试图渡海登陆丹麦的岛屿。但丹麦人的反抗愈发强烈。丹麦政府甚至把农民也武装起来，和瑞典占领军打游击战。

1644年7月11日，丹麦国王克里斯蒂安率领40艘战舰在荷尔施泰因附近对阵34艘瑞典战舰。这场海战中，67岁的丹麦国王被横飞的弹片击中，失去了一只耳朵和右眼。他让人包扎伤口之后，又回到洒满鲜血的甲板上指挥战斗，并取得了胜利：瑞典舰队撤退，他们进攻丹麦岛屿的步伐被阻止了。时至今日，丹麦王国的国歌仍在称颂这场所谓"科尔贝格尔海战"大捷，国歌前几句是这样的：

克里斯蒂安国王挺立在高耸的桅杆旁，
在硝烟与蒸汽之中。
他挥剑直劈，力有千钧，
砍碎了哥特人（这里指瑞典人）的头盔与头颅。

丹麦王国的这首国歌主要在国家举办招待活动时演奏，如果在体育比赛等场合则演奏不那么野蛮尚武的《有一处好地方》（丹麦有两首正式的国歌）。

瑞典和丹麦相互打成一团，这对德国皇帝斐迪南三世来说其实是件好事：敌人已经离开了德国，现在他的军队可以不受干扰地逐步收复瑞典在德国占领的全部土地。

但斐迪南三世正在酝酿更大的计划：他决定帮助处于困境的丹麦国王克里斯蒂安。此人虽然在1625至1629年间与自己的父亲斐迪南二世作战，但瑞典这个德国和丹麦的共同敌人把他们联系在了一起。斐迪南三世派出一支由"毁军能手"马蒂亚斯·加拉斯率领的军队前往丹麦。

战争的结果无异于一场灾难：加拉斯被托尔斯滕松牵着鼻子走，他的将士大量饿毙；到了1644年底，他带去的1.8万人仅余3 000人——只有夏季出发时的1/6。

加拉斯再次为自己的绰号"增光添彩"。1645年1月，这位60岁的酒鬼再次被免去最高统帅一职。

斐迪南三世和他在维也纳的幕僚心急火燎地新建了一支军队，以阻止托尔斯滕松继续进军。他们在帝国各地招兵买马。1645年3月5日，战役在布拉格通往维也纳的道路上、距离布拉格将近60公里的扬科夫打响了。

结果，瑞典军队对皇家军队取得了压倒性的胜利。绝望的斐迪南三世战后不得不几个月内第二次重建一支全新的军队，以替代原有的队伍。为此，他偏偏找到刚刚被解职的加拉斯求助，一年后，他甚至再次任命加拉斯为军队最高统帅。斐迪南何以一再让这位总是酩酊大醉的"毁军能手"执掌帅印，这是历史上无法破解的谜团之一。

扬科夫大捷后，托尔斯滕松试图拿下今天捷克境内的布尔诺。他围困了这座城市三个半月，但守卫布尔诺的军队和市民誓死抵抗，瑞典的进攻全都未能奏效。1645年8月23日，托尔斯滕松在因为战斗、疾病和逃兵损失了数千将士之后放弃攻城，率军撤退。

这位将军还试图拿下维也纳，然后他开始撤军：他带着剩余的士兵再度北进，穿过波希米亚和萨克森，前往图林根。尽管取得了那么多胜利，瑞典军队却像是绕了个圈又回到了原地。

托尔斯滕松不愿也无力再战，这主要是因为他的关节风湿病日益严重，他几乎无法再骑马或握笔，常常要在床上躺几个星期。这位战功赫赫的将军被疾病折磨得身体变了形，1645年12月23日，他把帅印交给了他的第一副手卡尔·古斯塔夫·弗兰格尔[1]。42岁的托尔斯滕松返回瑞典（此时瑞典已经与丹麦缔结了和平条约），1651年溘然长逝，死后极尽哀荣。

在西部战场，法国人在其瑞典盟军取得扬科夫大捷后深受鼓舞，1645年他们也转入攻势。"4月12日，法国部队在马尔巴赫穿过内卡河，进入符腾堡地区。"继续在巴伐利亚军队服役的彼得·哈根多夫写道。5月初，法军到达赫尔博斯特豪森（今为位于巴登-符腾堡东北

---

[1] Carl Gustav Wrangel（1613—1676年），瑞典军队总司令、大元帅。三十年战争和波罗的海争夺战时期任瑞典陆海军司令。

部的巴特梅根特海姆的一部分）。当时的法军统帅蒂雷纳子爵[1]把他的 1.1 万士兵分散部署在周围的村庄，因为没有一个村子能为所有军队提供给养。

将近一万人马的巴伐利亚军队驻扎在东南部 54 公里处。他们的统帅莫西心生一计——像大约一年半之前在图特林根那样再次实施偷袭。1645 年 5 月 4 日，他的队伍悄悄出发，不带行军背包轻装前进，日夜兼程急行军，只为次日一早突袭法军。彼得·哈根多夫参加了这次行动，他记录道："我们悄悄向克赖尔斯海姆和赫尔博斯特豪森出发，走了两天一夜，始终悄无声息。5 月 6 日（实际应为 5 日）一大早进攻赫尔博斯特豪森，攻势很猛。"

法军统帅蒂雷纳子爵凌晨二时从侦察兵那里得知巴伐利亚军队出兵的情报。他迅速调动嫡系部队，集结了一支由大约 3 000 名步兵和数量相当的骑兵组成的队伍迎战。也就是说，当巴伐利亚军队发起进攻时，几乎半数人马尚未到位，没有一门火炮及时运到。

仅仅一个小时后，赫尔博斯特豪森的战役就结束了。巴伐利亚方面阵亡 600 人，法军阵亡约 1 700 人。此外，2 500 名法军在巴伐利亚被俘，其中包括一系列高级军官。"这次我们俘虏了罗桑（将军）和很多上校。"哈根多夫高兴地说。"敌军向梅根特海姆仓皇逃窜"，蒂雷纳子爵率领的法军从那里继续匆忙撤退，"梅根特海姆的残兵败将沿着美因河向下游朝莱茵河方向去了"，雇佣兵说道。连战连捷的巴伐利亚军队迅即占领了附近法军戍守的城市，然后追击逃跑的蒂雷纳子爵的军队。"我们全都追了上去"，一直到黑森的巴本豪森，哈根多

---

[1] 名亨利·德·拉图尔·奥弗涅（Henri de La Tour d'Auvergne, Viscount of Turenne，1611—1675 年），法国六大大元帅（Marshal General of France）之一。

夫写道，"在那儿鸣响了胜利的礼炮。"

莫西再次取得了压倒性胜利，但他的军队不够强大，无法抓住这一机会扩大战果。这位巴伐利亚统帅试图收复黑森地区的一些村庄，对敌作战互有胜败；1645 年 7 月他获得增援，8 月初向当时巴伐利亚的阿勒海姆（位于今巴伐利亚施瓦本西部）出发。

哈根多夫此时没有和大部队在一起。他又负责照料一群病号和伤员，1645 年和他们一起前往维尔茨堡。我们的雇佣兵写道："这里有一座漂亮的医院，尤里乌斯医院。"这座大医院今天还在。"我们在这里待到 1645 年 8 月 20 日。" 71 名伤员中有 8 人死亡，"我把其他人全都带回部队"，哈根多夫说，"9 月 10 日又回到了部队"。

这位雇佣兵因此错过了发生在讷德林根附近阿勒海姆的战役，这场战役是三十年战争期间最后的几场大型战役之一。1645 年 8 月 3 日，孔代率领的 1.7 万人的法国军队和莫西麾下的 1.6 万人的巴伐利亚军队在那里交锋。下午五时，孔代发起正面进攻，拉开了战役的序幕。巴伐利亚军队打退了这次进攻，莫西下令反攻——他被一颗火枪子弹误伤头部，当场阵亡。

莫西之死令皇家-巴伐利亚军队损失了一位远比其他现有将领更有才干的战将。甚至他的法国对手孔代后来也惊叹道："他总是能未卜先知，清楚地知道我的作战计划，就好像他是我作战委员会的成员一样。"

少了莫西，皇家-巴伐利亚军队直到战争结束也未能取得重大胜利。在阿勒海姆也是如此。阿勒海姆战役一直打到天黑。凌晨一时，莫西阵亡后接过最高指挥权的约翰·冯·韦特下令有序撤军。按照当时人们对战争的理解，法军取得了胜利。但是代价惨重：法军至少死伤了 4 000 人。巴伐利亚军队的死伤人数明显少于法军——仅有大约

2 500人，此外还有1 500人被法军俘虏。

归根到底，这场战役对交战双方而言都是一场灾难，导致此后双方的力量持续削弱。1645年剩余的时间里，法军撤退至莱茵河——从而又回到了出征的地方。仿佛中了魔咒一般，所有战役、围城和冲突最后又都徒劳无功。参战各方越发明白：战争在原地打转，已经在明斯特和奥斯纳布吕克开始的和平谈判终于要有所进展了。

然而彼得·哈根多夫既没有提及他错过的阿勒海姆战役，也没有提及统帅莫西之死。他大概更多地忙于私事："10月7日，我和7个战友前往帕彭海姆（位于今巴伐利亚西部的弗兰肯地区），在城堡里落脚。我在那里一直待到12月6日。"他说，"1645年11月3日，我的妻子在帕彭海姆生了个小女儿。上帝保佑她长命百岁。她的名字叫玛格丽塔。"我们的雇佣兵首次同时拥有了两个孩子。老大梅尔歇特·克里斯托夫此时两岁——已经比之前他7个孩子中的任何一个都活得长久了。

* * *

对于安代克斯的居民来说，1643年和1644年这两年平静得教人害怕。毛鲁斯·弗里森艾格让人把周边村子里多处"被瑞典禽兽摧毁"的房屋部分重建、部分修缮。但这个重建计划被证明得不偿失：我们的修道院院长把翻新后的房屋"以不到造价一半的价格出售，因为还没有人愿意接手房屋和财产"。原因是"战争结局还不明朗"，投资风险太大：和今天购置房产作为风险投资不同，当外国军队入侵时，房子随时可能被摧毁，而货币至少还能藏起来或随身带走。

弗里森艾格1644年也提到了一件令人高兴的事："这一年，蒂利的庄稼，院子里和林子里的果树，都出乎意料地大丰收，采摘和存储这些粮食和果蔬费时费力。"第二年粮食就降价了——对于还从未听说过市场经济的修道院院长而言，这"简直不可思议"。"而当时一个长工一年的工资是18到24古尔登，闻所未闻。"弗里森艾格骂道，"手工业者和按日计酬的工人不理会雇主开出的最高报酬，坚持要求支付双倍工钱。农民的处境因此极其尴尬。"

1645年，安代克斯修道院周边的居民又过了一年和平的日子，然后这片土地又成了战争的地狱——比以往任何时候都更糟。颇具讽刺意味的是，这时恰逢在明斯特和奥斯纳布吕克进行的和平谈判终于使战争结束近在眼前之际。

第 5 章
进入新世界

1644—1645 年
一次史无前例的会议

  格里美尔斯豪森的小说《西木卜里奇西木斯奇遇记》的主人公西木卜里奇西木斯，在三十年战争期间的一天夜里做了个古怪的梦：周围所有的树上都坐满了属于不同阶层的人。"每棵树的顶端都坐着一个贵族，所有的树枝上点缀的不是树叶，而是形形色色的小伙子。"小说的主人公这样描述他的梦境。"树根周围是些微不足道的小人物，像手工业者、雇工，大半是农民及诸如此类的人。"西木卜里奇西木斯说。"大树的全部重量都压在他们身上，把他们口袋里的钱，甚至是七道锁锁着的钱都压出来了。"

  这个当时的比喻说的就是现代社会学中的"社会金字塔"，其中军人介于下层普通百姓和高高在上的贵族之间。"他们长年累月处于极度危险中，在最底层的树枝上出生入死，好歹挨过了几年。"西木说道，"但是在他们之上还有更高一等的人（这些人怀有更大的抱负，因为他们可以指挥最底层的人）。"这些人就是士官，"人们称这些人为'拍衣人'[1]，因为他们常用棍棒和戟敲打那些持矛小兵的背部和头部，也常常抽打火枪手。"

"在这些人之上是一截光秃秃的树干，那上面不长树杈，"小说主人公接着说，"所以没有一个人能够爬得上去——不论他多勇敢、机智或博学，也不管他有多努力，除非他出身贵族。因为这一截树干被打磨得光滑如大理石柱或钢镜一样。"事实上，只有极少数低等级的人能够爬上军官阶层——其中就有颇受欢迎的骑兵将军约翰·冯·韦特。

最高层树枝上的人"也有他们的辛苦、忧虑和烦恼"，但"如果来了战争代理人，把一大盆金钱从树上往下撒，让他们精神为之一振的话——他们马上就在上层把最好的截留了，能不往下漏就不让这些好处往下漏"，西木这样说道。"因为这棵树上的人不停地攀啊，爬啊，因为每个人都想坐上更高、更好的位子。"

这个"阶层树寓言"今天依然适用——这不仅是因为那一截光溜溜的树干可能让那些在职场上努力想要晋升的人感觉似曾相识；不断攀爬更容易让人想到现代典型的以成绩为衡量标准的社会，而不是首先想到当时本质上一成不变的典型等级社会，那时人们的出身就决定了他们的社会地位，原则上一辈子不会改变。三十年战争中，军队里上升和下降倒是都有可能，但这种社会流动性的增强并不意味着告别"每个人的位子都是上帝给他安排好的"这种根本理念。这种理念是整个社会自下而上赖以建立的基础：如果国王或诸侯的合法性并非来自上帝，那又从何而来呢？

与此相应，当时人们着魔于等级制度。在当时的人看来，只有等级制度在为一个变得无依无靠的世界提供支撑，一切都必须高高在上

---

[1] 此处的"衣"指当时军人穿在甲胄内的紧身上衣。

或屈居下层，必须有等级秩序：人与其社会地位，城市、诸侯国和王国，天上的天使、地上的走兽或石块也概莫能外。看得见的体现等级秩序的形式是头衔、仪式和意义极其重大因此必须固定下来的外在符号，以维持上帝赋予的秩序，避免混乱。

因此，存在规范种种日常生活细节（诸如什么人具体可以穿什么衣服等问题）的规则。比如，1621年的《法兰克福警察令》就明确说明，其目的是为了"让每个人在自己的阶层中都能被分级识别"。为此该法令规定，只有第一等级可以穿丝质大衣，第二和第三等级可以穿丝质袜子，第三等级（《警察令》把"高级小商贩"也纳入这一等级）总算还允许穿"带丝质花边的衣物，但不能太大而且不能太张扬"。但第四等级，即"一般的下等小商贩和所有手工业者则完全禁止穿戴这些衣物，违者将被处罚6帝国塔勒"。第五等级（主要包括马车夫、其他车夫，以及按日计酬的临时工等）绝对禁止穿戴这些"高级衣物"，违者将被"处罚3帝国塔勒"。

这只是条令中的一小部分，条令还规定了谁能穿戴什么样的帽绳、脖领和项链，婚礼上可以请多少乐手、摆几道菜，不同的庆典可以邀请多少客人参加，等等。比如，"如果第一等级的儿童举办受洗仪式，受邀人数不得超过30人，第二和第三等级不得超过20人，其他等级不得超过10人，如果违令，每超出一人罚款1古尔登"。只在葬礼方面取消了诸多等级界限：为保证葬礼不让人"花冤枉钱"，"任何人不得为其死去的孩子花费超过2古尔登装殓，违者处罚6帝国塔勒"。

人们极其注重外交礼仪的细节问题。一般没有规定哪个国家在等级制度中高高在上。因此，如果某个使节在举行仪式的过程中没有格外注意，比如乘坐一辆比较简陋的马车参加活动，可能就会不经意地表明他自己的国家在等级秩序中低于其他国家，而这常常是务必避免的。平等主权国家的理念当时还不存在。

因此，一切都必须精确且烦琐地商定，有时结果令人啼笑皆非。比如，在帝国议会上，曾长时间就选帝侯的公使和普通诸侯的公使是否可以同样在地毯上摆放椅子展开辩论。最终达成的妥协方案是，选帝侯公使的椅子腿完全摆在地毯上，其他诸侯的椅子只能前腿摆在地毯上，后腿不能。

在威斯特伐利亚举行的和平谈判自然也少不了这些繁文缛节。除了宗教大会和高级神职人员大会，这次和谈是有史以来第一次大型国际会议，是外交史上史无前例的一件大事。

光是筹备这次会议就花费了好几年时间：1641年12月25日，皇帝、法国和瑞典签订了《汉堡初步协定》。协定中，各方同意在威斯特伐利亚的明斯特和距其45公里的奥斯纳布吕克举行和平谈判。按照协定，正好3个月之后，会议将"盛大开幕"。但各方都不紧不慢，因为谁都希望在谈判前改善一下自己的军事状况，从而改善其在谈判中的地位。直到1643年5月，举行会议的两个城市才依照协定解除其对皇帝和地方诸侯的义务，宣布中立。明斯特的皇家卫戍部队和奥斯纳布吕克的瑞典占领军撤出，两座城市获得不会受到战争任何一方攻击的书面保证。此外，协定还议定，应"保证各方在这两座城市间安全通行"，因为"两个会议应视为唯一的一个会议"。

如果代表团已经到场的话，和平谈判就能开始了。但代表团也不慌不忙：皇家、西班牙、法国和瑞典等各方外交使团磨磨蹭蹭好几个月，1644年12月4日，和平会议终于隆重开幕——这时离《汉堡初步协定》约定的会议日期已经过去了两年八个月零九天。

此后，各方使团先是为他们的等级顺序和座席安排争吵不休。法国最高特使表示，除非称他为"殿下"，否则拒不出席。尼德兰共和国要求享有君主的地位。负责调停的威尼斯代表和奥斯纳布吕克主教就彼此的优先权达成一致。教皇的特使让人在主教堂的祭坛上搭了一个华盖，法国人得知后则要求将其撤走。凡此种种，不胜枚举。一位法国特使的夫人当时正身怀六甲，一位与会代表绝望地预言说她的孩子将在这次会议结束之前长大成人、去世并下葬。

但是，人们也找到了实用主义的解决方案，这些办法构成了通往平等主权国家的现代方案，即不必耗费时间争个等级高下的外交往来的第一步。比如，各方约定，每位国王或选帝侯的特使统一称作"阁下"，可以乘坐一辆六匹马牵引的马车。单单为了理清所有等级秩序和当时甚至具有决定意义的礼仪问题就花了总共半年时间。

今天，人们或许会嘲笑会议的进展如此缓慢，但现代国家之间的谈判也常常经年累月毫无结果，即便是在和经历数十年战争之后签订的全面谅解和约相比看似普普通通的自由贸易协定等问题上也是如此。当时那场会议确实是一场史无前例的最高级别的会议。

109个代表团正式参会。16个欧洲国家派出了代表团，其中包括法国（使团成员约600人）、瑞典（165人）、西班牙（113人）、尼德兰（8名特使）、波兰和丹麦。这样，几乎整个欧洲都派出了代表，除了英国、俄国和土耳其。此外还有来自总共140个德意志诸侯国和帝国等级会议的66个代表团——有些诸侯国的君主联合派出一名特使。其余27个代表团代表38个其他的利益集团，其中包括帝国骑士等级[1]和汉莎同盟等。

在明斯特开会的主要是天主教徒，包括法国、西班牙和大多数天主教德意志诸侯国的代表团。在奥斯纳布吕克聚集的主要是新教徒，

---

[1] 指某一封建主或诸侯统辖的全部骑士封建主阶层。

其中包括瑞典和大多数新教诸侯国的使团。皇帝的代表在两地谈判。这样就有了现代意义上的会议中心。代表们更多地在自己的住处交换意见：在明斯特，他们主要以书信往来的方式谈判，长期不直接接触；而在奥斯纳布吕克，代表们则相互拜访，主要进行口头谈判。

明斯特当时有大约 1.1 万名居民，奥斯纳布吕克约 7 000 人。对于这两座城市而言，造访的上千名代表一方面意味着会带来求之不得的收入——当然不会只是干巴巴地谈判，人们也会大肆庆祝，饮酒跳舞；另一方面意味着住房不足，这主要是因为大量商贩、画家、杂耍艺人、妓女和乞丐蜂拥而至。财大气粗的代表团从市郊搬进了贵族在城里的宫殿，囊中羞涩的代表团则租用市民的房子。房屋常常狭小而拥挤：巴伐利亚代表团的 29 名代表不得不分住 18 个床位。瑞典特使住的房间楼下是个商铺，因此屋里满是香肠和鱼油的味道。

相反，法国首席谈判代表隆格维尔则安顿得非常舒适：他让夫人也来到驻地，并且让人在住所附近建了一座花园。他这么做是为了逐个告诉其他谈判各方，他完全耗得起时间。瑞典首席特使约翰·奥克森谢尔纳也表现得不紧不慢。他是瑞典帝国首相阿克塞尔·奥克森谢尔纳的公子，总是每天下午就已经醉得不省人事，无法继续谈判；他还故意在谈判时趾高气昂地出场，引起他人注意。每当他要就寝、醒来或用餐，都会大张旗鼓地宣布这些具有重要意义的事情，以至于奥斯纳布吕克全城都听得见。"这是个极其高调、目空一切、自以为是的家伙。"一位法国特使对他颇为不屑。

真正的大驾金身则从未在明斯特和奥斯纳布吕克出现。这次会议纯粹是一次特使会议，这使复杂的谈判更加停滞不前，因为尽管当时已经有了邮政系统，但与会代表还是要花很多时间向自己的皇室、王室或诸侯王室汇报谈判情况并接受指令。邮政系统是塔克西家族从 16 世纪开始系统性建成的：当时有固定的邮政主干线，比如从布鲁塞尔经过德国西部和南部到达罗马，此外还有可以在科隆、汉堡、维也纳和布拉格中转的邮路。这个网络越来越密集，两个邮政站点之间的距离不断缩小，到了三十年战争初期缩至只有 15 公里——邮递员骑马行进 15 公里后就可以把自己的邮袋转交给同事，同事换匹新马继续赶路。

尽管如此，从举行会议的奥斯纳布吕克往瑞典首都斯德哥尔摩寄一封信还需要 20 天，从明斯特到巴黎或维也纳要 10 天，到马德里要 30 到 40 天。也就是说，西班牙特使从向其政府汇报情况到得到答复，两个多月时间已经过去了——如果信件在兵荒马乱的战争年代真能送达的话。因此，重要的信息都发好几封信，并且将内容作加密处理，以防敌人截获秘密信息。

此外，战争从头到尾一直都在继续，激烈程度不减，这就延缓了谈判的进度。各方代表始终至少有一只眼睛盯着战报，因为己方每一次军事胜利都可以使自己的要求加码；相反，失利的一方则会作出更多让步。哪一方要是以为己方胜利在望，那他就很愿意拖延谈判，以使自己处于更有利的地位。其中的根本问题是，总有一方在交战中误以为己方胜券在握。只有到了冬季那几个月，军队在营地里休整时，代表们才能不受干扰地寻求妥协。"和平谈判在冬季升温，春季降温。"法国使团的随行神父这样解释道，"这样，负责打仗的军人和负责和谈的外交人员轮流各尽其职。"后世外交官从中学到的谈判期间停火的机制意义何其重大。

1646 年
先礼后兵

　　1646 年，和平谈判终于取得了进展，军事战场和外交战场上的棋局开始愈发融为一体。因此，法国试图既通过军事行动又通过谈判迫使巴伐利亚停火，以清除西部战场的顽敌，孤立皇帝。瑞典已经在东北部战场上成功地实现了这一点：瑞典军队 1644 年与勃兰登堡、1645 年与萨克森签订了停火协议。

　　法国在军事战场上走了第一步棋：法国和瑞典约定共同进攻巴伐利亚。可当瑞典军队 1646 年 5 月如约来到莱茵河畔与法国军队会合时，却连个人影都没看见——法国人消失了。因为法国宰相马扎然希望在外交战场上迫使巴伐利亚退出战争。历史学家彼得·恩隆德写道，法国人装模作样地发起进攻，甚至把他们事先和瑞典人一起制定的秘密作战计划交给巴伐利亚人。

　　但巴伐利亚军队的反应并不像法国人希望的那样，而是把这一机会只用于军事目的：他们派出军队和皇家军队一起对阵孤零零的瑞典军队。彼得·哈根多夫 1646 年 5 月 11 日从施瓦本地区讷德林根的冬季营地出发，随同他所在的巴伐利亚军团前往黑森。"6 月 3 日，我们在弗里德贝格和皇家军队会合。"他写道。瑞典人闻讯撤到了北部足足 50 公里外的阿默讷堡。会师后的皇家-巴伐利亚联军一路追击，在敌营附近构筑了工事。"我们互相对峙。"雇佣兵写道。

　　瑞典阵地上有 2.6 万人，皇家-巴伐利亚阵地上有 4 万人。双方军队的补给都严重不足："在这里发给我们的面包都变小了"，哈根多夫这样描述军营里随之而来的饥荒。再加上炎热和缺水，疾病开始传播；还没正经打几场仗，皇家-巴伐利亚军队的士兵就又开始大量死亡，情况令人担忧。

最终，他们向南撤退，在首次会合的地方构筑工事。"到了弗里德贝格，在修道院旁构筑工事。"哈根多夫写道。在这里，他再次表现出自己是个有生意头脑的"求生艺术家"："在这里，我在地上挖了个烤炉，给骑兵和火枪手烤面包。"

在此期间，法国政府的态度有了新的转变：假装对巴伐利亚发起进攻未能奏效后，他们还真的派出8 000名法军士兵支援瑞典。这些法军8月到达阿默讷堡的瑞典阵地，瑞典军队鸣礼炮迎接他们。会合后的瑞典-法国联军向南行进，直奔躲在壕沟里的巴伐利亚军队——然后直接绕过他们。哈根多夫写道："（8月）13日，敌人朝我们来了，从我们眼前经过，去了东南方向很远处的维登艾克。"遭到突袭的皇家-巴伐利亚军队只能从后面追击瑞典和法国军队，也用火炮朝他们射击，"但白费功夫"，哈根多夫写道。瑞典和法国军队把追兵甩在身后，一路畅通无阻向东南行进。巴伐利亚就在他们眼前。

哈根多夫所在的军队放弃了追击，先向弗里德贝格撤军，然后回到兰河畔黑森境内的伦克尔。在那里，大概是过去两个月的饥寒交迫结出了恶果："8月22日，我的小女儿死了。玛格丽塔†4。上帝保佑她快乐地复活。"哈根多夫和他的妻子安娜·玛利亚·布赫勒林的第五个孩子只活了9个月又19天。到此为止，我们的雇佣兵已经失去了8个孩子，但至少有一个还活着：梅尔歇特·克里斯托夫，1646年8月6日是他的3岁生日。

"29日我们又上路了。"哈根多夫继续写道。皇家-巴伐利亚军队急行军经过维尔茨堡回到巴伐利亚，我们的雇佣兵不在队伍中。他写道："（9月）4日，我又随着病号和伤员来到维尔茨堡"——和一年前一样。"来自各个部队的伤病员共143人，其中42人死亡。我们在那里待到了 11 月 15 日。"

随后,哈根多夫向东、向南行进,沿着他所在部队行进的路线走,但不得不在上普法尔茨的奥尔巴赫停留了几个星期。"在这里,我和妻子、孩子都生病了,马匹也病倒了。在这儿待到了 12 月 28 日。"他写道。然后他们往南去了慕尼黑。1647 年 1 月 11 日,在距离巴伐利亚首府 50 公里的地方,我们的雇佣兵又回到了皇家-巴伐利亚军队。

这时哈根多夫身处巴伐利亚,这片土地刚刚因为战争而遍体鳞伤:瑞典人和法国人此间进入这片选帝侯的领地,摧毁了大片土地,占领了城市,与皇家-巴伐利亚士兵交战——在法国政府在外交和军事上再次转向之后,突然转身离去。这一切哈根多夫都未曾亲身经历,他因为照料伤病员和自己生病而没有参与这些事情。因此哈根多夫的日记中没有记载这些扣人心弦的事件——亲身经历这一切的修道院院长弗里森艾格则做了不少有关记录。

* * *

1646 年上半年,上巴伐利亚的安代克斯还很平静。"一直到 7 月,我们都认为和平可能就要到来。"毛鲁斯·弗里森艾格写道。

然后就出现了第一个不祥之兆:"但是 7 月初来了道死命令,要我们立即提供 6 匹马——3 匹用于运输,3 匹作为骑兵的战马。"不久之后"又来了一道更严的命令",我们的修道院院长写道,"要我们再送两匹马,作为对我不服从命令的惩罚。但我不觉得自己抗命不遵,所以就没有把马送去;我相信这种错误而卑鄙的命令不可能来自最高层。"弗里森艾格置之不理的策略奏效了,他的日记没有提到政府对他作出进一步制裁。

"这期间，我们又听到关于战争、和平，以及我们军队遭到的种种不幸的消息。"56岁的弗里森艾格1646年8月记录道，当时瑞典-法国军队迅速向巴伐利亚调动。当地政府动员了有义务服兵役的猎人、射手和地方民兵，"这把我们吓得不轻"，因为这是战争正在逼近的表现，弗里森艾格写道。

1646年9月3日，特急信使带来了指令，"要我们马上把圣人遗物送往慕尼黑"。修道院院长听从指令。第二天，他修道院的一群修士就带着珍贵的圣人遗物来到35公里外的巴伐利亚首府城门前。但这些神职人员白天未能获准入城，到了夜里才悄悄进入；"为了不给慕尼黑人制造新的恐慌，因为毕竟大家都已经成了惊弓之鸟"，弗里森艾格解释说。政府显然试图避免恐慌。

然而选帝侯马克西米利安本人于1646年9月7日离开了首府慕尼黑，"带着他的家室逃往（慕尼黑以东大约50公里处的）瓦瑟堡"。正如我们的日记作者所写，此事引发了连锁反应："因为选帝侯弃城而走，因此城里的大多数居民，尤其是贵族和富人，也跟着跑了。"农村的"农民和底层民众"则躲进废弃的房屋，"他们的车辆和逃难时带的零零碎碎把城里堵得严严实实，人们几乎找不到任何一条通道。这样一来，村庄和小城市里的人几乎也跑光了，大家都在逃难，大多数人并不知道要去哪儿。哦！真是哀声一片！"

9月12日，弗里森艾格"明确"得知——正如他所强调的那样——瑞典人正打算横渡多瑙河进入巴伐利亚。"因此我也决定逃离。"他把这个消息告诉他的修士，让他们也同样逃离。几乎所有人都决定离开，只有两名修士、一个养牲口的农民和法官"但凡还有可能，就留在修道院里"。

第二天，弗里森艾格出发了。他最初的目的地是巴伐利亚最南部的几个村庄。"我向魏尔海姆和波灵出发，沿途所见简直惨不忍睹。我看见孩子们带着自己的小包袱边走边哭，有的母亲带着好几个孩子（两个背在背上，一个抱在怀里）步履蹒跚；男人们吃力地推着满载衣物、粮食、病人和儿童的小车。"修道院院长这样描述逃难者的惨状，"这些大多是我亲爱的属民，要么就是可敬的邻居。如果我问他们想去哪儿——我只问了一次，就心痛得不忍再问——他们就回答：'我还不知道上帝和我们的保护神要带我们去哪儿。'可能所有的大街小巷都是这种景象。"

"更可怜的或许"是慕尼黑的情况，弗里森艾格补充道："那里聚集了许多农村人，城里容纳不了他们。有些人在城门口被拳打脚踢地驱逐，更无耻的是有些人不得不花钱才能进城。许多家庭不得不在凄风冷雨中带着孩子露天在大车小车上忍受煎熬，许多孩子冻得半死，或者彻底冻僵了，还有些被牛马牲口踩踏。牛的叫唤、马的嘶鸣、孩子的哭声、母亲的吼叫混杂在一起，汇成一幅恐怖的景象。"

慕尼黑城前的情景我们的日记作者本人并未亲身经历。他继续向东南行进："我从波灵经过贝内迪克特博伊论、特尔茨、格明德和泰根湖，一路上看见村庄里到处是逃亡的可怜人；他们朝山区和阿尔卑斯山走去，但到了那里面对的只有白雪和冬天。"在距离安代克斯大约50公里的泰根湖边，逃难的弗里森艾格在那里落了脚。

此时，瑞典人和德国人正从多瑙河继续向南推进。"9月25日，敌人开始围困奥格斯堡。"修道院院长记录道。侵略者一如既往地把周边地区洗劫一空，把周围的村庄变成了一片火海。他们和皇家-巴伐利亚军队发生了零星冲突，个别当时正经过安代克斯及其所辖的埃尔林村的小股部队证实了这一情况。"10月9日，整整一个皇家骑兵连的骑兵和几个瑞典俘虏骑着80匹马进入村里准备过夜。他们用暴力把房屋全给打开了，以最残暴的方式进行洗劫。"弗里森艾格骂道，他是后来才知道这些事的，"这就是说，他们也向我们证明了人们所说的皇家军队这次侵袭时比瑞典人本身更可恶。"安代克斯的居民17世纪30年代就已经不得不遭遇的经历再次得以证实："每支军队都意味着一场灾难——不论是哪一方的军队。"

修道院院长这时甚至提出这样一个问题：究竟谁是这个国家最坏的敌人。他的答案背后体现了他的宗教归属："自从皇家军队进入巴伐利亚之后"，弗里森艾格对这支同样笃信天主教的盟军颇有微词，"每个人都盼着比他们更好的瑞典军队到来。谁要是还没来得及逃跑，现在就得藏身在树林里和阴暗的小路上。在家里或路上，谁也躲不过他们的野蛮行径和胡作非为。他们烧杀劫掠、恣意凌辱，不把百姓当人看，没觉得自己是在和人打交道。他们不分年龄和性别，把人绑起来扒光衣服，有些人被折磨致死，有些人在极其寒冷的秋季光着身子被追着跑。连年战争把人变成了这般禽兽！"

1646年10月中旬，皇家-巴伐利亚军队兵临奥格斯堡，准备给这座城市解围。瑞典统帅弗兰格尔见势不妙，撤走了围城部队，退往施瓦本。皇家-巴伐利亚军队一路追击，弗兰格尔因此在施瓦本绕了个大弯，然后再次进入巴伐利亚——此时的巴伐利亚毫无防备。

瑞典-法国军队的主力部队先是驻守在阿默湖西岸。部队从那里分散开来，过了一阵子，皇家和巴伐利亚军队的士兵则相反，他们又出现了。湖东岸的安代克斯人遇到这些军队时常常"不知道他们是朋友还是敌人"，可这又有什么区别呢？因此，弗里森艾格在他的日记里只是确定当时有士兵来到安代克斯，但没写是哪支部队："特别是11月7日，大约150人通过慕尼黑大道向修道院走来，毫不客气（没有礼貌）地安下了营寨。教友约翰内斯（留守的两名修士之一）和他们打招呼,把他们想要的食物和啤酒给了他们,他们很满意。这些人待了好几天。"弗里森艾格写道,"撤军的时候,他们终于比来的时候客气了些,送了一匹马给约翰内斯表示感谢。"这就是说,即便在这场战争末期,也有一些士兵群体举止得当,甚至表现大方。没有人生性良善或生来恶劣,还是取决于个人。

对防守坚固、大约有2 000名居民、位于安代克斯修道院南部仅15公里处的小城魏尔海姆的围困也说明了这一点。"11月8日,4 000名瑞典或法国的士兵向魏尔海姆行进",第二天炮击了这个城市一整天,但魏尔海姆居民拒绝了一切投降条件,弗里森艾格写道。"深夜,敌军登云梯爬上城墙,击溃了部署在那里的火枪手",占领了小城,一如既往地大肆抢劫。

但与1631年蒂利攻占马格德堡时不同,瑞典指挥官没有听任平民成为自己士兵肆意妄为的牺牲品。"女人和孩子全都遵循指挥官的命令被带到教区教堂和其他几座私人住宅里,他们的尊严和生命没有受到伤害。"弗里森艾格记录道。魏尔海姆市的神父后来在他的死亡登记簿里记下了被瑞典人杀害的十三个受害者:十一个男人和两个女人——对于暴力攻城来说,这是个相对较小的数字。

第二天,瑞典军队索要5 000古尔登,否则魏尔海姆将"被火与剑彻底毁灭"。市民乖乖地缴纳了这笔"保护费"——当时,索取"保护费"的意思是敲诈勒索一笔钱财,收到钱就不把某个地方付之一炬——"从此以后魏尔海姆将不会再有任何麻烦和危险"。魏尔海姆被攻陷后,虽然出现了常见的劫掠和敲诈行为,但没有像在马格德堡和其他许多地方那样出现屠杀、强奸和毫无意义的破坏行为。个体(在这件事情上就是瑞典指挥官个人)的行为使事情变得不一样。

1646年11月中旬,法国发生了出人意料的军事和政治转变:法国宰相马扎然命令其军队撤离巴伐利亚——他已经向巴伐利亚选帝侯展示了自己的力量，此时想要推进和他进行的停火谈判。此外，他还想阻止瑞典人在德国南部赖着不走，因为天主教法国不希望战争结束后在那里出现强大的新教势力。

瑞典指挥官弗兰格尔当然不这么认为，于是他很不情愿地按照法国盟军的意思办。撤往施瓦本途中，他再次有计划地彻底破坏了那里及其周边地区，以致当地居民"除了饱受痛苦、劫掠和暴行，还损失了许多房屋，几乎所有的村子都被敌人付之一炬"，弗里森艾格控诉道。1646年11月23日，瑞典人和法国人渡过莱希河，对于巴伐利亚人来说，噩梦结束了——暂时结束了。

"因此，从现在起，我们将在和平中度过这兵荒马乱、风云激荡的一年中余下的时光。"即将重返故里的弗里森艾格总结道，"1647年1月24日，我从流亡之地、着实不错的泰根湖旁的住处回到了圣山上的家里，喜出望外。一切都比我想象的好。"他写下这句话时心情好得异乎寻常。安代克斯修道院和埃尔林村躲过了一劫，损失相对较小：虽然缺少食品、饲料，许多家畜和役畜也都不翼而飞，但埃尔林人"冬天的口粮和春天的种子都还够"。修道院的"建筑和家具，以及马匹，都没有损失"。我们的修道院院长公开肯定了为此做出最大贡献的人，他的说法是一个上级所能作出的最高评价："这一切首先要归功于我们的教友约翰内斯·薛夫曼，他寸步不离修道院，并且善于和士兵打交道。"

1647—1648 年
混 乱

1647 年春，享有盛名的骑兵将军约翰·冯·韦特决定倒戈。但他没有悄悄离开部队，这不是他这位英勇的老将的应有之举。时年大约 56 岁、出身农家、令人惊叹地平步青云的韦特这时也在策划一件令人惊叹的事：不是单人独骑，而是要带着整个部队离开他为之效力的选帝侯。夏初，韦特派信使到巴伐利亚军队，下令他们离开营地前往几个特定的地方，包括到帕绍附近的菲尔斯霍芬。这位骑兵将军在那里等候，以便率领队伍渡过多瑙河前往波希米亚。

7 月初，巴伐利亚选帝侯马克西米利安得知部队背着自己在巴伐利亚境内调动，正在酝酿一场史无前例的阴谋。这位 74 岁的邦君向整个巴伐利亚派出了特急信使。这些信使一方面试图召回军队；另一方面，他们每到一处就宣布韦特是虚伪无耻的叛徒。他们悬赏 1 万塔勒捉拿韦特，一旦发现其踪迹立即捉拿，如有反抗格杀勿论。韦特忠心耿耿地为他的选帝侯效力了不止 15 年，何以沦落到这步田地呢？

事情的起因是马克西米利安决定退出这场近 30 年来他站在德国皇帝一边领导的战争。可现在，1646 年瑞典-法国军队入侵他的邦国并导致严重后果后，这位巴伐利亚选帝侯忍无可忍：1647 年 3 月 14 日，他派出一名特使在乌尔姆与瑞典和法国签订了停火协议，根据协议，双方将停火，直至"帝国实现有效之普遍和平"。对于背弃皇帝，马克西米利安振振有词："作为君主，他的良知无法承担献出自己的土地和人民作为奥地利皇室牺牲品的责任。"

这样一来，斐迪南三世 1647 年春季在德国就没有几个有分量的盟友了，他实际上成了一个没有帝国的皇帝。战局胜败看似已定。

巴伐利亚骑兵将军韦特面对这个将使对帝国忠心耿耿的战士陷入道德困境的停火协议错愕不已：韦特认为，不仅要忠于自己的君主马克西米利安，而且也要忠于自己的皇帝。皇帝要求巴伐利亚军官听命于他这个帝国的最高统帅，也就是向他的军队投诚。

韦特最终决定听从皇帝的命令。从此以后，历史学家对作出这一决定的原因争论不休。有些人认为，这是个人动机使然：野心勃勃、平步青云的韦特感觉受到马克西米利安的打压，因为当统帅全部巴伐利亚军队的最高指挥官一职空缺时，巴伐利亚选帝侯多次跳过这位未曾受过教育的农民的儿子，选择他人继任。其他学者则认为，韦特这么做是出于爱国主义。或许这位久经沙场的猛将就是尚武好战，视战斗为自己的生命。因此，即便1648年之后韦特也不喜欢和平，一直到1652年临死之前他还希望和法国再次开战。

1647年7月，到了韦特和马克西米利安摊牌的时候。巴伐利亚的将官们会跟从深受拥戴的骑兵将军，随他渡过多瑙河，撤出巴伐利亚吗？皇帝的代表已经在对岸恭候，准备张开双臂迎接这支队伍，并且立誓接收他们。或是这支队伍会继续忠于他们的选帝侯？

官兵一度陷入混乱，无所适从，然后他们奋起反对自己的将军：先是个别人大声喊叫，说这么做是要被送上军事法庭的；然后官兵开始骚动，最后有个上校也喊道："巴伐利亚选帝侯万岁！"

密谋失败了。官兵中的大多数不愿意背叛马克西米利安，他们不愿转换阵营，为据说支付的军饷很低的皇帝效力。只有个别军官和个别部队站在了韦特一边。韦特带着他的少将和几个勤务兵逃往波希米亚边界；皇帝代表原本期待接收2万名将士，现在却只迎来了这一小撮人马。

尽管如此，皇帝斐迪南三世还是给足了这个不幸的倒戈者面子。

他举行仪式，任命韦特为自己军队的骑兵将军——这样他至少赢得了一位能力非凡的将才。皇家军队始终缺少良将。军队的高级指挥权刚刚迅速易手：1646 年底，皇帝斐迪南的兄长利奥波德·威廉在征战一年了无胜绩之后再次卸任最高统帅之职。皇帝做出了一个让人怀疑他神经错乱的决定，偏偏把已经在 1639 年和 1645 年两次遭解职的酒鬼和"毁军能手"加拉斯第三次任命为军队最高统帅。但这一次，加拉斯没来得及使皇家军队全军覆没：他病重不起，无法掌兵，1647 年 4 月 25 日，接受任命仅仅四个半月之后就一命呜呼了。

就这样，皇家军队的最高指挥权落到了 58 岁的彼得·梅兰德·冯·霍尔茨阿普费尔[1]手里，他和韦特一样是农民的儿子，但他是加尔文宗教徒，因此他在双重意义[2]上实现了几乎最不可能的向最高军事职位的晋升。这个土生土长的黑森人在战争的前二十年站在新教一边，同皇家-天主教联盟军队作战；在宗教战争转变为国家间的战争后，于 1640 年转而投身自己昔日敌人的队伍。皇家军队为收获这样一名干将而欣喜若狂，笃信天主教的皇帝的军队被交由霍尔茨阿普费尔这个所谓异教徒指挥。

瑞典和法国显然已经感觉胜利在望，因此相应提高了他们签订和平协议的要求。瑞典的要求主要是德国必须支付 2 000 万塔勒用于安置被遣散的瑞典士兵，这是一笔对于选帝侯马克西米利安和其他德国诸侯来说几乎无法承受的巨额款项。皇帝则相反，他向巴伐利亚选帝侯许诺，将大力提供财政支持，并开出优厚的政治条件，试图说服他把军队再撤回自己的地界。1647 年 9 月 14 日，马克西米利安最终抛

---

[1] Peter Melander von Holzappel（1589—1648），德国将军，三十年战争期间曾担任新教军队领袖，并在去世前担任帝国军队司令。

[2] 指宗教和家庭出身两方面。

开尚未最后正式签订的停火协议，再次挑起战事。

巴伐利亚军队突然又成了敌军，这个颇具威胁的消息令瑞典将军弗兰格尔一时不知所措、大为光火。一怒之下，他致信马克西米利安，指责他言而无信："我宁可相信变化无常的老天，也不相信一个位高权重的统治者竟能做出这等使整个诚信的世界斯文扫地的事情来。"

马克西米利安对此无动于衷，把他将近2万人马中的大部分调往波希米亚。他的军队将在那里和皇家军队联手对付瑞典人——但条件是皇帝必须把叛逃的韦特革职，马克西米利安不依不饶地这样表明自己的态度。斐迪南三世无法平息巴伐利亚选帝侯的怒火，最终作出让步，下令暂时停止他的骑兵将军韦特的军职。

巴伐利亚军队中大约1/3的官兵接到了一项新的任务：要求他们到施瓦本，打掉瑞典军队在那里的据点——但不对法国军队作战，因为马克西米利安想让他们从重新燃起的战火中脱身。我们的雇佣兵彼得·哈根多夫也在受命出征的士兵之中，他漫长的战间休整也随之结束了：从1647年2月26日一直到同年9月中旬停火结束期间，他和家人住在当时位于下巴伐利亚境内，今天属于奥地利的布劳瑙和附近的阿尔特海姆。"布劳瑙紧邻因河。因河很讨厌，稍微下点儿雨，河水就漫过堤岸。河上有很多船只。"日记作者这样写道，"整个冬天，我在布劳瑙，住在阿波罗尼亚家里；她是个历史作家、寡妇，在我到阿尔特海姆之前就是。"关于这显然平安无事的大半年，我们所知道的就这么多。

在此期间，雇佣兵哈根多夫可能决定不再让他当时4岁的儿子经受战争的危险和艰辛。他和当地的圣劳伦斯神父教区联系，再次充分发挥自己出色的组织能力，就像6年前他把生病的妻子送去护理一样。哈根多夫写道："我们出发前，我把儿子梅尔歇特·克里斯托夫留在阿尔特海姆，托付给圣劳伦斯小学的校长。每年必须付给他 10 古尔登并提供服装。"对这位雇佣兵来说，这是他每月军饷的 3/4——作为低等的下级士官，他每个月的军饷是 13 古尔登，是一个普通士兵收入的整整两倍。他们唯一幸存的孩子还那么小就被托付给别人，他和他的妻子对此有何感想，日记作者也没有透露有关信息。

"我们随着部队走了，"哈根多夫只是这样继续写道，"去往慕尼黑，这是座美丽的城市，坐落在河畔，河上有很多船，这条河叫伊萨尔河。"雇佣兵随着部队又从那儿一路向西：渡过界河莱希河到达梅明根，梅明根当时是施瓦本的帝国自由市，今天属于巴伐利亚的施瓦本地区。选帝侯马克西米利安在停火协议中把这座坚固的城市让给了瑞典人，现在想把它重新夺回来。"1647 年 9 月 27 日到达梅明根。"哈根多夫写道，"很快开始构筑工事，挖交通壕，在前面部署了两个炮兵连，"每个连配备八门火炮，日记作者写道，"另外我们还有四门臼炮"——用于发射燃烧弹或燃烧的石块的大炮，"没日没夜地轰。"

炮轰持续了好几天，瑞典守军顽强抵抗："10 月 5 日他们发起突围，把我们的炮兵赶跑，用钉子使五门火炮无法发射。"这是当防守一方既无法带走敌军的火炮，又不能将其摧毁时常用的一种方法：他们想方设法把一根很粗的钉子打进导火线的点火孔，这样火炮就无法点火发射了。如果能把钉子推进去或折断，使其不会高过点火孔露出来，或者最好是使钉子尖在炮筒里弯曲，那炮兵就得大费周折，花很长时间才能让火炮重新发射。

"此外他们又多次突围，但我们都很快就又把他们打退了。"哈根多夫接着写道，"我们也多次冲击他们的防御工事，比如瓮门和西大门的工事，但都没有成功，还损失了很多人（士兵）。"因此，哈根多夫所在的军队无法迅速攻占这座城市，但持续炮轰渐渐奏效了。

根据当时的《梅明根编年史》记载，敌军向城里发射了超过5 000枚炮弹，投掷了超过550颗火球和手雷。"城墙被击穿，城里的房屋和建筑损毁严重，其中许多被手雷炸倒击碎，也就是说城内城外都受到了可怕的破坏。"《梅明根编年史》痛苦地作出总结。这是一场典型围城战役的典型结果。

瑞典守军坚守了将近两个月，然后以自行撤军为条件投降。"11月23日，他们谈好了投降条件；11月25日撤军。城里死了350人。"哈根多夫写道，"他们带着家当撤离，在护送下到达爱尔福特。"

哈根多夫所在的部队成为梅明根新的卫戍部队。"11月27日我找到了住处。我的房东是住在卡尔什门旁的大卫·赫尔曼·贝克。"我们的雇佣兵记录道。

这位碾磨机爱好者立刻爱上了这个地方："这座城市旁边有个漂亮的地方。走半小时路就能看到河流，水流推动城里的碾磨机。城里有两台漂亮的碾磨机。"哈根多夫又陶醉于碾磨机，战争对城市的严重破坏看似对他没有什么影响——或许他对这样的情景早就习以为常了。"这片美丽、富饶的土地适合种植谷物，位于施瓦本。水中有肥美的鳟鱼。城里有两座美丽的教堂，'圣马丁教堂'和'我们的圣母教堂'。也有一座漂亮的医院，还有一座奥古斯丁修道院。但这座城市除了这座修道院之外全都是路德宗的。"这些都是他观察所得。

他还记录了一件令人高兴的事。"1648年1月5日下午三时，我的女儿安娜·玛利亚出生了。他的教父教母如下：军团检察官兼执法官克里斯托夫·伊塞尔、负责为伤兵做手术的军医梅尔歇特·博特和上尉的妻子贝嫩格尔·赫辛。"这个父亲自豪地列举道。名单中的前两位已经是哈根多夫的儿子梅尔歇特·克里斯托夫的教父，这个儿子差不多四年半之前出生，现在还住在布劳瑙附近的阿尔特海姆。显然，在家庭之外，我们的雇佣兵在军队里也建立了维系多年的社会关系。

冬天过后，哈根多夫的上校温特沙伊德下令维修防御工事："春天，温特沙伊德又开始修补被打破的地方，比如城门和城墙。"修补被毁设施被证明毫无必要：哈根多夫和他部队里的战友们攻下梅明根战役是他们在三十年战争中的最后一战。此后，战事在巴伐利亚和波希米亚继续，但他们再也不用打仗了。

在巴伐利亚选帝侯马克西米利安宣布停火协议无效后，瑞典统帅弗兰格尔发现自己面对的是在人数上占优势的皇家-巴伐利亚军队。他把军队从波希米亚撤往威斯特伐利亚，那里处于一个多年的老盟友的地盘附近。此人就是黑森-卡塞尔的女侯爵、好战的加尔文宗教徒阿马莉·伊丽莎白。会师后的皇家-巴伐利亚军队追击撤退的瑞典人，但并不对其发起进攻，而只局限于把黑森-卡塞尔地区夷为平地，然后进入冬季营地。

弗兰格尔利用寒冷的冬季，主要通过补充黑森士兵壮大自己的瑞典军队：人数增加到了 2.3 万，只比皇家-巴伐利亚军队少 1 000 人。1648 年 2 月初，弗兰格尔的军队向南开拔，3 月与一支由蒂雷纳子爵率领、足有 8 000 人的法国军队遭遇。两支军队会合成一支超过 3 万人、人数上明显占优的瑞典-法国联军，向巴伐利亚进军。

皇家-巴伐利亚军队同样也向南行进，阻截瑞典人和法国人——其中大部分始终还是德国雇佣兵。1648 年 5 月 17 日，两支军队遭遇了，地点是施瓦本的楚斯马斯豪森，距离当时的巴伐利亚界河莱希河西岸足足 20 公里。三十年战争中的最后一场重大战役即将打响。

但这场战役不是传统意义上的战役，它更像是撤退过程中的一系列交火：鉴于瑞典-法国军队人数上占上风，皇家-巴伐利亚军队试图撤到界河莱希河对岸的安全地带。但他们的家眷和辎重队伍过于庞大，平民大规模转移影响了速度。瑞典人和法国人追了上来，但大约2 500人的皇家-巴伐利亚后卫部队誓死血战，阻击了追兵。眼看敌方追兵越来越多，皇家最高统帅霍尔茨阿普费尔亲自率领900名士兵返回，增援陷入困境的后卫部队——混战中他被一颗手枪子弹击中胸部阵亡。这一天结束时，皇家-巴伐利亚军队损失了大约2 000名将士和353辆车。当天夜里，主力部队成功进入附近的奥格斯堡城内，渡过莱希河来到安全地带。

但楚斯马斯豪森战役按照当时的定义是瑞典人和法国人的又一次大捷。皇家-巴伐利亚军队又在莱希界河附近坚守了9天，然后面对兵力超过自己的敌军撤退到了内地。巴伐利亚在1632至1634年饱受战争之苦后，1646年再次因为战争而被摧毁，侵略军把房屋、村庄和城堡全都变成了一片火海。

巴伐利亚选帝侯马克西米利安的政策令人摸不着头脑：他先是与瑞典和法国签订停火协议，然后宣布该协议无效，但又只想对瑞典而不再对法国作战，这导致了一场灾难。伟大的弗里德里希·席勒总结道："现在，巴伐利亚再次陷入战争，人们感受到了由于巴伐利亚的臣民们以最残忍的行为破坏停火状态而导致的结果。"我们的修道院院长毛鲁斯·弗里森艾格在他的日记里为此提供了颇有说服力的证明。

并非瑞典军队的所有士兵都参与了破坏性征战。汉斯·克里斯托夫·冯·柯尼斯马克率领的1 500名骑兵在弗兰格尔的命令下脱离主力部队向波希米亚行进，沿途又从卫戍部队中抽调了1 500名瑞典士兵，1648年7月25日悄悄抵达首都布拉格。在一场夜袭行动中，瑞典军队翻过城墙，冲进了这座大都市——更准确地说，进入了伏尔塔瓦河西岸富庶的城区（也称"小城"），那里有包括巨大的王家珍宝馆在内的布拉格王家城堡。

占领军在"小侧"劫掠了三天,杀死了100至200名居民。他们攻击了雅罗斯拉夫·马丁尼茨伯爵,打伤了他的胯部。这位66岁的伯爵1618年5月23日在布拉格掷出窗外事件中第一个被起义者从王家城堡的窗口扔出。马丁尼茨因此成为三十年战争的首位受害者——而现在,30年之后,他又成了战争最后受害者中的一员,这真是历史的讽刺。他再次大难不死,但第二年11月就去世了。

珍宝馆里的藏品被运到了斯德哥尔摩王室。瑞典士兵尽其所能把珍宝装箱运走,瑞典历史学家彼得·恩隆德列举道,除了大量金银和宝石制品外,还有16件珍贵的钟表、317件数学仪器、403件印第安珍品,以及500幅列奥纳多·达·芬奇、阿尔布雷希特·丢勒、米开朗琪罗、拉斐尔和提香等大师的油画作品。许多几乎是无价之宝的艺术品今天仍然在瑞典的博物馆里展出。士兵们还把布拉格各个图书馆中罕见的藏本也成箱地运回北方的瑞典,他们甚至还把王家动物园里一头年迈的狮子也运走了——它后来生活在斯德哥尔摩宫殿附近。按照当时的算法,瑞典人在布拉格洗劫了价值700万塔勒的珍宝,这相当于180万名普通士兵一个月的军饷。这是三十年战争期间规模最大的一次洗劫。

瑞典人还试图占领布拉格市里从小城出发经过查理大桥能够抵达的其他地方。但伏尔塔瓦河对岸的市民奋力守卫大桥和城墙。贵族、手工业者、政府官员、仆役、犹太人、学生和僧侣——各个阶层的布拉格人都和皇家卫戍部队的士兵一起为自己的故乡而战。他们打退了所有进攻——尽管有更多的瑞典军队逼近,在城市周围架起火炮,并且开始真正包围布拉格。战斗就这样持续了数月,直到全面的和平协议签订后又持续了几天。三十年战争始于布拉格,也终于布拉格。

* * *

　　毛鲁斯·弗里森艾格在他的日记里试图厘清和理解他的邦君马克西米利安令人错乱的政策，但他显然无能为力。"复活节之前，我们的巴伐利亚选帝侯在乌尔姆与法国人和瑞典人约定停火。"这位修道院院长1647年记录道，"每个人都惊诧于这个停火协议，没有人比皇帝和德意志帝国更吃惊。"作为顺服的臣民，弗里森艾格以听天由命的心态补充道："巴伐利亚人把这件事寄希望于他们的选帝侯的洞见、智慧和谨慎。"但这种出人意料的转变也有好处："至少巴伐利亚今年因此躲过了本来肯定无法避免的侵袭和瑞典军队的蹂躏——不论帝国（其最大的希望和支柱就是我们的选帝侯）对此是如何考虑的。"

　　弗里森艾格现在可以把安代克斯的圣人珍宝从慕尼黑接回来了，这是表明巴伐利亚政府认为局势安全的最佳信号。复活节前的最后一个星期日，修道院院长举行仪式，把这些神圣的物品迎进了修道院里的小教堂，"可想而知，人们是怎样满心欢喜、满怀希望地期待和平到来"。

　　然而，远离战争的平静时光只持续了很短一阵。1647年7月，传来了令人不安的有关韦特密谋率军叛逃失败的消息。"9月初，又有人惊慌地大声叫嚷又要开战了。选帝侯确实不止一次做好了战斗准备，只是我们还不知道要和谁打。"

　　安代克斯的居民显然已经放弃试图理解他们选帝侯的政策的努力。或许这时他们觉得在这场荒唐的战争中谁和谁联手打谁无关紧要——重要的是别让士兵出现。不明朗的局面持续了两周，"直到9月中旬公布了一份声明，宣布出于合理原因终止与瑞典的停火状态"。

　　"9月20日，整个夏天分散安营扎寨的巴伐利亚军队又出发了。

其中大部分人马在波希米亚行军，与皇家军队会合，"弗里森艾格写道，"其余部分前去围困梅明根。"——雇佣兵彼得·哈根多夫也在后者之中。

修道院院长记录的和哈根多夫一样："11月23日，梅明根在被死死围困两个月后回到了我们手里，但我们损失了很多人马，被围困的人忍受着极大痛苦，城市受到严重破坏。"弗里森艾格称，75公里外的安代克斯人在修道院山上都能感受到梅明根的战事，"整整两个月，我们在圣山上听着各式各样火炮的轰鸣，有时候窗户也被震到。"

到目前为止，巴伐利亚只和瑞典作战。但1647年底法国派了个号手到慕尼黑，宣布结束法国和巴伐利亚之间的停火状态。1648年初，上巴伐利亚安代克斯的气氛同样也很压抑。"1648年，尽管人们不断祈盼和平，希望新年平安无事，但最常见的词语仍然是'战争'。"弗里森艾格心情沉重地写道，"让我们更加相信战火还将重燃的是几乎每天都传来的各种各样的最高指示和命令。"修道院院长在他的日记里列举了一系列命令：为军队准备马匹、缴纳特别税、给设防的地区送粮食，以及举行公开祷告和礼拜仪式——"净是些向我们预示逃亡、苦难和覆灭的东西"。

"3月23日，我把我们的宝物（圣人遗物）送往慕尼黑，一路上亲自护送。"弗里森艾格继续写道。此时皇家-巴伐利亚军队正向施瓦本出发，进入巴伐利亚西部边界（莱希河）附近，在那里阻击正在推进的敌军。但皇家-巴伐利亚军队自己先把界河两岸地区洗劫一空。"巴伐利亚莱希河与伊萨尔河之间的地区全都被夷为平地"，弗里森艾格抱怨道，他的安代克斯修道院同样也在这一区域，现在也成了自己军队的受害者。"3月25日，我们就已经得到消息，说因德斯多夫（慕尼黑北部）的修道院和同一地区的大多数城堡及村庄都受到了野蛮对待。"

"我不敢从慕尼黑回家,但还是决定回去。"我们的日记作者这样写道,"一路所见尽是悲惨景象,可怜的一家人推着他们的小炉灶步履维艰地前行,孩子和少许家当放在大车小车上拖着走,冒险逃亡以求得一线生机。"弗里森艾格这样描写他从慕尼黑到安代克斯的返乡之旅,"在家里,我听到数以百计逃难者的号哭,他们一贫如洗,身边围着孩子,呼唤上苍给予他们在人间无法得到的帮助。而这正是我们不得不花那么多钱供养的自己人(士兵)造成的!"

三天后,安代克斯的修士们也开始准备逃亡。附近的塞费尔德城堡的管理员得知消息后提出给予随行保护。他告诉修道院院长自己得送马匹去慕尼黑,有一队士兵会一路随行保护,他主动问我"要不要利用这个机会去慕尼黑",弗里森艾格写道。"我千恩万谢地接受了他的建议,带着五个正好也不方便步行的修士乘坐两辆马车和两辆货车来到塞费尔德。"

城堡管理员、僧侣和周围的许多人一起从那里出发,他们很高兴有携带保护令的武装卫队一路护送。逃难的队伍向慕尼黑出发,"很幸运",弗里森艾格写道,队伍已经能看见当时的城郊、今天的城区森德林和首府慕尼黑。

"看!一下子从树林里跳出10个江洋大盗,袭击了我们队伍最后的几辆车,打跑了车夫,割断了马匹和车辆之间的绳子,直到我们的卫队赶来反击。因为我们除了妇女和儿童之外还有很多人来自圣山(安代克斯)和塞费尔德,他们中的大多数除了携带保护令,也装备了枪支。"我们的修道院院长说道。这是三十年战争最后一年里他第一次亲身经历战斗。"他们向强盗开火,打伤了两个死死拽住缰绳、生怕从马背上摔下来的劫匪。事后我们听说,两个还是三个劫匪被人发现死在树林里。但我们还是损失了 8 匹马——被强盗掠走了。第二天,满城都在谈论我们这支卫队和我们的胜利,我们这才从惊吓中缓过神来。"弗里森艾格写道。字里行间可以感受到这位通常喜怒不形于色的神职人员流露出了一丝自豪。

"终于,周围整片地区,一直至阿尔卑斯山都被我们的人(皇家-巴伐利亚军队)踏平、洗劫,比敌人还凶残地践踏过后,我们的军队又从雷根斯堡渡过多瑙河撤了回去。"——也就是撤出了巴伐利亚选帝侯国继续前行。"马上就有逃亡的人鼓足勇气重返家园。选帝侯本人也公开号召广大农民回家种地,说以后再也不用担惊受怕了。"弗里森艾格写道。巴伐利亚选帝侯在自己的军队撤离之后全面解除警报,这明确表明即便统治者本人对自己的军队也没有什么控制能力。战争早就成了一个贪婪的怪物,其胃口几乎永远都填不饱,谁也无法阻挡。

"我本人一听到返乡的号召就急匆匆地回到修道院的家里",弗里森艾格强调,"但到家后第二天就不得不又急匆匆赶回慕尼黑,以确保安全",因为很多难民说他们受到袭击。这么快再次返回,"慕尼黑的人认为我这么做很丢脸。"修道院院长写道,"我不得不在城市指挥官面前接受严厉的质询(据说这是选帝侯的命令,至少指挥官是这么说的),解释我何以无缘无故再次回到城里,导致引发了过度恐慌。"这次听证显然没有什么结果,弗里森艾格最后只是评论说:"市里的人对农村发生的事所知甚少,也不怎么相信。"

1648 年 5 月 11 日,我们的院长又回到了他的修道院,可想而知"他怀着怎样的欣喜和期待"。但第二周就又传来了坏消息:皇家-巴伐利亚军队在楚斯马斯豪森吃了败仗。

安代克斯的僧侣先是从巴伐利亚边界地区的难民那里得到"我方军队失败"的消息。"难民成群结队地到来,我们这里和周边地区的人得到消息后也都收拾大包小包开始逃难。"弗里森艾格写道。得知这个消息后,他在两个月内第三次逃离安代克斯。"我推迟到第二天5月19日才跑,以为或许能等到好点儿的消息。我去慕尼黑只是为了躲避危险。一路上我看见所有村子里的村民都跑光了。"

在路上穿过大片荒无人烟的地区时,弗里森艾格遇见了一个老人。老人告诉他:"刚刚有几个骑马的强盗问我,他们是否已经脱离危险。"修道院院长说道:"这把我吓坏了。"弗里森艾格被这场对话吓着之后,掉头回到安代克斯,凌晨两点趁着夜色,在六个武装男子护送下再度出发。为了安全,他还绕道前往慕尼黑,"路上遇到好几拨可怜的逃难者,他们带着牲口、孩子和一点点家当在树下和茅舍下露营。"

"慕尼黑混乱不堪,一片凄凉景象,大街小巷和城门下都被人和牲口挤得水泄不通,富人把他们的财产装车往城外运,穷人则把他们那点儿可怜的家当背在血痕累累的背上往城里拖。"修道院院长的描写颇有些社会批判的味道。

"5月24日选帝侯离开慕尼黑,前往瓦瑟堡。"1646年,瑞典和法国军队逼近时,他就已经去那里躲过一次。弗里森艾格也再次来到一年前避难的地方:"5月26日我本人离开慕尼黑,来到我原来在泰根湖的避难处,受到了最友好的接待。"

修道院院长接着写道,"这期间我们的军队离开了莱希河,任由敌军进入巴伐利亚。"正如上文所述,皇家-巴伐利亚军队考虑到敌军人数比自己多,于是撤离界河,以伊萨尔河为新防线布防:伊萨尔河发源于阿尔卑斯山,流经慕尼黑后向东北汇入多瑙河。"我们的军队渡过伊萨尔河,对敌人的恐慌和畏惧蔓延到了阿尔卑斯山。"弗里森艾格写道,"因此我从泰根湖来到萨尔茨堡。"萨尔茨堡当时还不属于奥地利，是一个独立的邦国，由一个有侯爵封号的大主教统治。按照我们日记作者的说法，他在萨尔茨堡"受到了最友好的接待"，在那里"极好地度过了"5个月时间，直到战争结束。

马克西米利安也从自己的邦国逃到了那里。"6月8日，我们的选帝侯来到萨尔茨堡，受到了最隆重的接待。"弗里森艾格写道，"移民和逃亡到萨尔茨堡地区的巴伐利亚人估计有1.2万或更多。"

事实证明逃亡是对的。皇家-巴伐利亚军队没能守住伊萨尔河防线，又进一步向东撤退：退到了发源于阿尔卑斯山、在慕尼黑和萨尔茨堡之间汇入多瑙河的因河。这样一来，巴伐利亚的大部分地区都落入了敌人的势力范围。"我们英勇无畏的队伍（军队）到处给敌人腾地方。"修道院院长语带嘲讽地评论道。许多侵略者成群结队地出现，在巴伐利亚，白天随处可见大片黑烟滚动，夜里燃烧的村庄则映红了天空。瑞典人和法国人继续向前推进，正如弗里森艾格尖锐指出的那样，"他们的目的是一边像撵兔子一样追赶巴伐利亚军队，一边渡过因河"。"瑞典统帅弗兰格尔期待着一场相遇（战役），不管和谁打都行。只是巴伐利亚军队太不堪一击了，确实如此——缺乏勇气！"

1648年6月，侵略者就到达了因河，但河流因为暴雨而泛滥，巴伐利亚军队成功地守住了渡河通道。此外，皇家军队新任最高指挥官奥克塔维奥·皮科洛米尼带着3 000名士兵赶来增援。

皮科洛米尼是1633至1634年成功地在皇帝那里告他们的统帅华伦斯坦黑状的军官之一。但事后接任华伦斯坦最高指挥官一职的不是皮科洛米尼，而是和他共同密谋除掉华伦斯坦的"毁军能手"加拉斯。失望的皮科洛米尼于是在尼德兰为西班牙军队效力了一段时间，现在他从那里回来了。另外还有一位久经沙场的老将突然重出江湖，飞黄腾达：骑兵将军约翰·冯·韦特。巴伐利亚选帝侯依然痛恨这位投身皇家阵营的叛逃者，但不再反对他担任军职——战局岌岌可危。韦特在波希米亚集结了6 000名骑兵，率领他们与皇家-巴伐利亚军队会师。现在这支军队又感觉自己足够强大，可以和侵略者面对面地抗衡了。

瑞典-法国军队闻讯向伊萨尔河方向撤退，开始按照种种兵法规则榨干这片土地——不仅洗劫，而且还征税和收取保护费，也就是敲诈勒索，如果不给就放火焚烧。"敌人在整个上巴伐利亚宣布征收特别军税，向所有修道院、城堡、贵族的地产、美丽的村庄和房屋索要保护费——不给就放火。他们没多久就搜刮了数额巨大的金银财宝。"弗里森艾格写道。就连已经逃亡的巴伐利亚选帝侯马克西米利安也向敌人交了保护费："在他美丽的伊萨雷克（城堡）和许多贵族的房产一起被烧毁之后，选帝侯为他的城堡交了保护费。其他人和敌人签订了协议，常常只要交一半的保护费或更少。"

弗里森艾格也遭到了勒索，但他赌了一把。"瑞典军队司令部送来了一封咄咄逼人又充满威胁、要求缴纳军税的信件——圣山和安代克斯修道院的（下级修道院）帕林都在征税之列——信寄到了萨尔茨堡我的手里，我没有回复。"修道院院长冷冷地写道，"我的理由是敌人离得还很远，因此危险尚未临近，"——圣山安代克斯位于伊萨尔河西岸，弗兰格尔率领的瑞典军队在伊萨尔河东岸活动。"而且人们总说瑞典人很快就又要渡过多瑙河撤走了。"

"9月，弗兰格尔离开了他位于伊萨尔河畔、距离慕尼黑东北将近90公里的丁戈尔芬附近的营地，并且把营地付之一炬"，"因为太多士兵和马匹因为饥饿和物资匮乏死在那里"，弗里森艾格接着写道。当时的军队都面临同样的问题：一支军队无法长期待在一个地方——尤其当这支军队肆无忌惮地把周围变成遍地都是灰烬和人畜尸体的荒地时。瑞典-法国军队沿着伊萨尔河逆流而上，经过莫斯堡到达慕尼黑附近的弗赖辛，然后继续向西，也就是到了安代克斯所在的伊萨尔河那一侧。

甚至巴伐利亚统治者马克西米利安都为此替我们院长的修道院担心。"选帝侯问我，圣山修道院到目前为止情况如何。"弗里森艾格说，"战争委员会主任冯·吕佩告诉我，他前天从敌营得到了一份所有尚未缴纳保护费的地方的名单。圣山修道院也榜上有名。"——敌人威胁说要烧了修道院。"作为至交，他劝我别耽误时间，马上和敌人把这事谈妥。"也就是说，这位政府高级代表建议弗里森艾格宁可和敌人交易，也别冒修道院被毁的危险——战争中难得有人如此理智。

弗里森艾格没有亲自去找瑞典人。"我请在慕尼黑的最好的朋友马蒂亚斯·巴比尔先生去和瑞典人谈；他是个商人，勇气十足且能言善辩，看着天生就是这块料。"修道院院长说道，"他欣然领命，到莫斯堡的敌营中把军税税款从至少 1 000 塔勒谈到了 550 古尔登（367 塔勒）。"弗里森艾格如释重负地写道，作为回报，敌人向显然是谈判高手的巴比尔承诺："他将得到收据和保证，修道院及其名下所有财产，包括其属民的房屋和地产今后不会受到任何恶意处置——如果有必要，还会为他们提供私人护卫队。"鉴于战争即将结束，我们的修道院院长大概是以"清仓大甩卖"的价格换来了这份"保证书"。

"10月初，敌人离开了在莫斯堡和弗赖辛的营地，他们已经把那里周边地区能吃的都吃了，能抢的都抢了，因此现在什么都紧缺，只好把军队推进到达豪。"也就是到了慕尼黑西北，这样离安代克斯又近了一些，"现在从达豪到阿尔卑斯山全都面临劫掠之险和血光之灾，人人自危。"

皇家-巴伐利亚军队最高军事指挥官皮科洛米尼此时并未按兵不

动：他虽然避免大型战役，但始终把军队驻扎在瑞典-法国军队附近，干扰其后勤补给，因此加剧了敌军的粮荒。每当瑞典人和法国人把他们的营地往西移动一些寻找食物时，皮科洛米尼就跟着往西移动，这样军队就一点一点回到了施瓦本边界。饥饿仍然是在这场战争中最有力的武器。瑞典人常常用这个武器对付皇家军队，屡试不爽，现在轮到皮科洛米尼以其人之道还治其人之身了。

此外，皇家-巴伐利亚军队还在不断攻击瑞典-法国军队。这时，约翰·冯·韦特又出尽了风头——骑兵作战简直就是他的看家本领。就这样，这位猛将指挥了三十年战争中最后一场值得一提的阵地战：1648年10月6日，他在达豪附近的一片树林里袭击了一支由瑞典人和法国人组成的庞大的狩猎队伍。

瑞典统帅弗兰格尔虽然在那里安排了1 400百名骑兵负责警戒，但韦特的骑兵悄无声息地靠近，"径直向狩猎者发起攻击"。弗里森艾格记录下了这件事："砍倒了一些，俘虏了一些，把其余的一直追到达豪，弗兰格尔本人在逃跑官兵的护送下有惊无险地逃脱了。"——这位最高指挥官徒步穿过一片沼泽地跑了。韦特的突袭行动当天收获了1 000匹马，俘虏了94人，杀死了多名军官。

作为报复，弗兰格尔第二天下令烧毁了20个村庄。然后他撤到巴伐利亚西部边界，一路纵火，烧毁了大片村庄，滚滚浓烟几公里外都能看见。1648年10月11日，侵略军渡过界河莱希河向施瓦本进发。

事实证明，皮科洛米尼的"饥饿战术"取得了成效——尽管当时许多人对此有不同看法。弗里森艾格以罕见的咄咄逼人的口吻说："人们说的很对，很容易就可以把敌人彻底歼灭"，而不是让他们渡过莱希河。"只是放了他们一马。"这位神职人员不无遗憾地说，"大家相信是皇帝和选帝侯秘密下令要求这么做的，为的是不干扰近在咫尺的和平的到来。"

"瑞典人和法国人离开巴伐利亚后，我们的军队很快追了上去，"弗里森艾格最终如释重负地记录道，"我们的军队在下普法尔茨，敌军在符腾堡和弗兰肯——相互对峙，相安无事。"

1648—1650 年
庆祝和平

1648 年 9 月末，一名信使风驰电掣般奔向明斯特，他的袋子里装着一封人们期待已久的来自维也纳的信。信里就皇帝是否同意摆在那里等着签字的和平协议作出了答复——这是经过多年谈判的结果，其间谈判多次险些破裂。这场看似无休无止的战争究竟会结束吗？或是皇帝斐迪南三世反对某些条款的想法会占上风？

皇家谈判代表伊萨克·福尔马尔接过信件，拆开火漆封印，低头阅读——他几乎愣住了。这位外交官无法读懂这封无比重要的信件：信件是加密的，这在当时非常普遍，但使用的是一种福尔马尔不认识的密码。这位 66 岁的法学家绞尽脑汁、徒劳无功地想了两天，还是破译不了这些密码。然后，他不得不向谈判的其他各方承认自己遇到的乌龙事。

有个好开玩笑的人给这位皇家外交官出了个主意，说他应该向教皇的特使借用圣彼得的钥匙，那把钥匙能打开包括天堂大门在内的所有大门，因此也能破解这封密信。但大多数其他各方的特使却怀疑福尔马尔的说法：这会不会是皇帝的借口，好再次拖延谈判？往维也纳寄一封信要花大约 10 天时间，也就是说，索要然后得到密码本需要大约 3 个星期——人们不想再给皇家外交官这么长的时间。他们得到了 1 个星期的延期缓限，在此期间新的谣言和威胁流传开来。

整整一年前，和平谈判就已经濒临破裂。获得全面授权的皇家首席调停员马克西米利安·冯·特劳特曼斯多夫到 1647 年中期已经把谈判大大推进了：他和谈判各方直接接触，在双边的谈判回合中不厌其烦地努力达成妥协。一位法国人称特劳特曼斯多夫"是所有人中最有耐性的"，他还被认为是既值得信赖又平易近人的外交官，根据情况需要，他出场时而慷慨激昂，时而温和友善。1647 年 6 月，这位 63 岁的外交官终于提交了与法国和瑞典签订的全面和平协议草案。

该草案是《威斯特伐利亚和约》的基础，其中很多内容与 1648 年的最终协议文本一致。但 1647 年还不到签订和约的时候。法国和瑞典认为德国提出的赔款和割地数量太少，德国诸侯则认为太多。有些势力强大的天主教谈判方认为在宗教方面对新教徒作出了过多让步。反对和平条约的声音越来越大，一个月后，特劳特曼斯多夫失望地放弃了。1647 年 7 月，他返回维也纳，这标志着和平进程暂时中止。

此后一直到 1647 年底，谈判始终处于僵局。与此同时，其他两派力量在明斯特的谈判取得了决定性进展：1648 年 1 月 30 日，西班牙和尼德兰联省共和国的特使签订了一份和平协议，结束了两国之间长达 80 年的战争。1568 年起，尼德兰笃信加尔文宗的北部各省一直为摆脱西班牙统治、实现独立而斗争——不仅在家乡，也在全球其他地方作战。比如，1628 年，整整 30 艘全副武装的尼德兰海盗船在古巴海岸抢劫了运输银子的西班牙船队；西班牙船队每年两次把数以吨计的这种贵金属从位于墨西哥和南美的西班牙银矿运回老家，此外还有金条、宝石、糖、可可和烟草等。尼德兰在这次海盗活动中抢到了价值 1 200 万古尔登的宝藏，这大概相当于其军事预算的 2/3——有了这笔钱，尼德兰得以在欧洲和西班牙的战争中由守势转入攻势，扭转了战局。

1646年，在地球另一侧，即东南亚地区，西班牙和尼德兰军队打了5场海战。这次西班牙获胜，结果是菲律宾仍然是西班牙殖民地，今天这个国家的多数居民信奉天主教。但在欧洲，西班牙这个超级大国却因为葡萄牙和加泰罗尼亚的起义，以及与法国军队交战失利而受到削弱，从而无法承受在其他地方和别国发生冲突。西班牙王室在1648年的《明斯特和约》中同意尼德兰北部各省独立，保留了尼德兰南部信奉天主教的地区。前者成为今天的荷兰，后者成为今天的比利时。

1648年2月，神圣罗马帝国、法国和瑞典之间的和平谈判终于重启。谈判期间成立了一个超越宗教信仰的小组，该小组在各派势力间调停，推动谈判进展。这个调停小组也称"第三方"，主要包括巴伐利亚和美因茨的天主教选帝侯，以及一系列势力较小的新教诸侯。他们的外交官提出了一种新的谈判模式，以便尽快通过妥协实现和平：交战各方当着天主教和新教两个教派调停人的面"逐一磋商尚未解决的事项，对达成的结果立即签字"，历史学家西格弗里德·威斯特法尔写道。"只有当一个有争议的问题解决之后才能讨论下一个。谈判事项的顺序也事先确定。"

这个建议被交战各方所接受，随着时间的流逝，"第三方"越来越严格地控制着谈判。他们偶尔施加强大的政治压力以克服障碍。"'第三方'这个和平力量发挥着'游戏转变者'的作用。他们为谈判提供动能，让谈判各方向前看——把注意力明确地放在和平上。"这是2016年时任德国外交部长的弗兰克-瓦尔特·施泰因迈尔在一次演讲中对"第三方"的评价。在那次演讲中，他建议欧洲今天可以采取类似的方式在中东发挥作用。后来担任德国联邦总统的施泰因迈尔认为，"在威斯特伐利亚和平谈判的最后一年，'第三方'确实成为清除各方相互设置在通往和平道路上的障碍的决定性力量"。

1648年夏季，所有有争议的问题都讨论完毕。1648年8月6日，皇家和瑞典特使就一份最终的协议文本达成一致，双方握手表示确认，但并未签订该文本，因为尚未和法国达成和平协议。和法国的和平协议文本9月中旬才形成，法国特使、德国最高级别选帝侯的代表和美因茨大主教给协议加了火漆封印——但仍然没有签字。犹豫不决的皇帝尚未同意。

信使把经过加密的皇帝的答复带到明斯特之后，却不幸无法破译，皇家首席谈判代表福尔马尔又费了好些日子才终于破译了信件。10月初，这位法学家宣布：皇帝同意停战，和平协议可以签字了。

外交官们成功地制定了一份真正伟大的文本。共同构成《威斯特伐利亚和约》的《明斯特和约》和《奥斯纳布吕克和约》同时从三个层面解决了许许多多相互矛盾的利益形成的"戈耳狄乌姆之结"[1]：条约满足了外部势力的要求，给神圣罗马帝国提供了一部经过改革的宪法，实现了德意志长期的宗教和平。

瑞典得到500万塔勒作为对其军队的补偿——明显少于他们一度要求的2 000万塔勒，同时取得德国沿海一些地区：包括吕根岛在内的前波莫瑞、维斯马和不来梅周边地区。这些疆域仍然是帝国的一部分，瑞典王室由此拥有了在帝国议会的席位和选举权。

法国获得了布赖萨赫和菲利普斯堡这两个莱茵河要塞，以及阿尔

---

[1] 源自亚历山大大帝在弗里吉亚首都戈尔迪乌姆时的传说故事。据说，这个绳结外面没有绳头，后常用"切开戈耳狄乌姆之结"比喻使用非常规方法解决难以解决的问题。

萨斯的广大地区，并正式拥有图勒、梅茨和凡尔登等已经被法国吞并近百年的城市。被割让的莱茵河左岸地区从帝国分离出来，从短期看这对皇帝有利——这样法国在帝国议会仍然没有表决权。但长期来看，这导致向法国割让的土地不同于向瑞典割让的土地——德国永远失去了这些土地。

事实上早已独立的瑞士终于从帝国联邦分离出来。此外，德国内部的领土划分也出现了一些变化。但总体而言，三十年战争导致的领土变化对于一场如此规模的冲突而言微乎其微。

帝国宪法的变化也一目了然：《威斯特伐利亚和约》并未构建新的秩序，而是主要重建了受到破坏的旧秩序。受到唾弃、以波希米亚"冬王"之名载入史册的普法尔茨选帝侯弗里德里希五世的后代重新获得了他失去的遗产——只有上普法尔茨仍然归属巴伐利亚。另外一个问题事关普法尔茨诸侯国的地位：1623年普法尔茨的选举权让渡给了巴伐利亚诸侯马克西米利安，马克西米利安不愿物归原主。因此，人们采取了变更席位的方法解决这一问题：改变了已经存在上百年的只有七个选帝侯的规则，增加了第八个选帝侯。这个席位给了普法尔茨，而不是巴伐利亚诸侯马克西米利安——这在那个等级森严的时代具有重大意义。因为这样一来，巴伐利亚仍然保留其选帝侯资格，在选帝侯序列中位列第五，而普法尔茨则只能屈居第八，叨陪末座。

和平协议正式赋予诸侯国和帝国城市对其领地的主权，并赋予他们结盟的权利。经常有人说德国由此分裂为多个单独的主权国家，这种说法并不准确：和平协议的有关条款只是确认了早已存在的既成事实。此外，和平协议还禁止结成任何针对皇帝和帝国的联盟。

和平协议在促进各宗教和平共处方面取得了决定性进展：加尔文宗正式得到了认可。1629年再度挑起宗教战争、在1635年的《布拉格和约》中被宣布暂停执行40年、带来灾难的《归还教产敕令》被彻底束之高阁。此外，被废除的还有1555年《奥格斯堡宗教和约》中作出的可怕规定。根据这一规定，统治者可以任意决定其臣民的信仰——这一规定后来简称为"教随国立"（谁的领地，谁的宗教）。

废除上述规定之后，1624年1月1日从此成为基准日：每个地方的宗教信仰情况在那一天是什么，就始终保持不变。也就是说，如果某个统治者改信其他宗教，从现在起这就是他的私事了，臣民不必再随他一起改变信仰。诸侯不得以任何方式干涉某个教派在基准日享有的权利——如果他的领地内有多个得到认可的教派，今后也应保持这种状态。统治者能做的只是准许或不准有其他信仰者举行家庭礼拜。但分裂教派、另立门户仍然是禁止的。不过，这和普鲁士国王腓特烈二世1740年所说的那种"每个人都必须能够按照自己的方式快乐生活"的宗教自由还相去甚远。

不受"基准日规则"约束的，一是奥地利和波希米亚，即皇帝斐迪南三世继承的哈布斯堡王朝的土地；二是上普法尔茨，即巴伐利亚选帝侯马克西米利安的新领土。这两位虔诚的天主教统治者由此确保了他们继续强迫自己的臣民改信天主教的权利。

除这一例外规定外，人们努力在不同信仰之间实现真正的平衡，这样就不会再出现互相残杀的宗教冲突。比如从此以后，帝国议会上出现教派争端时，一方不得以多数票否决另一方。遇到这种情况，天主教徒和新教徒应首先分别协商，然后达成有效的一致意见，以形成决议。也可以请帝国的两个最高法院作出裁定：施派尔的帝国枢密法院由人数几乎相同的两个教派的教徒组成——24新教徒和26名天主教徒，人们认为差两个人无关紧要。天主教宫廷的御前会议吸收了6名新教徒。虽然他们在这个共18人的委员会中只占少数，但在表决时拥有否决权。

后来的实践证明，这些都是明智而有远见的解决方案：宗教战争从此在德国彻底成为历史。《威斯特伐利亚和约》成为德意志帝国新的基本法[1]，适用了150余年，直到拿破仑战争时期才被废止。此后，再也没有哪部德国宪法拥有如此长久的生命力。

因此，1648年达成的协议远不止是交战各方精疲力竭地停战后赢得的和平。达成这份协议更多依靠的是颇有才干的外交家，尤其是特劳特曼斯多夫及"第三方"果断行事，致力于结束这场长达数十年的自我毁灭的癫狂之举。倘若没有他们的努力，战争可能还会在德国持续许多年，只是军队会形成越来越多的小股分散部队，他们在破坏得愈发严重的土地上游荡的范围会越来越大，以寻找食物。比如法国就一刻不停地继续打仗，和西班牙又打了11年。

但在德意志，蹂躏毁灭、烧杀劫掠、集体逃难、上百万人白白牺牲的三十年战争时代结束了——这是明斯特和奥斯纳布吕克谈判的决定性成果，其意义超越了其他一切成果。做好了妥协准备的现实主义政治家战胜了试图直到打出个辉煌胜利或痛苦结局方肯罢休的政治及宗教极端主义者。和约中，敌对各方相向而行，都保住了自己的面子，因此领土和政治上的变化与冲突的规模相比微不足道。1648年，人们不想为一场新的战争奠基（这一点和第一次世界大战后的情形不同），而是实实在在地实现了持久和平。《威斯特伐利亚和约》不仅是一份各方精疲力竭之后签订的和约，它首先是一份理智的和约。

1648年10月24日，皇帝、瑞典、法国及选出的17个帝国成员国的特使阔步走进明斯特的会场，出席和约签字仪式。和约的文本已

---

1 相当于宪法。

经在各方代表的住处宣读过，经过检查、签字并盖上了印章。整个过程持续了超过8个小时，夜里九时左右结束。然后，全城钟声齐鸣，城墙上的70门火炮齐鸣三次以示庆祝。战争结束了——几乎结束了。

在被瑞典围困的布拉格，战斗一直进行到11月初，然后各方也偃旗息鼓了。和平的消息迅速传遍了大街小巷：通过信使传递，通过口耳相告，也以书信相传。几个月内，和约文本印制了大约4万份，卖给了感兴趣的读者。

帝国境内响起了教堂的钟声，人们举行仪式、点燃火炬庆祝和平——但总体上人们的反应比较冷静。这大概是因为他们的希望一次又一次落空，只能名副其实地"梦想和平"的缘故。德国境内各地分散驻扎着约16万武装士兵，其中有约8.4万名瑞典-法国士兵和约7.6万名皇家-巴伐利亚士兵。没有人确切知道这些人该怎么办。因为和约中没有就如何处理有关战后事务作出规定。只要这些军队还在，人们就有理由担心战火随时可能复燃。

不过，这次交战各方显然都决定真正实现和平。1649年2月18日，交战各方在明斯特交换了经过各国首脑签字的批准文书，和平协议由此具有了国际法效力。从1649年4月起，各方外交官在纽伦堡就尚未解决的问题，尤其是裁军问题进行谈判。有无数可能引起冲突的细节问题有待澄清：从各方逐步均衡裁军，到让出被占土地，再到补偿的具体支付方式。纽伦堡和平执行会议几度面临中断。但各方特使不辞辛劳，主持谈判者总能找到解决方案，这也要归功于代表团的两位高级领导：曾经担任皇家军队最高指挥官的49岁的皮科洛米尼和26岁的卡尔·古斯塔夫。后者是瑞典国王古斯塔夫二世·阿道夫的侄子，此前指挥在德国的瑞典军队。

这两位一年前还在战场上兵戎相见、拼得你死我活的战将，于

1649年5月11日在卡尔·古斯塔夫那里举行了礼节性会见。一直到7月3日，古斯塔夫才开始回访。然后，双方冰释前嫌：一天之后，卡尔·古斯塔夫和率领军队在巴伐利亚四处破坏的瑞典将军弗兰格尔就出人意料地出现在皮科洛米尼举办的宴会上；十天之后，这两位宿敌一起庆祝到次日一大早。卡尔·古斯塔夫和皮科洛米尼在这次共同宴饮中显然话语投机，因为此后他们又多次把酒言欢。有一次，两人把宴席上的糖果点心撒到街上，他们和宾客一起饶有兴致地看着外面的民众争抢这些美食。然后，这两位高级将领化装成"军容整齐"的士兵，从市政厅走到城堡，在那儿发射火炮，而后"以戏谑的方式退位"，这是当年人们记录下的——化装游戏当时在宴会上颇受欢迎。还有一次，卡尔·古斯塔夫开怀畅饮后在皮科洛米尼的卧榻上酣然入睡。

双方和睦相处或许有助于克服谈判过程中的一些困难。1649年9月，有关具体裁军进程的初步协议出台，1650年6月和7月，原交战各方签订了最终协议，被称作"帝国和平协定"。这份协议规定，1650年底前撤出全部军队——这个伟大的和平协议就此完成。和几乎所有此类事件一样，此后还出现了一些后续事件，但都无伤大雅：直到1654年最后一批瑞典军队撤出下萨克森的城市费希塔（这座城市一直作为"尚未支付的赔款的抵押物"处于瑞典人控制之下），外国士兵才全部离开了德国的土地。

在1649年和1650年这两年过渡期中，开支巨大且令人恐惧的军队逐渐从德国消失，人们对和平进程越发充满信心。施瓦本鞋匠汉斯·赫伯勒的日记对此就作了记载。战争期间，他不得不先后30次拖家带口到17公里外的乌尔姆避难。"虽然1648年签订了和平协议，但并没有完全实现和平。"赫伯勒还是很谨慎地写道，紧接着他赞颂道,"今年,1649年,是精挑细选的欢庆和喜乐之年",对所有的人甚至动物来说都是如此:"皇帝、瑞典人、法国人,以及所有国王、诸侯、伯爵和城市,还有大小村镇和穷乡僻壤的独家农户、富人和穷人、年轻的和年老的、男人和女人、母亲和孩子、可爱的牛马全都笑逐颜开,尽享和平。"

1650年6月底,"无比美好、代价高昂且弥足珍贵的罗马帝国的普遍和平在纽伦堡完全缔结之后",赫伯勒写道,马上开始了盛大的庆祝活动:8月24日,"在乌尔姆和乌尔姆辖区的所有村庄",也包括赫伯勒所在的村子,"举行了和平与感恩庆典,人们布道、歌唱、祈祷、交谈,满心欢喜,因为军队从所有占领区和城市撤出,每一个角落都不留人,我们一下子从上帝和高高在上的统治者那里苦苦求得了全面、彻底、普遍的和平"。

全国上下都在庆祝和平,当时的报道描绘了盛大的庆祝活动的场面:漫天烟花给人留下了深刻的印象,乡村庆典则平静而悠闲。比如,在哥达附近的德尔施泰特,居民们1650年8月19日化装成"和平女神""正义之神"和战神马尔斯[1]登场,最后,马尔斯的弩被折断,"和平女神"和"正义之神"共同出现,深情拥吻。

据历史学家克莱尔·冈泰女士统计,1648年5月到1650年12月间,帝国共举办了163场和平庆典。其中半数以上(比如上文所说的在乌尔姆举行的庆典和乡村庆典)是纽伦堡最终协议签订之后于1650年举办的。这也说明,对于民众而言,真正的和平始于撤军之后。萨克森甚至流传着"三十二年战争"这种说法,因为人们把1649年和1650年也计入战争时段,历史学家约翰内斯·阿恩特强调。1636年创

---

[1] 古罗马神话中的战神。

作出《祖国的眼泪》的诗人安德烈亚斯·格吕菲乌斯一开始也对和平将信将疑。他在题为《1650年结束了》的诗歌中才用下面的诗句向和平致敬：

> 可爱的和平降临祖国
> 人们听闻感恩的歌曲而非急促的号角：
> 我们即将因为喜悦而非战火面红耳赤，
> 就这样
> 我结束了这苦难的一年和令我心痛的一切。

这首诗最后几句是这样的：

> 此前我们长睡不醒，
> 现在和平又赋予我们生命，
> 这是和平之王的安排，因你快乐
> 而和平地生活，
> ——你许我们以生命！

彼得·哈根多夫的驻地、位于施瓦本的梅明根是1648年《威斯特伐利亚和约》签订之后就举行仪式庆祝和平的地点之一。我们的雇佣兵记录道："1648年11月16日，市民为庆祝和平到来而举行典礼，就像庆祝复活节或圣灵降临节一样。两座教堂里举行了三场布道仪式。诵读的文本选自《创世纪》第八章，讲的是挪亚在大洪水过后如何从方舟下来，为上帝造了一座祭坛，还特别奉上纯洁的羔羊作为燔祭。"

1649年5月7日，哈根多夫可能是得到上级许可后离开了梅明根，但显然是独自离开的。他直接去了慕尼黑，然后又去了布劳瑙附近的阿尔特海姆，累计行程260公里。"又接上了我的儿子梅尔歇特·克里斯托夫"，他的叙述还是那么简洁，而读者很想更多地知道他和五岁的孩子分别1年零8个月后重逢的情景。但这位雇佣兵只是做了道数学题："他在那里的那段时间，算上我给他付的餐费，一共花了27古尔登。"这是他每月军饷的整整两倍，比一匹马的价格高。

"我把孩子从埃及接回来了。"哈根多夫又补充道——这时他终于真情流露了。哥廷根大学历史学教授彼得·布尔舍尔注意到："重逢的喜悦看起来如此巨大，以至于他只能用这样一幅《圣经》里的画面来表达……字里行间既流露出哈根多夫身为人父的自豪感，也体现了他对家人的殷殷关爱。"

这也体现在归途中哈根多夫显然不想让他年幼的儿子梅尔歇特·克里斯托夫过于劳累："到慕尼黑的路上我让人背着他，到了慕尼黑之后我让人驾车带着他。5月17日我又回到了梅明根。"就这样，雇佣兵出发后，10天时间就走了500多公里。到了梅明根之后他也没耽误时间，马上开始操心儿子的教育问题："5月26日我第一次送他上学"，这时到家正好九天。当时，上学不是件自然而然的事，而且要花钱，虽然学费相对较低："每周得交两个十字币。"然后，哈根多夫显然再次不无自豪地写道："我把他从埃及接回来的时候他5岁零9个月。"

1993年第一个出版哈根多夫日记的历史学家扬·彼得斯总结道："哈根多夫总体上是个给人留下深刻印象的父亲形象，是个细心体贴且充满自豪感的丈夫，因为父权思想而怀有照顾家人的责任感。"

彼得斯是在柏林国家图书馆发现这本沉睡多年的手写小册子的；柏林国家图书馆可能于1803年从一位私人收藏家那里得到了这份罕

见的时代文献。这位收藏家又是如何获得此书的，这不得而知。这本日记的形成倒是能猜个八九不离十：哈根多夫买了12张纸，折叠之后用粗线装订成册。他这样自制了一本192页、8×11厘米见方，即只有典型的现代袖珍书一半大小的册子。1647年底到1649年，哈根多夫利用在梅明根的闲暇时间，一笔一画地记录下他在战争期间的经历——写作过程中他肯定参看了保存的原先的笔记。彼得斯认为，1648年他大概已经完成了系统性誊写日记的工作，因为从这一年开始，日记的字迹看起来不再那么整齐划一，而是显得漫不经心。我们的雇佣兵这时估计不再先把他的经历写在记事本上，而是直接写进了小册子里。

1649年夏天，日记作者写道："6月28日，我花9古尔登外加13个十字币从雅各布·施穆格那里买了一头驴。"哈根多夫显然觉察到，他本人、他的妻子安娜·玛利亚·布赫勒林、快要6岁的梅尔歇特·克里斯托夫和一岁半的女儿安娜·玛利亚很快就得搬家了。不然雇佣兵要这驮畜做什么呢？

"8月7日我在地上滑了一跤，头部受了重伤。8月27日站岗时从大门上摔下来，膝关节脱臼。复位时疼得厉害。"哈根多夫记录了这两次特殊的事故，他的日记里没有其他任何地方用这种方式记录类似事故。历史学家彼得斯猜测，这两次受伤"可能是醉酒导致的"。发现这本日记的彼得斯写道："读者会有这种印象，感觉哈根多夫在他军旅生涯的尽头被抛离了正常的生活轨道。"似乎当时年近48岁的哈根多夫无法适应哨兵生活，也无法适应和平。"他是不是像其他许多被遣散的士兵一样惶恐不安，内心渴望无拘无束的生活？"彼得斯问道。

这种说法听起来颇有道理。但也可以认为，这样的事故之前就已经发生过，但战争期间哈根多夫认为不值得记录。也可能他后来誊写时将这些事省略了，现在则把一切都直接记在了日记本上。或者这纯属偶然。今天我们再也无法窥探他的内心，只能进行猜测。

一个月后，哈根多夫在旷日持久的谈判后结束了军旅生涯：军队的指挥官要求支付10个月的军饷作为补偿，但巴伐利亚选帝侯负责战争事务的全权代表只愿意支付两个月军饷。雇佣兵因此哗变，眼看就要公开暴力闹事。但就像在漫长的和平进程中常见的那样，双方适时达成了一致。哈根多夫只是再次不动声色地记录下结果："1649年9月25日（实际上应为10月5日），我们的部队在施瓦本的梅明根被遣散了。我本人拿到了3个月军饷，每个月13古尔登。"——25年戎马生涯后，他总共拿到了39古尔登。

第二天，我们的雇佣兵就带着他的小家庭和小毛驴穿过梅明根城门，离开了这座城市。"26日到了巴本豪森，27日来到多瑙河畔的金茨堡，28日来到贡德尔芬根，29日前往讷德林根，30日到达厄廷根……"这是他记录下的最后一段可以辨认的文字，然后日记就中断了。可惜日记的最后3页遗失了。

很长一段时间，我们无从知晓哈根多夫后来的命运。直到2018年夏天，维基百科的作者朱丽安娜·达科斯塔·若泽女士在查找资料时找到了教会的登记簿，其中显示：哈根多夫一家1649年10月继续前往马格德堡和柏林之间的格尔茨克。这座小城离哈根多夫的出生地采尔布斯特不远——雇佣兵回到了家乡。

他的妻子安娜·玛利亚·布赫勒林跟着来到格尔茨克时即将分娩：1649年11月，格尔茨克的教会登记簿里就记录着，"士兵彼得·哈根多夫"刚出生的儿子彼得接受洗礼。这个孩子也没活多久，他估计死于1650年年中。

哈根多夫依然没有听天由命。他不可思议地成功开始了不同寻常的平民生活。更值得一提的是，这位昔日的雇佣兵还被选为格尔茨克的法官和市长，也就是身居高位。安娜·玛利亚·布赫勒林可能也享有很高的声望，因为在教会登记簿里她常常作为"教母"出现，历史学家汉斯·梅迪克强调。

哈根多夫夫妇又生了三个儿子，其中两个活到了成年。安娜·玛利亚·布赫勒林和女儿安娜·玛利亚又活了很多年，她们的死亡日期至今不详。彼得·哈根多夫去世时享年77岁，1679年2月举行的葬礼风光一时。

梅尔歇特·克里斯托夫同样活到了77岁。他成功地延续了父亲的平民生活。这个哈根多夫战争期间生下且幸存的最年长的孩子成家立业，成为当地最大的地主之一和教会执事，1699年被选为法官——在雇佣兵彼得·哈根多夫出资让他的小梅尔歇特·克里斯托夫上学半个世纪之后。这笔钱显然花在了正道上。

* * *

《威斯特伐利亚和约》签订之后仅仅将近两周，毛鲁斯·弗里森艾格就踏上了回家的路。这位安代克斯圣山修道院的院长于1648年11月6日离开了他在萨尔茨堡的流亡地。"我在神学院度过了整整5个月，备受优待，得到的帮助令我难以忘怀。"这位战争难民心存感激地在日记里这样写道，"12日我抵达圣山，满心欢喜，特别是因为我现在带来了和平，所以高兴得难以名状。"

"回家后，我发现修道院完好无损，"他显然如释重负地写道，"但储粮箱空空如也。"谷仓里倒还有些刚打下来的谷子。虽然储量不够当年之需，但显然眼下饿不着了。

"马和牛的数量和质量都比我所能想象的好，这给了我们很快重新恢复经济的希望。"弗里森艾格在视察了修道院的庄园和修道院所辖的埃尔林村后充满信心地补充道。"埃尔林村和我们邻村的情况还不错。这儿的人已经忍受了损失，所以就不像其他更远的村子的村民那样怨声载道了。"瑞典的"保护令"发挥了其承诺的作用，或者安代克斯纯粹运气好，没有遭到毁灭性破坏。

"圣母奉献日（11月21日）庆典上，11月7日重返慕尼黑的选帝侯下令以宗教和世俗的仪式举办和平庆典，后来确实照此举行了庆典；这道命令也下达到了农村。"弗里森艾格在其日记末尾这样写道。日记手稿原件中最后这几句话在新的一页开头位置，这清楚地说明我们的修道院院长确实是以"庆典令"结束其战争时期的记录的。

弗里森艾格又安享了六年半的和平时光。据说他对待修道院的工作一丝不苟，但他最喜欢读书。弗里森艾格不仅嗜书如命，而且其本人也以拉丁语撰写了两部作品，其中一部是内容全面的两卷本1627至1649年编年大事记。他把这部作品用德语摘抄后编成了受到广泛引用的《1627—1648年（含）埃尔林和圣山日记》一书，这本书是三十年战争期间诞生的当时人所写的最有说服力的报道之一。

毛鲁斯·弗里森艾格在书中虽然不厌其烦地咒骂交战各方，希望以暴力消灭敌人的军队，但他从未对自己的僧侣及埃尔林村和修道院其他领地上的臣民恶语相向。相反，他的文字充满了对自己人的同情与关爱。其他人的记录证实了这种印象：作为修道院院长，毛鲁斯·弗里森艾格始终友善和蔼，对任何人都温和宽容。如果这种说法正确的话，那么弗里森艾格就接近于人们所理解的"善牧者"[1]的形象。同时，他也严于律己。这位虔诚的天主教徒的僧侣袍里穿着一件编织简陋的"忏悔袍"，他始终穿着这件从肩膀覆盖到脚踝的"忏悔袍"，直至他去世人们才发现这个秘密。

  1655年5月11日，毛鲁斯·弗里森艾格去世，享年65岁。据说，在他的葬礼上，"人们在他坟墓上滴洒的泪水比喷洒的圣水还多"。1650年完成的一幅他的肖像画流传至今，画像上他看起来面带愁容。画像下有几行简短的拉丁文，其德语意思是："称这位毛鲁斯是个奇迹，这绝非夸大其词。对你来说，这位正直的毛鲁斯不是个奇迹吗？"

---

[1]《圣经》中将耶稣基督描绘为"善牧者"。

后　记

今天，谁要是从埃尔林村爬山去安代克斯修道院，通常都会在路上遇到同行者：每年有约 100 万访客登上这座令人肃然起敬的小山。其中有数以万计的朝圣者；更多客人则是到酒馆小酌，他们在宽阔的露台上享受名闻遐迩的安代克斯修道院啤酒。

这些游客都能将平静地展现在眼前的近至阿默湖、远至阿尔卑斯山的田园诗般的美景尽收眼底。那里有一块信息牌，让人想到那个村庄周围陷入火海的岁月。它向游客讲述着 17 世纪初的安代克斯何其繁华富庶，从而更能证明"三十年战争的影响何其严重"。后面有一段简要的说明，提及弗里森艾格的日记并得出结论："随着战争结束，修道院很快恢复了元气。"

1650 年起，整个德意志的人都致力于重建被摧毁的家园：皇家官员的统计数据显示，1 500 座城市和 1.8 万个村庄被摧毁或严重受损。许多村庄空无一人，大片田地荒芜——有些长达几十年，因为缺少耕种的劳力。"战争之后出现的并非繁荣景象，而是充满艰辛的重新崛起。"德国耶拿大学历史学教授乔治·施密特总结道。

不管怎么说，人们总算又更加乐观地面向未来了。施密特举例说："有句话听起来很有些玩世不恭的味道：战争中人口减少，这增加了幸存者的社会机会。"只要踏实肯干且有资质，就可以接手许多废弃的农庄或无人经营的手工作坊，或者商业站点，通常连同空无一人的房屋一并接收。许多在正常条件下永远不可能结成姻缘的男女走到了一起，搭伙过日子。出生率上升，游客称德国是个儿童的国度。比如，17世纪60年代，符腾堡几乎半数居民年龄在15岁以下。

尽管如此，几乎一百年后人口数才又恢复到了战前水平。这是以1914年为界进行的德国人口调查的结果。1618年德国的人口数在1 600万到1 700万之间，1650年仅1 000万。设防的城市中人口数平均减少了1/3，城外人口减少了40%。如果计算当时总人口数约为2 000万的整个德意志民族的神圣罗马帝国的人口变化，则其居民数量因为战争而减少了大约1/3。

这些平均数据不足以说明各地千差万别的情况。研究人员提出了一条从德国西南向东北贯穿的"摧毁对角线"：从符腾堡经德国中部到梅克伦堡和波莫瑞。这些地区是战争的主战场，损失了超过50%的人口。比如，1634年讷德林根战役后，符腾堡人口损失3/4，这一方面是节节胜利的皇家军队的摧毁行为导致的，另一方面是由于黑死病；此外，和其他地方始终存在的情况一样，人口减少也和部分人口迁出有关。战争尚未结束时，居民数就稍有增加：截至1645年，符腾堡人口数达到了讷德林根战役之前人口数量的30%，1655年上升至43%。

勃兰登堡的人口一度减少了70%以上。1642年起，战争逐渐又远离这个选帝侯国时，城市里的人口减少了80%，农村各个地区减少了40%到90%不等。近半数村庄荒无人烟。后波莫瑞地区战后农村人口数量减少了2/3。

宽宽的"摧毁对角线"地区以外的人口损失也很严重。比如巴伐利亚的居民数减少了30%到50%，1630至1635年，瑞典入侵和黑死病流行期间人口减少的幅度最大。萨克森则相反，人口损失相对较小，只有10%到20%。德国西北部的大片地区和奥地利甚至幸运地躲过了这场劫难。

因此，战后的人口损失情况在时间和空间上都错综复杂。有一种广为流传的说法，认为战争期间随着时间的推移一切都越来越糟，这种表述站不住脚。最可怕的是战争进行得最为激烈的17世纪30年代：瑞典1631年取得布赖滕费尔德大捷之后，战火燃遍了德国，国境内的士兵人数达到了创纪录的25万人。1634年的讷德林根战役使战局突变，对于德国南部的新教领地而言，这意味着一场灾难。从此以后，战局再也没有急转直下：军事行动及其后果越发清楚，各方总兵力到战争结束时减少了整整1/3。

约170万士兵在三十年战争期间丧生，其中3/4死于疾病，只有1/7强阵亡或死于其他军事行动。战争中去世的平民大多死于瘟疫——瘟疫虽然常有，但由于军队来回调动和难民潮而广泛传播。学者对死亡总人数有争议，总体上人们认为德国至少有400万至500万人死于战争。和人口总数相比，这意味着死亡率至少达到了20%，实际死亡比例很可能高得多。"二战"期间，人口死亡率低于20%。比如，当时德国的人口死亡率为9%（约635万人死亡），苏联的人口死亡率为14%（2 700万人死亡）。

德国埃朗根-纽伦堡大学历史学教授阿克塞尔·戈特哈德在其2016年出版的有关这场战争的著作中总结道："三十年战争是世界历史上最残酷的战争。"其他历史学家则比较保守，他们更愿意称三十年战争为"20世纪以前最大的一场战争灾难"，或者"1939年之前德国历史上带来最严重创伤的时期，远比其他时期严重"。

尽管人们惯于比较，但是把三十年战争的残酷性和其他战争相比是徒劳无功的。因为没有客观的标准可以衡量残忍。从士兵的视角出发，或许第一次世界大战由于使用重型武器作战、数百万人在堑壕战中死亡而成为最恐怖的一场战争。第二次世界大战期间则发生了各种极其恐怖的事件。按照纳粹头目赫尔曼·戈林的说法，德国在苏联发动的歼灭战是"三十年战争之后死亡人数最多的一场战争"，对犹太人进行大屠杀的反人类罪行，包括首次投掷原子弹在内的对平民的狂轰滥炸，这些事件中死亡的人数是历次战争中最多的，远远超过其他战争。三十年战争则相反，其特别之处在于广大的土地被摧残和蹂躏，人口大量减少，加之兵痞横行霸道，战事持续时间长得令人难以置信，从而令人生畏。

到了三十年战争末期，大多数人体会到的只有战争状态和一种令人痛苦的感觉，这种感觉像一条红线贯穿着农民、手工业者、神父和僧侣的私人记录。这是一种渗透一切的恐惧，每当军队靠近，恐惧就增强，军队一走远，恐惧就减弱，但其始终存在，水滴石穿般一点一点侵蚀人们的灵魂。比如我们的修士毛鲁斯·弗里森艾格的日记中就经常出现类似下面这些句子的表述："因此这一年我们又在担忧与恐惧中度过！"黑森农民卡斯帕尔·普赖斯在1640年骑兵再次横扫家园时写道："我们被吓破了胆，毫无信心，以至于风声鹤唳，草木皆兵。"

历史学家戈特哈德总结道："连年征战导致的最严重的损失似乎是各种秩序因战乱而缺失——尽管这么说今天听起来可能很庸俗。"但这种说法不是也能独辟蹊径地解释宗教战争结束后人们何以总想使一切（从公园到城市规划，再到欧洲的国家秩序）都井然有序吗？巴洛克时期在三十年战争之后达到了高潮，出现了严格遵循几何构图的花园，政府体系发展成为集权主义。许多人感觉任何专制都强于过往时代的暴力混乱，执政者由此受益。暂且不论德国人对秩序的偏爱是否也源于战争造成的心灵创伤，这种对秩序的偏爱肯定是战争结束 65

年后腓特烈·威廉一世（他的普鲁士王国是从被摧毁的勃兰登堡产生的）树立的普鲁士美德中的一种。

旷日持久、局势不明的战争对于人们的生命和意识会产生怎样戏剧性的后果，看看今天的中东就知道了。在叙利亚，各个种族和宗教派别在无休无止的内战中相互厮杀、被狂轰滥炸，得到像逊尼派执政的沙特阿拉伯和什叶派执政的伊朗这两种水火不容的教派的军事支持，这有些类似近四百年前德国的局势。历史学家和政治家喜欢把二者进行比较，这不足为奇。"受过历史训练的观察者很容易看出二者之间的相似之处。"弗兰克-瓦尔特·施泰因迈尔2016年就曾在一次关于以《威斯特伐利亚和约》作为解决局部冲突思维模式的演讲中强调了这一点。

马尔堡大学历史学教授克里斯托夫·坎普曼则认为今天中东的情况与当时的德国有很大差别：三十年战争期间没有哪一派信奉宗教极端主义。坎珀曼认为，和今天不同，当时各派敌对阵营之间始终可以沟通，而且愿意谈判。各种形式的和平谈判实际上伴随着战争的整个过程。

当年的决策者中，谁也不希望可以掌控的1618年波希米亚起义演变为一场大战。几乎没有人兴致高昂地派出军队作战（唯一的例外或许是瑞典国王古斯塔夫二世·阿道夫），就连将领原则上也尽力避免打仗。没有哪个重要的参战方致力于把敌人彻底消灭，而只是希望削弱敌方力量，以便最后与其沟通——并实现"基督教的、普遍的、持久的和平，建立诚挚的友谊"，1648年的和平协议里就是这么写的。尽管出发点是好的，但决策者们给中欧带来了一场史无前例的人祸，他们越来越深地陷入各种战线和层次的冲突中，几十年后才从这场毫无意义的杀戮中找到出路。因此，三十年战争令人想到古典时代的悲剧（各方灾难性地相互纠缠），或者想到由一只蝴蝶振动翅膀引发的风暴。

鉴于发生在中东、非洲和东南亚，也包括乌克兰的同样混乱不堪且一触即发的种种暴力冲突，我们回顾历史时，应当学会保持警醒。我们还应该学会谨慎行事，避免干涉外界冲突——干涉的结果常常不可预料。从和平到战争的门槛有时低得我们几乎注意不到。这个门槛一旦跨越，如同近 400 年前发生在德意志的三十年战争和 2011 年的叙利亚内战一样，谁也料想不到、谁都再也无法控制的黑暗力量就可能乘虚而入。

谢　词

本书的完成离不开克里斯蒂安·泽格。2012 年，他鼓励我启动这个为期五年的研究项目，并给予我不可或缺的信任。海克·朗格在这段漫长的时间里始终不断鞭策我；克里斯汀·罗特给了我大量有益的指点，使本书手稿最终得以付梓。此外我还想感谢我的父亲哈拉德·潘特乐和母亲卡琳·潘特乐——他们知道我何以心存感激。

时间表

1590 年 毛鲁斯·弗里森艾格出生
1601 年 彼得·哈根多夫很可能在这一年出生
1614 年 弗里森艾格成为安代克斯修道院修士

1618—1623 年
波希米亚－普法尔茨战争

1618 年 布拉格掷出窗外事件
1619 年 普法尔茨选帝侯被选为波希米亚国王("冬王"),哈布斯堡王朝的斐迪南二世被选为神圣罗马帝国皇帝
1620 年 皇家－天主教联盟军队在布拉格取得"白山大捷"

1625—1629 年
丹麦－下萨克森战争

1625 年 阿尔布雷赫特·冯·华伦斯坦组建军队
丹麦国王克里斯蒂安四世参战

彼得·哈根多夫成为威尼斯雇佣兵，与帕彭海姆军队作战
1626 年 丹麦兵败巴伦山麓的卢特
1627 年 哈根多夫加入天主教军队的帕彭海姆军团，与安娜·斯塔德琳结婚
弗里森艾格成为安代克斯修道院所辖的埃尔林村的神父
蒂利与华伦斯坦占领丹麦的日德兰半岛
1628 年 黑死病蔓延至埃尔林村
1629 年 皇帝斐迪南二世颁布《归还教产敕令》，与丹麦国王克里斯蒂安四世签订《吕贝克和约》

1630—1635 年
瑞典战争

1630 年 瑞典国王古斯塔夫二世·阿道夫登陆乌瑟多姆岛
华伦斯坦被解职
1631 年 马格德堡被毁
古斯塔夫二世·阿道夫取得布赖滕费尔德大捷，兵进德国南部
斐迪南二世再次任命华伦斯坦为最高军事指挥官
1632 年 蒂利兵败莱希河畔的赖恩，受伤身亡
瑞典士兵洗劫安代克斯修道院
古斯塔夫二世·阿道夫和帕彭海姆在吕岑之战中阵亡
1633 年 哈根多夫的妻子安娜·斯塔德琳去世
哈根多夫被迫投身瑞典军队
西班牙军队在埃尔林村安营过冬，摧毁该村

1634 年 华伦斯坦被解职、谋杀

皇家和西班牙军队在讷德林根战胜瑞典军队

哈根多夫重返帕彭海姆军团

黑死病蔓延至巴伐利亚，埃尔林村也成为疫区

1635 年 哈根多夫和安娜·玛利亚·布赫勒林结婚

斐迪南二世和帝国内几乎所有诸侯签订《布拉格和约》

1635—1648 年

瑞典－法国战争

1635 年 法国对哈布斯堡王朝宣战

1636 年 皇家、巴伐利亚和西班牙军队深入法国境内

哈根多夫几乎抵达巴黎

瑞典军队取得维特施托克大捷

1637 年 斐迪南二世去世，其子斐迪南三世继任皇帝

1638 年 帝国要塞布赖萨赫投降

1640 年 弗里森艾格被选为安代克斯修道院院长

1641 年 瑞典将军巴纳突袭雷根斯堡，撤军后身亡

安娜·玛利亚·布赫勒林病重，在英戈尔施塔特接受护理

1642 年 巴纳的继任者托尔斯滕松在第二次布赖滕费尔德战役中获胜

1643 年 莫西率领的巴伐利亚军队在图特林根突袭法军获胜

1644 年 和平会议在明斯特和奥斯纳布吕克开幕

1645 年 瑞典在扬科夫战役中获胜

1646 年 弗里森艾格逃往泰根湖，躲避瑞典和法国入侵者

1647 年 哈根多夫寄养其 4 岁的儿子，其本人成为梅明根卫戍军
1648 年 弗里森艾格逃往萨尔茨堡
瑞典军队洗劫布拉格
《威斯特伐利亚和约》签订
1649 年 哈根多夫接回儿子，本人被遣散，迁往格尔茨克，后来担任法官和市长
1650 年 参战各方在纽伦堡约定遣散军队事宜，和平协议完成
1655 年 弗里森艾格去世
1679 年 哈根多夫去世

文献和资料来源

本书的主要资料来源是刊载于下列期刊中的文章：

Georg Ackermann, Daniel Friese, Otto von Guericke, erschienen in: Magdeburgs Zerstörung 1631 – Sammlung zeitgenössischer Berichte, Magdeburg 1931, ausgewählt und eingeleitet von Ernst Neubauer

William Crowne, Blutiger Sommer – Eine Deutschlandreise im Dreißigjährigen Krieg, WBG (Wissenschaftliche Buchgesellschaft) 2. Aufl. 2012, übersetzt und kommentiert von Alexander Ritter und Rüdiger Keil

Maurus Friesenegger, Tagebuch aus dem 30jährigen Krieg, Al litera 2. Aufl. 2012, herausgegeben von Pater Willibald Mathäser

Peter Hagendorf, Tagebuch eines Söldners aus dem Dreißigjährigen Krieg, V & R unipress 2012, herausgegeben von Jan Peters

Hans Heberles »Zeytregister« (1618–1672) – Aufzeichnungen aus dem Ulmer Territorium, erschienen als: Der Dreißigjährige Krieg in zeitgenössischer Darstellung, W. Kohlhammer 1975, von Gerd Zillhardt

Oberst Robert Monro, Kriegserlebnisse eines schottischen Söldnerführers in Deutschland 1626–1633, Ph. C. W. Schmidt 1995, übersetzt und herausgegeben von Helmut Mahr

Kaspar Preis, erschienen in: Mit Pflug und Gänsekiel – Selbstzeugnisse schreibender Bauern, Böhlau Verlag 2003, herausgegeben von Jan Peters

引号内的段落引自列出的文献，未经删减，并根据现代语言作了文字调整，以便准确无误地向今天的读者展现作者的思路。比如原文"habe Ich mein pferdt must verkauffen"，更改为"habe ich mein Pferd verkaufen müssen"；当时中性的概念"Weib"今天含有贬义，因此改用"Frau"一词。无论如何，我都保留了原有概念。我在较少使用的词语后括注今天使用的同义词，或作简要说明。

日期依照1582年由教皇乔治十三世引入、今天成为标准历法的格里高利历。17世纪时，新教徒大多还在使用日期落后十日的旧的儒略历。

本书是本人作为科学记者创作的作品，对文献不作新的评价，只将现有的资料再现给读者，使读者更容易阅读理解。如果在同一个问题上专家有不同的意见（这是常有的事），我采用对我来说最明白易懂的说法。在有疑问的情况下优先采用较新的研究文献，以提供最新的研究成果。本书主要参考文献如下：

Johannes Arndt, Der Dreißigjährige Krieg 1618–1648, Reclam 2009

Ronald G. Asch, Kriegsrecht und Kriegswirklichkeit in der Epoche des Dreißigjährigen Krieges, in: Osnabrücker Jahrbuch Frieden und Wissenschaft V, Rasch 1998

Friedrich Wilhelm Barthold, Geschichte des großen deutschen Krieges vom Tode Gustav Adolfs ab – Zweiter Theil, S. G. Lies ching 1843

Friedemann Bedürftig, Taschenlexikon Dreißigjähriger Krieg, Piper 1998

Wolfgang Behringer, Hexen, C. H. Beck 2009

Wolfgang Behringer (Hrg.), Hexen und Hexenprozesse in Deutschland, dtv 7. Aufl. 2010

Felix Berner, Gustav Adolf – Der Löwe aus Mitternacht, Deutsche Verlags-Anstalt 1982

Karl Bosel et al. (Hrg.), Andechs – Der Heilige Berg, Prestel 1993

Peter Burschel, Himmelreich und Hölle – ein Söldner, sein Tagebuch und die Ordnungen des Krieges in: Benigna von Krusenstjern, Hans Medick (Hrg.), Zwischen Alltag und Katastrophe, Vandenhoeck und Ruprecht 1999

Klaus Bußmann und Heinz Schilling (Hrg.), 1648: Krieg und Frieden in Europa, Bd. 1, Münster 1998

Sabine Eickhoff und Franz Schopper (Hrg.), 1636 – Ihre letzte Schlacht (Ausstellungskatalog), Theiss 2012

Peter Englund, Verwüstung – Die Geschichte des Dreißigjährigen Krieges, Rowohlt Taschenbuch 2013

Jörg-Peter Findeisen, Der Dreißigjährige Krieg – Eine Epoche in Lebensbildern, Styria 1998

Gustav Freytag, Bilder aus der Deutschen Vergangenheit – Band II: Reformationszeit und Dreißigjähriger Krieg, Bertelsmann Lexikon Verlag 1998

Axel Gotthard, Der Dreißigjährige Krieg – Eine Einführung, Böhlau 2016

Markus Grill, Die Macht der Nachricht, in: Der Dreißigjährige Krieg, Der Spiegel/Geschichte 4/2011

Hans Jacob Christoffel von Grimmelshausen, Der abenteuerliche Simplicissimus Deutsch: Aus dem Deutschen des 17. Jahrhunderts und mit einem Nachwort von Reinhard Kaiser, Eichborn 2009

Andreas Gryphius: Gesamtausgabe der deutschsprachigen Werke. Band 1, Tübingen 1963

William P. Guthrie, The later Thirty Years War – from the Battle of Wittstock to the Treaty of Westphalia, Greenwood Press 2003

Peter C. Hartmann, Florian Schuller (Hrg.), Der Dreißigjährige Krieg – Facetten einer folgenreichen Epoche, Friedrich Pustet 2010

Martin Heckel, Deutschland im konfessionellen Zeitalter, Van denhoeck und

Ruprecht 1983

Johann Heilmann, Die Feldzüge der Bayern in den Jahren 1643, 1644 und 1645 unter den Befehlen des Feldmarschalls Franz Freiherrn von Mercy, Goedsche 1851

Horst Herrmann, Lexikon der kuriosesten Reliquien, Rütten & Loening 2003

Zdeněk Hojda, Der Kampf um Prag 1648 und das Ende des Drei-ßigjährigen Krieges, in: 1648: Krieg und Frieden in Europa, Münster 1998, Bd. 1

Hans-Christian Huf (Hrg.), Mit Gottes Segen in die Hölle, Econ 3. Aufl. 2003

Hans Jessen (Hrg.), Der Dreißigjährige Krieg in Augenzeugenberichten, dtv 1971

Bettina Jungklaus et al., Die toten Soldaten/Das Schicksal hat ein Gesicht, in: Sabine Eickhoff und Franz Schopper (Hrg.), 1636 – Ihre letzte Schlacht, Theiss 2012

Marcus Junkelmann, Tilly, Friedrich Pustet 2011

Christoph Kampmann, »Die Katastrophe als Epochenbruch? Der Dreißigjährige Krieg in der Geschichte des neuzeitlichen Europas«, Vortrag auf der Internationalen Tagung »Dynamik durch Gewalt?« an der Universität Würzburg 2016

Christoph Kampmann, Europa und das Reich im Dreißigjährigen Krieg, W. Kohlhammer 2. Aufl. 2013

Andreas Klinger, Formen der Gewalt im Dreißigjährigen Krieg, in: Gerhard Armanski, Jens Warburg (Hrg.), Der gemeine Unfrieden der Kultur, Königshausen & Neumann 2001

Ralph Kloos und Thomas Göltl, Die Hexenbrenner von Franken, Sutton 2012

Kreis Ostprignitz-Ruppin (Hrg.), Museum des Dreißigjährigen Krieges Wittstock/Dosse (Katalog)Benigna von Krusenstjern und Hans Medick (Hrg.), Zwischen Alltag und Katastrophe – Der Dreißigjährige Krieg aus der Nähe, Vandenhoeck und Ruprecht 1999

Hartmut Laufhütte, Das Friedensfest in Nürnberg 1650, in:1648: Krieg und Frieden in Europa, Bd. 2, Münster 1998

Jan Lindegren, Frauenland und Soldatenleben – Perspektiven auf Schweden und den Dreißigjährigen Krieg, in: Benigna von Krusenstjern, Hans Medick (Hrg.), Zwischen Alltag und Katastrophe, Vandenhoeck und Ruprecht 1999

Golo Mann, Wallenstein, Fischer Taschenbuch 5. Aufl. 2004

Hans Medick, Der Dreißigjährige Krieg – Zeugnisse vom Leben mit Gewalt, Wallstein 2018

Markus Meumann und Dirk Niefanger (Hrg.), Ein Schauplatz herber Angst – Wahrnehmung und Darstellung von Gewalt im 17. Jahrhundert, Wallstein 1997

Marco von Müller, Das Leben eines Söldners im Dreißigjährigen Krieg (1618–1648), Magisterarbeit Freie Universität Berlin 2004

Geoffrey Parker (Hrg.), Der Dreißigjährige Krieg, Campus 1987

Geoffrey Parker, Die militärische Revolution, Campus 1990

Christian Pfister, Bevölkerungsgeschichte und historische Demographie, Oldenbourg Wissenschaftsverlag 2. Aufl. 2007

Matthias Puhle (Hrg.), »... gantz verheeret!« Magdeburg und der Dreißigjährige Krieg, Mitteldeutscher Verlag 1998

Bernd Roeck (Hrg.), Deutsche Geschichte in Quellen und Darstellungen, Band 4: Gegenreformation und Dreißigjähriger Krieg 1555–1648, Reclam 1996

Walter Rummel und Rita Voltmer, Hexen und Hexenverfolgung in der Frühen Neuzeit, WBG 2. Aufl. 2012

P. Magnus Sattler, Chronik von Andechs, Donauwörth 1877

Friedrich Schiller, Geschichte des dreyßigjährigen Kriegs, Historischer Calender für Damen 1791–1793, Neuauflage z. B.: Der Dreißigjährige Krieg, Ausgabe Kindler 1975

Georg Schmidt, Der dreißigjährige Krieg, C. H. Beck 6. Aufl. 2003

Hagen Schölzel, 1631 – Die Zerstörung Magdeburgs, in: Jan N. Lorenzen, Die großen Schlachten, Campus 2006

Christoph Schorer, Memminger Chronik oder kurze Erzählung vieler denkwürdigen Sachen, Kuhn 1660

Gerhard Schormann, Der Dreißigjährige Krieg, Vandenhoeck & Ruprecht 3. Aufl . 2004

Werner Schulze, Der Sommerfeldzug Johann von Werths in Nordfrankreich im Jahre 1636. Münchner historische Abhandlungen, Beck 1934

Bedr˘ich Šindelár˘, Spionage und Bestechung in der Endphase des Dreißigjährigen Krieges, Sbornik praci Filosofi ck Fakulty Brnensk University 1968, C 15

Frank-Walter Steinmeier, Der Westfälische Frieden als Denkmodell für den Mittleren Osten, Rede bei den Osnabrücker Friedensgesprächen 2016

Cicely Veronica Wedgwood, The Thirty Years War, 1938, auf Deutsch z. B.: Der Dreißigjährige Krieg, Nikol 2011

Siegrid Westphal, Der Westfälische Friede, C. H. Beck 2015

Peter H. Wilson, The Thirty Years War, Belknap Harvard 2011